山东地区古建筑壁画保护研究

仝艳锋　著

山东大学出版社

序

崔大庸*

人们在谈到山东地区古建筑时，大多会举出曲阜、泰安、蓬莱三个著名的古迹。但是若要问起山东有哪些出名的壁画时，则知之甚少。我曾问过一些人，在未指出前提限制的情况下，多言是山东汉代画像石，而只有少数能说出泰安天贶殿内有较大面积的壁画，而对所绘之内容也大多语焉不详。这也许从一个侧面说明山东地区在这方面的“弱项”。事实究竟如何呢？《山东地区古建筑壁画保护研究》客观地回答了这个问题，这也是我对此书予以肯定的原因。

中国古代的建筑，历经几千年留存下来的本来就不多，特别是像山东这样的多平原的地区，经过历代战火及其他自然的、人为的因素，保留下来的尤其少。山西能保留较多的古代建筑，也许与其深藏山谷的客观地理条件有较大的关系。壁画是依附于古建筑上的，没有较多的、较出名的古建筑，其所拥有的壁画显然也不会存在，加之不是所有古建筑都绘有壁画，因此古代壁画能保留到今天，在某种情况下比古建筑显得还要珍贵些。我曾在一次济南华阳宫壁画保护的研讨会上讲，华阳宫如此丰富的壁画，从某种意义上讲比其所存建筑价值更大。

---

* 崔大庸，济南市文化广电新闻出版局副局长，济南市政协副主席；山东大学历史文化学院教授、博士生导师。

改革开放以来，随着全国文物普查的展开，特别是第三次文物普查的深入进行，山东发现了大量以前不知或不被注意的古代建筑，其中不少古代建筑中尚保存有一些壁画，这使学界感到异常兴奋。仝艳锋君正是在这种新发现的背景下，抓住了时机，对山东地区现存的古壁画进行了较为全面的系统梳理，并根据相关最新成果，形成了这本《山东地区古建筑壁画保护研究》的论著，可以说具有增益新知和填补空白的学术意义。

据作者统计，山东地区留存至今的古建筑壁画有近百处，面积从几平方米到数百平方米不等，内容多为神话故事、宗教故事、历史传说、花鸟风景、民间生活场景等，其年代集中于明清两代至民国时期。这些壁画在全省的分布极不均衡，保存状况也有较大差别，因此对其进行必要的、系统的分析和诊断，才能对症下药，使这些珍贵的壁画得以延续生命。本书在这方面作了许多有益的探索，其结果应给予足够的重视。壁画保存的好坏，有赖于其存在的环境及其他相关因素。据专家意见，山东地区古建筑壁画的保存状态普遍不佳，约有四十余种病害，尽管相关部门对此进行了大量的诊治工作，但由于各种原因，仍不能得到全部彻底的根治，这些病害仍在不时侵蚀着壁画肌体。针对这些现象，作者从诸多方面提出了自己的见解，特别是提出了一些解决问题的方法，开出了药方，这对于今后的壁画保护工作应该说是一些很好的启示。

文物保护工作是集技术与经验的一项仔细工作，这是一门无法只动口不动手的实践性很强的工作，要想取得成绩，必须通过艰苦细致的实际工作，从现场调查，到诊断病害，再到实施具体的保护措施，均得亲自下手方能取得经验和成果。仝艳锋君在这方面已经有过不少的历练，其研究成果是从实践中得出来的，因而其结果也就更加接近于实际，读者可以通过阅读此书体会到其中的努力。

仝艳锋君是个勤奋的人，博士毕业后为求进一步的深造，又复在山东大学历史文化学院做了两年博士后，并顺利完成了研究工作。这本书就是在其博士后研究报告的基础上形成的，这也是他第二本关于文物保护方面的论著，我为他取得这样的成绩而感到高兴，这也是我给他第二次写小序的原因所在。我衷心地希望他在今后的教学与学术研究上取得更多更好的成果，为我国文物保护事业做出新的贡献。

目录

绪 论

第一节 研究背景

中国古代壁画指绘制在古代建筑物、墓葬以及石窟墙壁上的绘画。按照建筑物的性质和使用功能划分，壁画可以分为古建筑壁画、墓葬壁画和石窟壁画。按照古代建筑物的功能和使用范围不同，留存壁画的古代建筑可以分为佛教、道教、基督教、天主教和伊斯兰教等宗教类的建筑，政府机构、官方组织、皇家贵族等用来办公、生活的宫殿类建筑，民间普通民众用来生活、祭祀的民居、祠堂类建筑。宗教类建筑是当前中国保存古代壁画的重要建筑。从南北朝开始，我国的宗教建筑便成为仅次于宫殿建筑的主要类型，其数量之多、分布之广、内容之丰富远远超过了宫殿建筑，所以存留至今的古代壁画除石窟外，大多数保存在寺庙、道观、教堂等宗教类的建筑中。

壁画起源时间早，分布范围广泛，流传时间久远，名家作品辈出，许多绘画佳作连绵不断存留于世。许多史书、古籍、文献中没有涉及、描述的社会面貌和社会生活，通过壁画能够形象地反映出来。壁画不但是弥足珍贵的艺术遗产，而且是当时社会风貌和社会生活的真实记录，从一个侧面反映了我国历史文化的多样性和分散性。石窟寺壁画如敦煌莫高窟壁画的内容以佛经故事为主。而墓室壁画则多反映的是与墓主人身份、地位和生活相关的社会风貌，如东平后屯汉代墓葬壁画内容除了人物形象，还有鸡、狗等动物的形象，富于生活气息，画面内容包括敬献、谒见、斗鸡、宴饮、舞蹈等场面。古建筑壁画的内容主要涉及宗教、宫廷文化、民间民俗文化等不同文化领域，画面内容有山水、花鸟、历史人物、佛教故事、道教故事、民间故事、神话传说等各式各样、不拘一格的内容。这些壁画记载的内容丰富多样，从绘画的艺术风格、绘制的形成工艺体现出了壁画绘制内容和宗教内涵来源的多样性。

山东地区保存至今的古建筑壁画记载的画面内容中，以宗教内容居多，也是与宗教性质的古建筑分布普遍、保存状况较好有关。为数众多的宗教壁画以它所特有的宗教神灵的形象展现于人们面前，使普通民众感受到富有人格意义的宗教威严，把深奥的教义通过图画形式演化为普通人便于领会的故事，依靠形象的力量使宗教神灵降临于世人中间，深化了人们对各种宗教神灵的直观认识，进而对宗教力量产生了崇敬和信仰，强化了宗教的教化功能。在宗教的建筑中，大多数都通过绘制壁画、建造塑像来呈现宗教思想内涵，以壁画、塑像为载体来传播教义，达到教育信众之目的。因此在各类宗教建筑中，壁画是最为常见的传播载体。壁画艺术作为宗教的宣传手段，对于宗教的广泛传播和宗教的发展发挥了巨大的作用。宗教教义和重要思想除了碑刻直接表述之外，绘画艺术成为宗教传播的重要手段，特别是壁画语言的形式传达的手段更为多样，形式更为丰富，内容更为广泛。影响久远、保留至今的壁画文化遗产成为当今人们了解历史时期宗教思想和宗教发展史的重要依据。

古建筑壁画依附于墙壁之上，是古建筑各组成部分中最易损害的部位。建筑壁画和建筑自身的保存是相依为命、休戚相关的，建筑的保存、使用情况决定了壁画保存的最终状态。在漫长的历史时期，由于自然的损毁和社会的发展变革，早期的建筑被毁坏已荡然无存。“皮之不存，毛将焉附?”附属的建筑壁画亦随之损毁。壁画质地、稳定性与建筑中其他材料相比处于较脆弱的态势，在自然侵蚀、人为破坏或修缮的过程中，依附于古建筑上的壁画被毁弃，或被污物、白灰、泥浆等覆盖，保存至今的古建筑壁画为数较少，因此留存下来的壁画弥足珍贵。这些数量稀少的壁画为研究古建筑、宗教、艺术、民俗和文化的变迁提供了原始资料和历史凭证。

山东地区古建筑为数众多，但是保留有壁画的古建筑却是屈指可数。较为著名的古建筑壁画有泰安岱庙天贶殿、济南华阳宫古建筑群，而其他可检索到却不为人熟知的有济南市市中区韩家庄关帝庙，章丘文祖镇三德范村禹王庙、圣井镇张乙郎村大圣寺和西田广村龙神祠，长清平安店镇大刘庄九圣堂、归德镇麒麟村关帝庙，泰安市泰山区七圣堂、肥城宝金山泰山行宫、滕州市官桥镇前管庄村三圣阁、巨野县陶庙镇陶庙村东岳天齐庙等处。根据不完全统计，山东地区留存至今的古建筑壁画至少有近百处，保存面积从几平方米到数百平方米不等，画面内容有神话故事、宗教故事、历史传说、花鸟风景、民间生活场景等，绘制年代从宋代、元代、明代、清代延续至民国时期，时间跨度大，形成年代久远。另外值得关注的是，一批民间的文物保护工作者对山东地区古建筑的调查和研究也起了至关重要的作用，他们通过自己的实地调查，发现了诸多散存于民间的古民居、庙宇、道观、祠堂等建筑，其中有不少古建筑保留有数量不等、年代不一的壁画。

在环境变迁过程中，壁画遭受到多种有害因素的侵蚀，自然环境的长期作用和制成材料的老化衰变致使壁画上产生了形态各样、特征迥异的病害。根据有关调查资料记载，山东地区古建筑壁画的保存状态普遍极为不佳，呈现出四十余种病害类型，以灰浆覆盖，颜料层粉化褪色、酥碱起泡、脱落，地仗层酥碱、空鼓脱落，人为损坏、生物破坏等病害较为严重。古建筑壁画面临的更为严峻的形势是当前城乡基本建设工程的迅速开展，许多原本位于乡村和城市近郊区的村庄、建筑被以“旧村改造”、“环境整治”的名义全部推倒，很多没有被及时纳入政府文物部门管理的古建筑面临着随时被拆除的危险。

在山东省内，对这些古建筑壁画的保护与研究工作，却是相对薄弱、迟缓、滞后的。岁月流逝，千百年来的社会动荡和自然破坏，使无数的珍贵壁画损毁殆尽。目前山东地区留存下来的古建筑壁画大部分保存条件很差，大都漫漶不清、斑驳不堪、满面沧桑。这既有壁画本身的原因、自然气候原因以及人为的原因，也有文物保护经费短缺、投入不足、技术力量欠缺的原因，还有对壁画保护重视不够及保护理念偏差的原因，这些都导致了山东地区古建筑壁画保护工作的严重滞后状态。

山东地区古建筑壁画在建筑建造、壁画形成过程中，使用的建筑材料和绘画材料不同于其他地区，体现了山东地区的建筑特点、自然环境和人文社会发展历程。在历史留存时期，受制于自然环境和建筑的社会使用环境，山东地区的古建筑壁画在制作工艺、病害特征、病害形成机理以及壁画保护修复材料、工艺都与其他地区有较大差异。针对山东地区数量众多的古建筑壁画，从壁画材料和自然环境为出发点，研究古建筑壁画病害的表现特征、形成机理，并且在此基础上探索相应的保护修复技术、工艺就具有现实的迫切要求。山东地区古建筑壁画的保护修复必须以壁画支撑体、地仗层、颜料层材料的分析测试结果为依据。本研究以笔者主持或参与修复、调研过的古建筑壁画病害为典型研究对象，结合收集到的山东其他地区古建筑壁画保护相关资料，以壁画的制成材料和制作工艺为基础，通过统计评估现存壁画病害的表现特征，分析提炼出壁画病害的形成机理，在确定影响山东地区古建筑壁画的内部材料和外部环境因素的基础上，以壁画的材料组成和结构成分为出发点，有针对性地探索适宜于山东地区古建筑壁画的保护修复技术、后期保管环境条件和维护措施。

笔者长期从事古建筑壁画、古建筑彩绘以及彩绘陶器、瓷器、青铜器等文物的保护修复与科学研究工作，形成了一定数量的研究成果，并且已有多篇古建筑壁画保护修复的研究论文发表出版，相关科研项目的前期研究为本研究的顺利实施提供了丰富的研究经验，奠定了前期扎实、重要的研究基础。笔者自2008年以来一直从事古建筑壁画保护修复的工程项目和教学、研究工作，在从事壁画保护修复工作的同时深入探索了古建筑壁画保护修复中出现的各种问题，积累了丰富的工作实践经验和研究成果。

笔者在济南市考古研究所从事田野考古与文物保护工作期间，于2008～2012年负责济南市历城区华阳宫古建筑群壁画的保护修复工程，于2011年负责章丘兴国寺大殿壁画的揭取、复位保护工作，于2009年参与济南市槐荫区兴福寺大殿彩绘的加固保护工作，并且主持或参与了多项济南地区宋代、元代彩绘壁画墓葬的发掘、保护工作，如山东大学中心校区功能材料楼元代壁画墓、济南市历下区化纤厂路金代壁画墓、济南市历下区华信路宋代壁画墓等。对于济南市多处墓葬、遗址出土的彩绘陶器，认真细致地实施了保护修复工作，包括章丘市圣井镇危山汉墓出土彩绘陶质兵马俑、章丘市枣园镇洛庄汉王陵出土彩绘陶器、长清区归德镇大觉寺汉墓出土彩绘陶器等多达数百件的彩绘陶质文物。在从事这些壁画、彩绘保护的工作过程中，对山东地区古建筑壁画的制作工艺、壁画损害的分析测试、壁画的环境监测和壁画的保护修复工艺筛选进行了全方位的研究。这些前期研究形成的文献资料、技术成果为本研究的顺利完成提供了技术手段上的保障。已保护修复完成的壁画、彩绘和其他材质文物在施工过程中严格遵循文物保护的原则，修复过程严谨有序，保护效果也十分明显。壁画、彩绘修复成果和保护措施不仅得到了国内壁画保护专家的一致赞誉，也在普通民众中产生了广泛而积极的影响。

国家、山东省以及各市、县近年来积极的文化遗产保护环境为本研究的顺利完成提供了法规政策的外部社会保障和物质保证。对于古建筑壁画损害的研究,国内的专家学者进行了多方面的探索,历史上的研究成果为本研究提供了文献保障、技术借鉴和理论基础。山东地区从事文化遗产保护的技术人员对壁画保护、彩绘文物保护、古建筑维修的研究成果以及笔者的前期研究成果和壁画保护的科研工作经历为本研究的顺利实施提供了壁画样本选取、壁画病害分析、壁画预防保护、壁画病害治理修复对策等壁画保护修复材料、修复工艺实际操作的技术可行性。

第二节 研究综述

根据对已发表的国内外研究文献分析,古建筑壁画保护的研究范围涉及制成材料,水分、盐分对支撑体影响,病害成因分析,修复材料、工艺的遴选,酥碱、疱疹、空鼓等个案研究,病害修复等各方面。在国内,以敦煌研究院的研究成果最为显著,依托壁画保护研究国家文物局重点科研基地和国家古代壁画保护工程技术研究中心,壁画病害的研究已经在形成机理、影响因素、病害防治等方面取得了非常显著的成绩,并已成功地应用于敦煌莫高窟壁画和西藏布达拉宫壁画的修复工程。

山东地区古建筑壁画保护的研究,目前还处于初期的起步、发展阶段,检索中国期刊网、万方数据库、维普中文科技期刊数据库和超星电子图书馆,截至2015年9月,关于山东地区古建筑壁画保护研究相关的论文不过10余篇,仅有关于山东地区古建筑壁画病害形成机理、泰山岱庙天贶殿壁画现状调查与历史变迁、济南华阳宫壁画生物损害防治、壁画病害分析及其治理对策、三皇殿壁画病害调查分析、修复理念综述的一些专业研究成果,而且研究成果多集中于近五年。民间的文物保护工作者对于壁画的研究也仅仅是描述了这些古建筑壁画的大致位置和保存建筑的简单信息,并没有深入叙述壁画的内容、保存情况等详细信息,更没有进行壁画内容、艺术特色、绘制作者以及保存情况方面的深入考证、探索。

1990年11月21日至12月11日,由中国联合国教科文组织全国委员会和建设部委托泰山风景名胜管理委员会举办的中国泰山壁画保护研讨班在山东泰安举行。[①] 国外壁画保护专家提及了潮湿对建筑物及建筑物内壁画的影响问题，传授了国外的壁画保护修复经验。与会专家就壁画的历史发展、壁画制作的方法、保护材料的选择、保护技术的实施等方面对当时国内外壁画保护相关问题作了全面的探讨。与会专家实地考察了泰山岱庙的壁画，并就天贶殿壁画保护问题进行了交流。这次研讨会是迄今为止能够检索到的关于山东地区古建筑壁画保护最早的一项研究活动。

张乐珍、苑胜龙对泰山岱庙天贶殿内的壁画病害进行了现状调查，详细描述了各区域的病害分布情况，并且指出病害的产生原因有：(1)地质方面的地震；(2)遭受历代兵祸、人为破坏等影响；(3)游客流动量大，有害气体等污染严重；(4)受殿外空气环境影响。在此基础上，提出了进一步做好现状勘查、对壁画各层面的材质作出科学分析、做好环境监控、监测每条裂隙的发展趋势、做好资料收集、加强游客流量控制、控制调节天贶殿内的温湿度等措施。[②]

林宏、张鹏对泰山岱庙天贶殿壁画的破损原因及保护措施进行了探索。导致天贶殿壁画破损的原因除有战乱、人为等因素以外，主要是自然因素的破坏。自然因素中造成壁画表面起甲、脱胶掉皮、掉渣、褪色等现象的主要原因是：(1)大殿内人员流动量大，有害气体的污染；(2)东、西两面墙壁受阳光的照射，产生辐射热；(3)墙壁受雨、雪的侵蚀，潮湿从外墙通过墙体材料传递到内墙而引起的；(4)空气中水蒸气量过大等。构成岱庙壁画的材料，主要是诸如泥土、黏合胶介质，这些材料等对潮湿很敏感，壁画若是长期处在潮湿和高温状态下就有可能酥解、变质、掉皮。通过对殿内外温湿度变化的实际观测和分析，采取通风、外墙的隔热、外墙的防水、防尘等相应措施来把温湿度调节控制在合理的范围之内，是保护天贶殿壁画最重要的有效手段。[③]

周郢通过新发现的诸多文献与碑记，进一步考明岱庙壁画源起于唐代；宋金时沿绘不辍；今传壁画《启跸回銮图》则绘制于清康熙年间。周郢据岱

---

① 参见“编辑部”《中国泰山壁画保护研讨班在山东泰安举行》，载《文物保护与考古科学》1990 年第 2 期。

② 参见张乐珍、苑胜龙《泰山岱庙天贶殿壁画现状调查与保护》，载《中国文物科学研究》2009 年第 3 期。

③ 参见林宏、张鹏《天贶殿壁画破损原因及保护措施初探——谈温湿度变化对天贶殿壁画的影响》，载《泰山乡镇企业职工大学学报》2000 年第 1 期。

庙清康熙年间所存碑记及泰安颜谢村《刘氏族谱》考定其为清初泰安民间画工刘志学之手笔。清人记述岱庙壁画之文字复得张体乾与唐孙华两家之作。唐代之后，画壁盛行，东岳庙殿循例泼彩，势所必然，确切的资料出自南宋洪迈《夷坚志》。至于岱庙壁画源起唐宋的旁证材料已检得 4 条：唐代韩愈《谒衡岳遂宿岳寺题门楼》、唐代韦庄《秦妇吟》、宋代陈知微《增修中岳中天崇圣帝庙碑铭》、清代方浚师《蕉轩随录》卷八《飞天神图》条。宋时对泰山壁画的例证，见于宋苏辙《游泰山四首·岳下》明确载录泰山有"旗队"、"戈矛"之壁画，是否为岳庙仍有待确定。句中说明北宋之世，两壁之风尚已盛行于泰山各处庙宇；而泰山第一神庙——东岳庙自不可能独留素壁。①

周郢从清人顾廷纶所著《北征日记》中发现了一条关于岱庙壁画绘制年代的重要记载。《北征日记》除评鉴壁画艺术成就外，还披露两则相关史实：在岱庙两廊、大殿、寝宫之中皆绘有大型壁画；这些壁画均绘于乾隆三十六年(1771 年)，其绘制过程，系将纸本先进呈清高宗(乾隆帝)"御览"，认可后方摹之壁间。此时绘制壁画的最直接佐证当推清高宗的《谒岱庙六韵》诗，还有清同治十三年金安清所撰《谒岱庙记》。1988 年在泰安市大汶口镇发现民国抄本《承德堂刘氏族谱》，其中记载十三世刘志学"善丹青，泰邑峻极殿(当时岱庙大殿之名)壁画即其所绘"。关于刘志学之生平时代，周郢曾经从世系年代推断约在清初。但后来在刘氏后裔家中所藏《年节图》上，见有"绘事刘志学"及"乾隆九年(1744 年)甲子暮春吉日"题款，则刘志学生活时代可能下至乾隆年间。若是，则可据此进一步推考出，乾隆时所延请的壁画画工就包括泰安民间画师刘志学。由于壁画篇幅巨大，其创作当如近代画家黄宾虹所论"必千百手合作始成也"，因此应由一个刘志学为首的画工班子集体完成。② 可以说，周郢关于岱庙壁画绘制年代和作者的论证，也是为岱庙壁画的历史变迁提供了最直接的证据。

仝艳锋、罗茂斌对济南市华阳宫古建筑群壁画的有害生物防治手段进行了研究，认为在防治有害生物的各种手段中，植物源杀虫剂作为天然植物的提取物质，因为顺应保护环境的潮流、符合可持续发展的要求而得到广泛应用。结合壁画文物制成材料的特点，以植物源杀虫剂在生物机体上不同

① 参见周郢《嘉宁殿、仁安殿与岱庙壁画——考证岱庙历史的新资料》，载《泰安师专学报》2001 年第 1 期。

② 参见周郢《泰山岱庙壁画绘制于乾隆三十六年》，载 2012 年 12 月 18 日《大众日报》。

的防治作用机理的发挥为依据，在壁画本体上应该尽量选择忌避拒食作用，在壁画附近区域可以选择接触毒杀作用、抑制生长发育作用、麻醉作用等方式，而在壁画的保存环境中几乎可以使用所有的防治作用方式。①

仝艳锋、王晶对济南市华阳宫古建筑群壁画的保护修复理念进行了论述。华阳宫古建筑群壁画在2000年首次保护修复过程中贯彻实施了尽可能少干预、保护现存实物原状与历史信息以及濒危壁画的抢险迁移的修复理念。2009年，华阳宫古建筑群壁画二次保护修复工程在遵循中国传统文物保护修复理念的同时，不断吸收消化国外的文物修复理念，并且在具体的实施过程中应用了不改变原状、尽量少干预、预防为主、尽可能完全显现壁画的画面内容，以确保安全性、可识别性、保护修复材料的可操作性以及全面完整的记录保护修复档案等修复理念。②

仝艳锋、李新华认为，由于壁画的价值珍贵性，普通的杀虫剂不能完全满足壁画的防治有害生物的要求，而且壁画所在的保存环境也要求杀虫剂的使用不同于一般的杀虫剂，大多数杀虫剂同时具有杀灭霉菌的作用，因此植物源杀虫剂也可以起到灭菌抑菌的效力。③

李立通过实施壁画现状调查、制作材料及工艺的分析、环境监测研究、病害机理的分析等前期研究工作，总结济南市华阳宫古建筑群壁画特点，参阅大量资料和实验，拟定了后期保护修复实施的总体思路和对策，为华阳宫古建筑壁画的有效保护提供了科学的理论基础。通过现状调查发现，空鼓是华阳宫壁画现存最严重的病害，其次是壁画表面大面积覆盖污染物，同时壁画的脱落和酥碱也相当严重。通过对壁画制作材料、工艺及病害特点的分析，表明华阳宫壁画具有寺观壁画的典型特征，也存在着寺观壁画最普遍的问题。华阳宫壁画的保护主要是对壁画空鼓脱落和表面覆盖物的治理。分析环境监测数据可知，济南地区气候环境对殿堂环境有着直接的影响。水环境的影响是壁画目前面临的最严重问题，而对微环境的综合分析结果显示殿堂内的温湿度、光照等环境对华阳宫壁画的保存影响也很大。根据病害机理研究显示，空鼓病害与水盐运移、壁画制作工艺及建筑地质环境有

---

① 参见仝艳锋、罗茂斌《济南华阳宫壁画生物损害防治研究》，载《齐鲁艺苑》2011年第2期。

② 参见仝艳锋、王晶《济南华阳宫古建筑群壁画保护修复理念研究》，载《中国名城》2011年第10期。

③ 参见仝艳锋、李新华《基于植物源杀虫剂的古建筑壁画生物防治研究》，载《文物保护研究新论》(三)，科学出版社2012年版，第269～273页。

关，大面积壁画覆盖病害的产生主要与近代文化变革和人为破坏有关。酥碱粉化等病害的形成则是环境温湿度等变化和壁画自身材质工艺多方面因素作用的结果。[①]

仝艳锋认为山东地区的古建筑壁画病害是壁画自身原因与外部环境、人为因素综合作用下形成的。壁画病害形成机理包括壁画结构和材料内部因素的缺陷，外部环境中的自然气候如大气降水、温湿度变化、太阳辐射，以及外部有害因素如灰尘、有害气体、可溶性盐、有害生物的多重影响。人类涉及壁画的各种活动也会给壁画带来程度不同的损害。[②]

侯鲜婷等人经过前期全面的调查、检测分析及实验研究，探讨了济南市华阳宫古建筑群中的三皇殿壁画的病害及其成因，提出对壁画病害的治理及防治措施，并且对其中的灰浆覆盖、霉斑、空鼓及大面积脱落、孔洞等病害进行了保护修复处理。[③]

综合已有的研究成果来看，山东地区古建筑壁画保护相关的研究多关注于泰山岱庙天贶殿壁画和济南华阳宫壁画的历史变迁、绘制时间和作者的考证以及病害的现状调查、病害机理的探索、保护手段的选择等方面。对于山东地区古建筑壁画保护的研究，目前成果相对较少，除了笔者和合作者以及岱庙天贶殿壁画的管理人员、研究人员做过相关的研究之外，其他研究人员尚未就山东地区古建筑壁画的保护开展过相关研究工作。山东地区的其他各地古建筑壁画以及从全省范围的角度来研究古建筑壁画保护的技术力量和人员投入还有待加强。

第三节　研究意义

一、理论意义

通过对山东地区古建筑壁画的保存现状以及保护修复方法的研究，可以拓展壁画保护领域研究对象的范围，为山东地区壁画文化遗产的研究提

---

① 参见李立《山东济南华阳宫古建筑壁画病害及其治理对策研究》，西北大学文化遗产学院硕士学位论文，2013 年。

② 参见仝艳锋《山东地区古建筑壁画病害形成机理》，载《齐鲁艺苑》2014 年第 1 期。

③ 参见侯鲜婷、李立、刘成《山东济南华阳宫三皇殿壁画病害调查及修复研究》，载《重庆交通大学学报（社会科学版）》2014 年第 4 期。

供理论支撑。本研究的研究成果将为山东地区古建筑壁画的保护提供详尽、精细、坚实的理论基础，为病害机理形成和病害防治修复关键科学问题的解决提供理论和技术依据。

二、现实意义

国内壁画保护修复研究成果的落脚点主要集中于特定对象壁画病害机理、修复工艺、保存环境等方面，针对山东地区古建筑壁画保护的综合研究则不多见。从壁画的原材料、制作工艺切入山东地区古建筑壁画的病害机理和保护修复工艺研究，结合壁画的病害特征，探索适宜山东地区古建筑壁画的病害预防和治理方案、材料和工艺，是本研究在实际应用中的创新。

本研究的研究价值在于，从古建筑壁画病害具体问题的微观研究入手，最终实现古建筑壁画的病害预防、治理研究的统一，实现具体现实问题研究和理论建设两方面的全面性、整体性突破。本研究的例证研究和理论建设的深化在宏观与微观、理论与实践、具体与整体等不同层次研究的互动中不断加以实现。

第四节　研究内容

一、研究思路

本研究主要采取文献调查、实地考察、过程分析、模拟试验、模式发展和集成分析的具体技术路线（见图1）。

1. 根据《古代壁画现状调查规范》，通过历史文献调查和现场实地考察，明确古建筑壁画的形成历史、制作工艺及保存现状，对壁画的历史价值、艺术价值进行评估，对壁画病害类型进行分析、归类，对壁画病害的发展程度进行评估。

2. 按照《古代壁画病害与图示》的绘图规范，通过壁画摄影、测量、手绘与计算机制图等方法绘制古建筑壁画的保存现状图和病害图，统计各种不同病害发生的部位、数量、比例和频率，探讨不同古建筑壁画病害类型的共通性和差异性。

3. 采集古建筑壁画的支撑体、地仗层和颜料层样品，运用现代科技手段，如采用实体显微镜、能量色散X射线荧光光谱仪、X射线衍射仪、拉曼光谱仪、扫描电镜能谱仪以及偏光显微镜等仪器分别进行形貌观察和材质成分性能测试，确定古建筑壁画的制作材料、工艺以及病害成分、成因、保存状态。

4. 查阅文献、现场调查和实时监测与古建筑壁画密切相关的气候、生物、水文、地质环境等数据。气象数据如温湿度、降水、风速、风向、光照等，大气质量数据如悬浮颗粒物、二氧化硫、氮氧化物、二氧化碳等，建筑基础状况如土壤成分、含水率、不良地质现象和地下水环境等，室内环境数据如温湿度、水分、光照度等，有害生物如霉菌、昆虫、鸟类、鼠类、爬行动物等。

5. 以文献资料和测试数据为依据，结合壁画的病害特征和气候、生物、水文、地质环境等数据，探索古建筑壁画病害发生、形成的机理，预测其演化、发展趋势，提出适宜于山东地区古建筑壁画病害的防治材料和修复工艺。

6. 通过模拟试验在壁画材料样品上试验并验证各种修复材料、工艺，以确定最适宜山东地区古建筑壁画的修复方案、材料和工艺。根据壁画保存地区的自然气候、人文环境特点，提出古建筑壁画保管过程中的环境条件、维护措施。最后总结技术成果，完善保护理论模型。

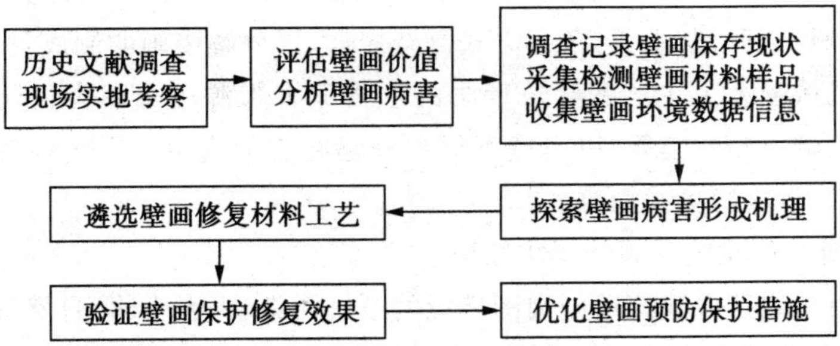

图 1　研究路线

二、具体内容

本研究主要从古建筑壁画的制成材料和制作工艺、壁画病害的表现特征和形成机理以及壁画病害的预防保护手段和治理保护方式等方面来深入探索山东地区古建筑壁画病害特征和保护手段。

1. 研究古建筑壁画的制成材料

在查阅古建筑和壁画的历史文献基础上，结合对壁画支撑体、地仗层、颜料层材料的实体显微镜、扫描电子显微镜(SEM)、X射线荧光光谱(XRF)、拉曼光谱仪以及偏光显微镜等分析结果，确定壁画的制成材料和制作工艺。在此基础上，探讨壁画的支撑体、地仗层和颜料层材料对壁画稳定性、耐久性的制约，并且对壁画各部位出现的病害寻找其内部结构的关联因素。

2. 研究古建筑壁画病害的表现特征

结合《古代壁画现状调查规范》和《古代壁画病害与图示》，对壁画病害通过摄影、照相、手工和 AutoCAD 绘制壁画病害图等调查记录手段，来统计分析不同建筑出现病害类型的异同，寻找各种类型病害之间的区别和联系，评估各种类型病害对古建筑壁画的危害程度。以壁画支撑体、地仗层和颜料层为研究对象，分别对各种病害类型描述特征、确定种类和归纳总结。支撑体病害表现为坍塌、位移、空鼓、剥落和酥粉等，地仗层病害表现为脱落缺失、酥碱、空鼓、剥离支撑体、裂隙或裂缝等，颜料层病害表现为脱落、粉化、污染、覆盖污斑、龟裂起甲、疱疹状突起、水沁扩散等。

3. 研究古建筑壁画病害的形成机理

影响山东地区古建筑壁画保存的环境条件有温度、湿度、水分、空气污染物、光照、通风、灰尘等，危害方式复杂多样，以分解壁画的制成材料、降低壁画的机械强度为主。古建筑壁画的生物危害来源于霉菌类、昆虫类、鸟类、鼠类、爬行动物类等，以机械磨损和分泌有害物为主。人为病害表现为机械病害、污染覆盖画面等。

4. 研究古建筑壁画的预防保护手段

以山东地区古建筑壁画周围环境的空气污染、有害生物、自然气候数据为依据，有针对性地提出适宜于山东地区古建筑壁画支撑墙体的预防处理、古建筑内部环境的控制、古建筑周围环境的净化防护、古建筑壁画的日常维护以及古建筑壁画的特殊预防性保护手段。

5. 研究古建筑壁画的治理保护方式

根据山东地区古建筑壁画的黄泥地仗材料以及白灰地仗材料的种类，使用与壁画材料相似的黏土、白灰、麻刀和绘画颜料，分别试验壁画的画面污染清理、颜料层加固、地仗层加固修补、画面整体美学修复的操作工艺技术并应用于模拟材料和小区域壁画实物上以进行修复效果验证，选择出最适宜于山东地区古建筑壁画的治理保护手段。

三、研究目标

本研究揭示山东地区古建筑壁画病害的形成机理，探索古建筑壁画的预防保护手段和治理保护方式。本研究的实施将提升古建筑壁画病害的基础理论研究，推动山东地区古建筑壁画病害的研究与修复手段，从而为山东地区古建筑壁画保护修复工作的开展提供理论支撑、技术支持和原始基础资料。本研究将致力于解决以下四个问题：

(1)山东地区古建筑壁画保存的状态如何？

(2)壁画病害的表现类型和形成机理怎样？病害的发展趋势如何？

(3)选择哪些修复材料和工艺修复这些壁画上的病害？

(4)壁画如何抵抗外界的因素而不再被继续侵蚀？

这些问题的学术内涵体现在以下三个方面：

1. 山东地区古建筑壁画的制造工艺尚不明确

山东地区古建筑壁画的原材料和制造工艺与其他地区的壁画有较大差异，与西北地区的石窟壁画和建筑壁画不同，山东地区古建筑壁画依附的建筑多为砖、石、土坯等支撑体，壁画结构一般为支撑体、地仗层和颜料层，但是尚不能详细地确认具体的地仗层、颜料层材料、组成成分与画面的形成方式。

2. 山东地区古建筑壁画病害的形成机理尚未确定

影响古建筑壁画保存的环境因素复杂多样，危害方式不尽相同，因此壁画病害的形成机理难以确定。已有的研究成果可以初步推断生物危害来源于霉菌类、昆虫类、鸟类、鼠类、爬行动物类等，化学损害以分解壁画的制成材料、降低壁画的机械强度为主，人为病害表现为机械病害、污染覆盖画面等。具体的病害类型由何种原因引起，详细的形成过程以及病害的发展趋势都是目前难以确定的。

3. 古建筑壁画的防治修复手段存在诸多困难

由于山东地区古建筑壁画整体的耐久性和病害类型与其他地区有所差异，进而为其修复材料和修复工艺的选择带来一系列的困难。如何针对壁画原料来源复杂、病害类型多样、保存状况较差、环境条件复杂等特征，遴选并确定适合山东地区古建筑壁画的保护修复材料和实施工艺，探索延缓壁画老化变质并能够实现其长久保存的内在因素，是本研究需要解决的关键问题。

四、研究方法

本研究注重普遍与典型相结合的研究对象选择，以泰安岱庙天贶殿壁画、济南华阳宫古建筑群壁画等处壁画为典型研究对象，从山东地区古建筑壁画保护的整体角度入手，采用众多研究方法相结合的方式进行多角度研究。针对本研究的预期目标，结合作者多年的壁画保护研究工作实践，本研究过程中采用的研究方法有以下四个方面：

1. 文献综述与实地调查相结合

全面收集国内外关于山东地区古建筑壁画保护研究的相关文献，不断跟踪国内外壁画保护学术研究的前沿，及时掌握新信息、新动态，系统研究山东地区古建筑壁画保护的有关问题，在认真阅读文献、专著、论文等前人研究成果的基础上，寻找本研究的突破点。以“典型壁画重点调查”、“普通壁画通览遍访”为实地考察手段而获得第一手原始资料，将两者有机结合。以“历史的、发展的眼光看待山东地区古建筑壁画的保护”为视角，对山东地区古建筑壁画的保护现状、病害形成因素、病害预防手段和治理方式进行全面考察。

2. 定性判断与定量分析相结合

古建筑、文物保护、考古学、环境保护以及美术学的相关理论和经验总结为山东地区古建筑壁画价值评判、病害识别的定性判断提供了理论工具，上述学科研究方向中自然科学成果的成功应用和对研究对象的量化研究为定量分析提供了依据。定性判断与定量分析的结合运用为山东地区古建筑壁画病害的综合研究在病害特征描述、病害机理形成推断、病害预防治理等关键性问题上提供了具体的理论支持和数据凭证。

3. 强调多学科交叉融合，突出原始创新的带动作用

针对古建筑壁画病害类型多、保存难度大等特点，本研究将通过文物保护、考古学、美术学、古建筑、环境学、生物学等多学科的交叉融合，汇集相关学科中古建筑壁画保护的研究成果，以创新的思路开展研究工作，通过解决山东地区古建筑壁画保护的科学问题取得原始创新成果，在此基础上形成关键技术突破，推动应用需求的示范系统建设。

4. 加强理论研究与应用验证相互促进

古建筑壁画病害形成机理的核心理论和技术是推动古建筑壁画保护的研究基础，其研究背景复杂，需求迫切，目标明确。古建筑壁画病害形成机

理的原材料组成检测、制造工艺分析、病害特征表达、形成机理推演等理论问题需要针对具体应用需求特点进行深化，古建筑壁画的修复材料、修复工艺、保护手段的遴选需要通过实验室试验并且在保护修复的实践应用中进行验证。

五、创新之处

1. 国内壁画保护修复研究成果的落脚点主要集中于特定对象壁画病害机理、修复工艺、保存环境等方面，针对山东地区古建筑壁画保护的整体性、综合性研究工作尚未开展。从壁画的原材料、制作工艺和历史变迁的角度切入山东地区古建筑壁画的病害机理和保护修复工艺研究，迄今未见文献报道。

2. 当地制作原材料的普遍使用和制作工艺的独特性为山东地区古建筑壁画的长期保存提供了可能性，但也为保护修复手段的选择带来了困难。以山东地区的自然气候环境为依据，结合壁画的病害特征，探索适宜山东地区古建筑壁画的修复方案、修复材料和修复工艺，是本研究在实际应用中的创新。本研究形成的最终成果将为山东地区古建筑壁画的保护方案的制定提供详细的理论基础，而且为病害机理形成和病害防治修复关键科学问题的解决提供理论支撑和技术依据。

六、研究局限

由于山东地区古建筑壁画整体的耐久性和病害类型与其他地区有所差异，进而为其修复材料和修复工艺的选择带来了一系列的未知因素。如何针对壁画原料来源复杂、病害类型多样、保存状况较差、环境条件复杂等特征，遴选并确定适合山东地区古建筑壁画的保护修复材料和实施工艺，探索延缓壁画老化变质并能够实现其长久保存的内在因素，是本研究需要解决的关键问题。

然而，很多古建筑自身在当代快速发展的社会环境中都难以留存，其中的附属壁画的完好保存更是面临诸多技术和社会难题。如何保持古建筑及其附属壁画的完整性是需要继续深入研究并迫切加以解决的现实课题。这些现实性的问题不仅仅是研究技术性的难题就能够完全解决的，需要文物、宗教、旅游、地方政府等有关部门以及当地社区、乡村的民众通力协作才能从根本上解决濒危古建筑壁画的保护难题。

第一章 山东地区古建筑壁画保存的现状与历史

山东地区虽然保存至今的古建筑为数不少，但是相对数量众多的古建筑和近现代建筑，其中留存壁画的建筑却相对较少。除了较为著名的泰安岱庙天贶殿、济南华阳宫古建筑群能够为世人所熟知或经常提及，其他并不为人知的古建筑壁画也不过几十处，因此山东地区保存的古建筑壁画数量与其他省市如山西、河北等地区的古建筑壁画相比还是相当少的。在历史发展过程，建筑内部的壁画随着建筑的屡次重建和修缮而得以重新绘制，或被缓慢地破坏，或年久未修缮而损毁，或因战争、自然灾害而被损毁，壁画的保存伴随着建筑的历史变迁而命运多舛。

第一节　山东地区古建筑壁画的保存分布

在经济迅速发展的当代，山东地区现存古建筑壁画多保存于经济发展相对缓慢、滞后的偏远乡村，只有少数几处价值比较高的壁画能够在城市中保留下来，壁画的时代以明代、清代为主，时间久远的壁画数量极少，而画面的内容涵盖了宗教经典故事、民间神话传说、历史人物故事、植物花卉、山水图案等。

一、现存古建筑壁画的保存情况

迄今为止，能够公开检索到的山东省内保存壁画较多的地方是济南市，其次是泰安市，聊城市、济宁市、淄博市、临沂市、枣庄市、滨州市、烟台市、青岛市和菏泽市等其他地区都有少量古建筑壁画保存，省内其他地区由于古建筑壁画资料尚未公开而不能被全部检索到。本研究即以济南市、泰安市两地的古建筑壁画为主要研究对象，兼及其他地区的古建筑壁画，整体上对山东地区的古建筑壁画的分布保存情况进行分析。

1. 济南市现存古建筑壁画的保存情况

济南市保存壁画的古建筑数量较多与济南市长期作为山东省的政治、经济、文化中心密切相关，而且与济南历史上各种宗教分布较普遍、宗教建筑数量较多、当代经济发展不平衡、山区保留古建筑较多有关。长清区保留壁画的建筑数量较多，而且保存状况较好；其次是章丘市，市中区、历城区、平阴县保存数量较少；槐荫区、天桥区和历下区目前各仅存一处古建筑保留有壁画；而商河县、济阳县则未发现有古建筑壁画遗存。

(1)市中区

济南市市中区作为济南市的中心地区，近年来经济发展较快，城乡建设过程中许多古建筑随着城乡建设的进程而快速消失，因而保留下来的古建筑数量也是越来越少。相应保留的古建筑壁画也是数量有限，而且这些壁画基本上都位于比较偏远的城市边缘地带或农村(见表1-1)。

表1-1　　市中区现存古建筑壁画的保存情况

	建筑保存地点	壁画时代	壁画内容
1	兴隆街道办事处涝坡村龙神庙	清代	龙神、钟馗等故事，完整画面
2	白马山街道办事处韩家庄关帝庙	清代	《西游记》故事
3	七贤街道办事处双龙庄关帝庙	清代	水墨画、花卉
4	白马山街道办事处尹家堂观音堂	清代	花卉
5	党家庄镇西渴马村七圣神祠	清代	花卉、几何图案
6	党家庄镇西渴马村泰山行宫	清代	植物图案

(2)历城区

济南市历城区有很大区域位于济南市的城区中心位置，城区中的许多古建筑随着城乡建设而快速消失，因而保留下来的古建筑多是位于城市偏远地区或者是农村地区，遗存数量也是越来越少。保留下来的古建筑壁画数量有限，而且这些壁画基本上都位于比较偏远的南部山区中，只有华山镇华阳宫古建筑群由于最近十几年改为文物部门管理而且建筑规模体量大而能够较好地保存下来(见表 1-2)。

表 1-2　　历城区现存古建筑壁画的保存情况

	建筑保存地点	壁画时代	壁画内容
1	仲宫镇北高而关帝庙	清代	花卉、建筑、器物
2	仲宫镇高而办事处出泉沟村庙	清代	宗教故事、花卉
3	港沟镇东港沟村关帝庙	清代	分辨不清
4	柳埠镇窝铺村真武庙	清代	本生故事
5	董家镇西折腰柳树村三教堂	清代	山墙上完整画面,不确定
6	仲宫镇南高而三官庙	清代	春夏秋冬山水画、春夏秋冬四季花
7	华山镇华阳宫古建筑群	明代至民国	花卉,观音、佛、碧霞元君故事等
8	柳埠镇灵鹫山九顶塔	清代至民国	天王、佛像
9	孙村镇辛庄村讲书院	明代	被覆盖,内容不详
10	仲宫镇左而村开元寺	清代晚期	佛本生故事传说

以济南历城区华阳宫古建筑群壁画为例,分析济南市现存古建筑壁画的分布情况。华阳宫古建筑群位于济南市城区的东北部,距离中心城区约 10 千米,周边为城郊农村建筑和大片的农田,环境相对比较偏僻,加之一直由军事部门使用,所以这一建筑群能够较完整地保存下来,其中留存至今的 300 多平方米壁画(见表 1-3)成为这一建筑群中极具特色和重要价值的组成部分。壁画内容不单是中国传统的道教、佛教和儒家的故事内容,还有一些济南当地的生活场景和传说。

表 1-3　　济南市历城区华阳宫古建筑壁画分布统计表

建筑名称	分布位置	壁画内容	面积(m^2)
四季殿	前殿东西两壁	各绘四扇屏风画和一方格人物故事画	17.29
泰山行宫山门	人字梁下、枋间	水墨山水画	0.96
十王殿东殿	东壁、南北山墙	多为水墨画,少量水彩故事画	11.8

续表

建筑名称	分布位置	壁画内容	面积(m^2)
十王殿西殿	西壁、南北山墙	彩绘背景、故事画,山墙上部绘水墨画	6.88
元君殿	北墙、东西山墙	彩绘故事画,山墙上部绘水墨画	47.13
观音殿	北墙、东西山墙	彩绘故事画,山墙上部绘水墨画	14.64
三教堂	北墙、东西山墙、前廊东西两侧	彩绘故事画,山墙上部及前廊东西两侧绘水墨画	37.88
关帝庙前殿	北墙	门两侧绘屏风山水画,门额绘田园人物画	6.82
关帝庙后殿	东西南北四墙满绘	内容繁复,水彩故事画,少量水墨画	78.42
棉花殿	东西南北四墙满绘	东西北墙彩绘故事画,南墙绘水墨画	28.36
三皇殿	北墙、东西山墙、前廊东西两侧	北墙绘三幅吉祥花鸟图,山墙绘水墨画,前廊两侧绘水墨花鸟画	21.95
三官殿	东西山墙	东西山墙彩绘故事画,山墙上部绘水墨画	36.80

资料来源:李立《山东济南华阳宫古建筑壁画病害及其治理对策研究》,西北大学文化遗产学院硕士学位论文,2013年,第13页。

(3)历下区

济南市历下区有很大区域位于济南市的中心城区位置,城区中的许多古建筑和近现代建筑随着城市建设而快速消失,因此历下区保存的古建筑数量相对较少。目前已知的只有一处留存壁画的明代古建筑,为姚家镇刘智远村三圣庙。这是一处十年前位于城市近郊而现在由于城市扩张被现代城市建筑包围的古建筑,虽然能够比较完整地保存下来,但是里面的明代壁画却是损毁比较严重,被大面积刻划,依稀还能分辨具体的壁画内容。

三圣庙坐北朝南,东西宽约3米,檐口距地面高约2米多,室内仅10多平方米,属于比较小型的古代单体建筑。墙体整体为青砖砌筑,木质的门框、窗棂上的红漆因年代久远而严重剥蚀脱落。庙内东西侧墙内分别镶嵌有两块石碑。西面墙上的一幅松树的壁画已经很模糊，只能隐约看出大体轮廓和斑驳的墨迹，上面到处是钉子凿出的洞。北面墙上的壁画已经无法辨识画作中的内容，墙面表层似乎还有用泥浆刷过的痕迹。为了保留住这些遗迹和其他古物，村里准备重建刘知远庙堂，重塑刘知远像，修缮三圣庙和关帝庙，建设包括刘知远博物馆在内的综合性民俗博物馆。

(4)槐荫区

济南市槐荫区有很大区域位于济南市的城区位置，城区中的许多古建筑随着城乡建设而快速消失，又因为槐荫区位于黄河附近，历史上的黄河泛滥也毁坏了很多位于地势较低处的古建筑，因此槐荫区保存的古建筑数量相对很少。目前只有一处留存壁画的古建筑，但是建筑时间较晚，为民国十二年(1923 年)建造的刘家庄三教堂。这是一处石砌墙体的建筑，由于墙体坚固而能够比较完整地保存下来，但是里面的壁画却是模糊不清、大面积缺失，很难分辨具体的壁画内容。

(5)天桥区

济南市天桥区有少部分区域位于现在的城区中心区域，大部分区域位于市区的西部和北部，整体地势较低，新中国成立前这一区域村庄和古建筑相对数量少，历史上的黄河泛滥和夏季城市南部高地势处暴发的洪水毁坏了很多的古建筑，因此天桥区保存的古建筑数量很少。而现在的天桥区城市中心区域的许多古建筑随着城乡建设而消失，目前发现的唯一一处留存古建筑壁画的筐市街关帝庙就位于济南城市中心五龙潭公园的南侧，由于被公布为济南市文物保护单位，目前古建筑整体保存情况较好，而且在 2004 年 5 月也进行过最近一次修缮。

据关帝庙保存的光绪二十三年(1897 年)的碑刻记载“关帝庙自元以来屡经重修”，此处关帝庙当修建于元代以前，具体年代不详。而最早的碑刻年代为康熙十一年(1672 年)。关帝庙自修建后经历过十几次的重修。清代，关帝庙成为集云会馆的组成部分。集云会馆是由济南估衣业从业人员集资修建的，于清嘉庆初年始建，原名称为“蜜脂殿会馆”，后改称“集云会馆”。因为在会馆中有供祀关帝的习惯，集云会馆在正殿也供祀关公像，习惯上就把集云会馆也称为“关帝庙”。民国十六年(1927 年)，因开阔街市，原规模较大的集云会馆被迫拆除了大门、屏门、西对门、南客厅等建筑，只有现在的正殿依然保留了下来。

现在经过修缮的关帝庙正殿，墙体采用石块和青砖砌筑，比较坚固。现在内墙保留的壁画据考证形成于明末清初，历经数百年，画面已经模糊不清、损毁严重，画面内容为关公的生平故事。为了保护壁画画面，原画面表面离开 10 厘米距离已经用铁板完全封存，现在基本上看不到原有的壁画。在绘制原壁画墙壁南侧的空白墙壁上按照原有画面格局、内容重新绘制了关公生平画面，方便了解关公生平，以利于今人瞻仰祭拜。

（6）长清区

济南市长清区历史悠久，历史遗迹、遗存非常丰富，是古建筑保留较多的地区。长清区的大部分区域位于济南市的偏远位置，许多农村位于偏僻的山区，交通不便，受到外界的影响较少；又因为长清区经济发展相对缓慢，城乡建设的速度相对缓慢，而使许多古建筑能够比较好地保留下来。因此，长清区现存的古建筑数量相对较多，而且保存的古建筑壁画也相对较多（见表 1-4）。

表 1-4　　长清区现存古建筑壁画的保存情况

	建筑保存地点	壁画时代	壁画内容
1	杨土庄清水观	清代	花卉、建筑、器物
2	五峰山街道办事处三官庙村三官庙	清代	花卉、建筑、神话故事
3	五峰山街道办事处东莱园村土地庙	清代	人物、建筑、神话故事
4	归德镇坟台村官王庙	清代	宗教故事连环画
5	归德镇麒麟村关帝庙	明代、清代	三国历史故事连环画
6	五峰山街道办事处讲书院村土地庙	清代	韩湘子、八仙故事、二十四孝故事
7	张夏镇靳庄真武阁	清代	成道故事连环画
8	张夏镇井字村关帝庙	清代	三国故事连环画
9	崮山镇来佛山玉皇殿	清代	仙鹤、祥云
10	万德镇坡里庄村龙居寺	清代	龙神故事连环画
11	平安街道办事处大刘庄九圣堂	清代	三国历史故事
12	张夏镇青杨南村泰山行宫	清代	植物、祥云纹、神话故事
13	万德镇北纸房村观音堂	明代	植物、建筑、神话故事
14	归德镇永平村神山玉皇庙	清代	山水人物

续表

	建筑保存地点	壁画时代	壁画内容
15	双泉乡大张庄上水庵	清代	植物、花卉、竹子
16	双泉乡黄鹂泉村圣水寺三教堂	清代	植物、花卉
17	双泉乡尹庄关帝庙	清代	三国故事、人物
18	张夏镇小寺村玉皇庙	清代	植物图案、故事传说
19	崮山镇大崮山小学古庙	清代	内容不详
20	文昌街道东苏村观音堂	明代	祥云图案
21	万德镇史庄村三皇庙	清代	内容不详

(7)章丘市

章丘市历史悠久,历史遗迹遗存特别丰富,历史上曾经是济南的政治、经济、文化中心,是古建筑保留较多的地区。章丘市的大部分区域远离济南市的中心位置。因为章丘市区附近的经济发展相对较快,城乡建设的速度相对较快,许多古建筑在经济建设过程没有保留下来。只是由于部分农村处于山区经济建设相对滞后,才没有破坏掉更多的古建筑。因此,章丘市现存的古建筑数量相对不多,而且保存的古建筑壁画也相对较少(见表 1-5)。

表 1-5　　章丘市现存古建筑壁画的保存情况

	建筑保存地点	壁画时代	壁画内容
1	垛庄镇西庵村文昌阁	清代	诗配画、人物、建筑、神话故事
2	相公庄镇姜家套村圣泉寺	清代	人物,内容不详
3	相公庄镇梭庄李氏宗祠南阁	明代万历	山水、植物
4	文祖镇三德范村禹王庙	清代	大禹治水故事传说
5	圣井镇张乙郎村大圣寺	清代	《西游记》故事传说
6	文祖镇西田广村龙神庙	清代	龙神出行故事传说
7	普集镇窝陀村古庙	清代	故事传说
8	曹范镇叶亭山村兴国寺	清代	花卉、植物
9	埠村办事处埠东村三清观	清代	植物、山水画

(8)平阴县

平阴县历史悠久,历史遗迹遗存比较丰富,是古建筑保留较多的地区。平阴县远离济南市的中心城区,许多农村位于偏僻的山区;又因为平阴县经济发展相对缓慢,基本建设工程相对不多,许多古建筑有较好保留下来的可能。但是由于古建筑的建造质量相对较差,年久失修的建筑也不能完好地保留下来。因此平阴县现存的古建筑数量相对较少,而且保存的古建筑壁画也相对较少(见表 1-6)。

表 1-6　　平阴县现存古建筑壁画的保存情况

	建筑保存地点	壁画时代	壁画内容
1	平阴镇后寨村古庙	不详	被覆盖,内容不确定
2	东阿镇西山村土地祠	清代	植物、神话故事,估计为土地神
3	玫瑰镇焦庄观音庙	清代	比较完整,画面被覆盖,内容不确定
4	安城乡兴隆镇村关帝庙	清代	被覆盖,内容不确定

2. 泰安市现存古建筑壁画的保存情况

总体上来看,泰安地区保留壁画的古建筑数量还是较多的。目前能够检索到的古建筑壁画中,岱庙天贶殿壁画作为全省价值最高、最为珍贵的壁画在全国乃至世界范围内也是闻名于世的。受岱庙天贶殿壁画的影响,加之泰山作为道教中心的区位优势,本地区的古建筑壁画保存较多(见表 1-7)。如果深入调查,还可以发现更多的古建筑壁画。

表 1-7　　泰安市现存古建筑壁画的保存情况

	建筑保存地点	壁画时代	壁画内容
1	泰山岱庙天贶殿	宋代、清代	东岳大帝《启跸回銮图》
2	肥城市桃园镇鲍家塘子村碧霞元君祠	清代	孟姜女哭长城等民间故事
3	肥城市安驾庄镇大龙岗石村关帝庙	清代	被覆盖,内容不确定
4	肥城市边院镇东向村北极阁	清代	被覆盖,内容不确定
5	肥城市王庄镇魏家坊村关帝庙	清代	三国历史故事连环画
6	肥城市王瓜店镇云山回佛寺	清代	三国历史故事、十八罗汉、水漫金山寺、小鬼推磨、黑狗舔血等

续表

	建筑保存地点	壁画时代	壁画内容
7	肥城市湖屯镇小店村碧霞元君庙	清代	碧霞元君故事
8	肥城市王庄镇中于村三官庙	清代	被覆盖，内容不详
9	肥城市王瓜店镇邓李付村关帝庙	清代	三国历史故事
10	岱岳区良庄镇梁宣洛村河神庙	清代	神话故事
11	岱岳区夏张镇朱家庄全真观	明代	经变故事连环画
12	岱岳区祝阳镇祝阳村总司庙	明代	十殿阎君审判图
13	泰山区上高办事处杨家庄村七圣堂	明代	观音经变故事
14	新泰市徂徕山光化寺	明代、清代	《西游记》故事
15	新泰市青云街道金斗社区菩萨殿	元末明初	八仙、《西游记》故事
16	肥城市边院镇西北部宝金山泰山行宫	清代	碧霞元君生平故事
17	肥城市湖屯镇陶山幽栖寺韦驮殿	明代	建筑、树木
18	肥城市王瓜店镇曹杭村天齐庙	清代	水墨画、植物
19	肥城市湖屯镇张店村天齐庙	明代、清代	小鬼推磨、黑狗舔血等
20	岱岳区大汶口镇山西会馆	明代	山水人物、花草鸟兽

以泰山区上高办事处杨家庄村七圣堂壁画为例来分析泰安市古建筑壁画的现存情况。2008年，在第三次全国文物普查过程中，泰安市泰山区文物普查队在上高办事处杨家庄村七圣堂发现清初壁画“观音经变壁画”。七圣堂原名“观音堂”，院内现存康熙二十一年（1682年）、乾隆十六年（1751年）重修碑等六通碑刻，另有乾隆年间创修观音堂钟亭一座，仅存石结构框架，上有碑刻一方。正殿前廊下有精美砖雕，为麒麟望日等图案。月台高约半米，前廊两侧山墙上原绘有壁画。殿内壁画是此次大殿翻修时发现的，东、北、西三面墙上均满墙绘制，总长约10米。因长期被石灰泥浆覆盖，新露出部分色彩非常鲜艳，画工十分优美，保存情况较好。据泰山学院专门从事壁画考古研究的公维章博士考证，该壁画形成于清代初期，内容为观音经变故事。

3. 聊城市现存古建筑壁画的保存情况

目前聊城市已经发现的古建筑壁画保存较少，能够检索到的公开资料目前只有聊城临清市清真北寺的伊斯兰教壁画和东昌府区新区办事处王屯玉皇庙壁画。当然，如果深入调查，还可能发现更多数量的古建筑壁画。但是根据壁画艺术的保存分布和历史传播途径来看，聊城市保存壁画的古建筑数量也不会太多。

聊城临清市清真北寺伊斯兰教壁画是目前全国75家省级伊斯兰建筑中唯一存在的明代绵纸壁画，迄今已有500多年的历史。整个清真北寺大殿内，除后殿（窑殿）西墙外，其余两山墙，三联拱墙、拱间壁等墙上均有壁画，共计30幅。壁画与其他寺庙单线平涂技法明显不同，具有宣纸洇润的艺术效果。壁画中没有人物、走兽、鱼、虫之类，内容全是桃子、石榴、葡萄、青松、藤萝之类，也有太湖石文样和花木等，这符合伊斯兰教反对偶像的要求，也符合《古兰经》对天园中的描述。在技法上并非写意夸张，而是写实白描，虽然运笔工整，可又不同于中国传统的工笔画。画面用淡墨轻彩，则体现了伊斯兰教崇尚绿色、白色的传统。各种花饰、图案设计独具匠心，笔法劲朴，技艺精湛，则突出了我国伊斯兰教的特色和历史文化底蕴，渲染了绵纸壁画的独特艺术魅力。

东昌府区新区办事处王屯玉皇庙初建于明朝前期，根据碑刻记载曾于康熙二十一年（1682年）和咸丰元年（1851年）两次重修。20世纪50年代，玉皇庙被改造成王屯完小的教室，一直用到20世纪70年代末。当时，老师担心这些壁画和彩绘会分散学生注意力，就用泥浆覆盖住壁画。后来泥浆脱落，壁画再次露出来，颜色仍然非常鲜艳。第二次重修后，玉皇庙有两进院落，前面有山门，院落两边有厢房，后面的大厅内供奉玉皇大帝及王母娘娘的塑像。壁画和彩绘图案内容主要是有关《封神演义》里面诸位神仙的故事。

4. 济宁市现存古建筑壁画的保存情况

目前济宁市已经发现的壁画数量保存较少，能够检索到的公开资料只有兖州区玄帝庙大殿的明代壁画。如果深入调查，还可能发现更多数量的古建筑壁画。但是根据壁画艺术形式在山东地区的保存分布和历史传播途径来看，济宁市保存壁画的古建筑数量应该不会太少。

兖州区玄帝庙大殿位于颜店镇颜店村，建于明代，清代重修。1985年被公布为济宁市文物保护单位。因年久失修，破损严重，2009年实施了抢救性维修保护。大殿坐北朝南，建造在1米高的砖石砌的台基上，为砖木结构，面阔五间，长17.25米，进深10.5米，硬山顶，五架梁，前后设廊，内有明代壁画，但是内容模糊不清，很难辨认。

5. 淄博市现存古建筑壁画的保存情况

目前淄博市已经发现的壁画数量保存较少，能够检索到的公开资料只有沂源县鲁村镇安平村栖真观内的元代壁画和博山区石马镇颜文姜祠内的明代壁画。如果有更多机会深入乡村调查的话，还会发现更多数量的古建筑壁画，根据壁画艺术形式在山东地区的保存分布和历史传播途径来看，淄博市保存壁画的古建筑数量应该不会太少。

沂源县鲁村镇安平村的栖真观是全真龙门派祖师邱处机西行会见成吉思汗前夕指派弟子张志顺修建起来的，至今已有 790 多年的历史。栖真观内的壁画保存相对较好，画面颜色丰富，色彩鲜艳，画面被一层白灰覆盖，清理后可见画面的内容为道教故事的场面。

颜文姜祠又名“顺德夫人祠”，位于博山区石马镇桥东村汲水泉大街中段东侧文姜公园的东北面。新中国成立后，此祠各建筑被石马粮管所利用，大殿用作仓库，为防潮、防鼠，地面衬一层细沙后再铺青砖，内墙壁抹了一层白灰泥，无意识中将壁画保护了起来，使壁画逃过了“文革”中的劫难。1996 年 8 月，在整修正殿时保存完好的壁画被重新发现。壁画内容为孝妇颜文姜民间传说故事。东、西墙画面由山水、人物、楼阁组成；北面墙壁画面为条幅，多绘人物故事，壁画线条流畅、着彩适宜，所绘山水灵秀、人物栩栩如生，颇具匠心。经专家鉴定，此壁画系明代晚期或清代早期作品，已公布为博山区文物重点保护单位。2006 年 5 月，颜文姜祠被列入第六批全国重点文物保护单位。

6. 菏泽市现存古建筑壁画的保存情况

目前菏泽市已经发现的壁画数量保存较少，能够检索到的公开资料只有巨野县陶庙镇政府驻地陶庙村东岳天齐庙内的壁画[①]和成武县汶上集镇汶西村真武庙壁画。如果有更多机会深入乡村调查的话，还会发现更多数量的古建筑壁画。总体上看，根据壁画艺术形式在山东地区的保存分布和传播范围来看，菏泽市保存壁画的古建筑数量应该不少。但是由于菏泽地区地势较低，位于黄河边的黄泛区，许多古建筑受到雨水、洪水的影响非常严重，因此在实际保存过程中，菏泽市保存壁画的古建筑数量应该很少。

在巨野县陶庙镇政府驻地陶庙村，有一座始建于唐代、重修于明代的祭祀泰山神的庙宇——东岳天齐庙。2014 年 5 月，由于年久失修房顶漏雨，

① 参见张建丽、孔祥铭《巨野又现三幅古代壁画》，载 2014 年 5 月 6 日《齐鲁晚报》。

重修时覆盖在壁画上面的一层石灰分离脱落，壁画得以重见天日。庙内原有20多个殿阁，现仅存天齐殿、文王殿、三皇殿、三教堂、白衣阁五座殿阁。三皇殿内原尚存少量壁画，尤为难得。新发现的三幅壁画分别在文王殿内的南北墙，三幅壁画均呈长方形，其中南墙的两幅都在墙壁的上部（东西各一幅），两幅画图长均约3.5米，高1.5米，画面内容为《禹王锁蛟》，也就是大禹治水的传说故事。北墙的一幅画东西长约9.9米，高3米，几乎覆盖整个墙面，画面内容已残缺不全，由于年代久远，部分画面已经被损坏，其余部分仍然被石灰、黄泥层、涂料覆盖，只有屋子左上角面积为4～5平方米的一小块裸露出来，且色彩十分鲜艳，保存情况较好。据陶庙镇供销社原负责人陶乃从介绍，以前天齐庙内的几个大殿作为供销社仓库得以保存下来。由于文王殿年久失修房顶漏雨，重修时覆盖在壁画上面的一层石灰分离脱落，壁画才得以重见天日。

成武县汶上集镇汶西村真武庙为目前鲁西南仅有的两座有壁画的古建筑，被列为县级重点文物保护单位。正西山墙之上有四幅壁画，山墙上部为《猛虎下山图》，西山墙下三幅，中间一幅较大，右侧的一幅模糊不清，中间和左侧的壁画较清晰。西山墙中间画的是《清代官员回家图》，西山墙左侧的一幅为《明朝官员进城图》。东山墙也有壁画四幅，山墙上部为《龙凤呈祥图》，山墙下有左、右、中三幅，但因雨水冲蚀被严重污染，有点模糊不清，中间一幅稍清晰点内容为《清朝喜迎十二帅图》。东、西山墙山尖两幅壁画皆为三角形，高1.85米，底宽3.8米。东、西山墙大墙各有三幅壁画，均高2.1米，中间宽1.5米，左右均为1.1米，面积合计约22.5平方米。这些壁画描绘了成武城内的繁荣景象，可以了解明清时期鲁西南地区的城镇面貌和官场及各阶层民众的生活。

7. 青岛市现存古建筑壁画的保存情况

目前青岛市已经发现的古建筑壁画数量保存很少，能够检索到的公开资料只有崂山关帝庙壁画。如果有更多机会深入乡村调查的话，还能发现更多数量的古建筑壁画。总体上看，根据壁画艺术形式在山东地区的保存分布和传播范围来看，青岛市保存壁画的古建筑数量不多。

崂山关帝庙位于仰口湾西南，在上苑山东南猪头峰下，是一处景色清丽的道院。崂山地区自清代初期就习惯把关帝庙与土地庙并排而建，至清代晚期分布于山区的各村庄，而主要祭祀关羽的道院，在崂山仅此一处。关帝庙奉全真道华山派，为二进式院落。后院为四合院，大殿三间内墙壁四周绘关羽生平故事的壁画，如“桃园结义”、“刀挑红袍”、“华容挡曹”、“单刀赴会”等，画工细腻工整，比例匀称，是崂山壁画的上品。“文革”动乱期间，关帝庙的塑像、供器均遭破坏，壁画用泥浆覆盖。1984 年，关帝庙被崂山县人民政府列为县级重点文物保护单位。1989 年，青岛市人民政府将关帝庙列为市级重点文物保护单位。2007 年，关帝庙、白云洞与崂山其他 9 处古建筑共同作为崂山道教建筑群被公布为山东省级重点文物保护单位。

8. 烟台市现存古建筑壁画的保存情况

目前烟台市已经发现的壁画数量保存很少，能够检索到的公开资料只有牟平养马岛上张氏家庙壁画。如果有更多机会深入乡村调查的话，还能发现更多数量的古建筑壁画。总体上看，根据壁画艺术形式在山东地区的保存分布和传播范围来看，烟台市保存壁画的古建筑数量不多。

牟平养马岛上张氏家庙现为养马岛街道张家庄居委会所在地，是胶东地区建造最为精美的家庙建筑。烟台自 1861 年开埠以来，经济贸易迅速发展，各县市区富贵人家陡增，晚年荣归故里后热衷于各自家族的家庙建设。胶东地区保存至今的家庙，多建成于清末至民国年间。养马岛的张氏家庙，即为张氏族人在外经商富贵后回乡所建。壁画位于两侧耳房内。左侧耳房约 3 米高、6 米宽的墙面，被一幅壁画占满，画面中站在巨石上的五只燕子惟妙惟肖、栩栩如生，长于怪石嶙峋间的数株倔强的树木中间点缀的红花绿叶还依稀可辨认出颜色。原本右侧耳房墙壁也绘有壁画，但被破坏后现在只残存着一棵松树，寓意延年益寿。虽然经过岁月的洗礼，依然大致保持着原有风韵。

9. 临沂市现存古建筑壁画的保存情况

目前临沂市已经发现的壁画数量保存很少，能够检索到的公开资料只有沂水龙家圈镇柴山村玄天上帝阁壁画。如果有更多机会深入乡村调查的话，还能发现更多数量的古建筑壁画。总体上看，根据壁画艺术形式在山东地区的保存分布和传播范围来看，临沂市保存壁画的古建筑数量不多。

玄天上帝阁位于沂水县龙家圈镇驻地西北 16 千米处的柴山村南。玄天上帝阁左侧是一片茂密的杨树林，右侧为荒沙滩。为双层结构，底为石砌拱门，二层为阁室。高 15 米、长 10 米、宽 6 米，砖墙木架结构。一层石砌拱门，可作为通道通过，拱门上方题“玄天上帝”四字，落款为“雍正十二年夏日立”。二层阁室墙上仅剩几条粗直线还能让人猜出墙上曾绘有壁画，因为被雨水冲刷下来的泥渍覆盖加之地仗层、颜料层严重脱落，具体内容很难分辨。玄天上帝阁是县里为数不多的古建筑遗迹之一，沂水县人民政府于1988年6月公布为县级文物保护单位。2013年，当地政府投资对玄天上帝阁进行了整修加固，对周边环境进行了整治绿化，对损毁的建筑材料进行了修补。

10. 滨州市现存古建筑壁画的保存情况

目前滨州市已经发现的壁画数量保存很少，能够检索到的公开资料只有邹平县邹平镇唐李庵壁画。如果有更多机会深入乡村调查的话，还能发现更多数量的古建筑壁画。总体上看，根据壁画艺术形式在山东地区的保存分布和传播范围来看，滨州市保存壁画的古建筑数量不多。

唐李庵位于邹平县邹平镇石樊鲁村西北300米处的会仙山北麓，为一小型佛教寺院，建筑面积约820平方米，为滨州市重点文物保护单位。在唐李庵大门东西两侧的墙壁内各有两块石碑，记载着唐李庵重修的历史，按年代依次为明隆庆元年（1567年）和清康熙十年（1671年）、嘉庆十一年（1806年）、道光二十五年（1845年），前后共278年。现存唐李庵大殿，屋脊、檐角均饰有双龙和吻兽，内部装饰大量壁画，大殿北墙绘有彩色云海，为佛像之衬托。西墙绘制四幅山水画。东西两侧山墙上，彩绘的征战图隐约可辨，依然能看清人物、战马等图案。大殿廊檐上方有九幅彩画，内容有钟馗捉鬼、菩萨像、唐三藏取经、八仙人物等。廊檐两侧绘有哪吒闹海、托塔李天王等图案。西偏殿壁上绘有墨色老虎、彩色神仙飞升图。东偏殿壁上绘有墨色老虎、竹子和彩色三国演义故事。山门内两侧也绘有墨色山水、人物画等内容。

11. 枣庄市现存古建筑壁画的保存情况

目前，枣庄市已经发现的壁画数量保存很少，能够检索到的公开资料只有滕州市官桥镇前管庄村三圣阁壁画。① 如果有更多机会深入乡村调查的话，还能发现更多数量的古建筑壁画。总体上看，根据壁画艺术形式在山东地区的保存分布和传播范围来看，枣庄市保存壁画的古建筑数量较多。

三圣阁位于滕州市官桥镇前官庄东头，建于清康熙年间，咸丰、光绪年间均重修。现有大殿三间，东西厢房各三间，大门一间。大殿内东西两面山墙上各保存有较为完好的四幅壁画，这些壁画布局合理、色彩鲜艳，刻画手法细腻。其中东面山墙上中间画着传说中的“八仙过海”人物图，他们神态

① 参见侯志龙、郭帅、马恪《官桥古庙三圣阁惊现古代彩绘》，载2013年5月28日《枣庄晚报》。

各异，跃然画面。此幅图左、右两边各有一幅图画：左幅为花开富贵的牡丹，色泽鲜亮，美艳无比；右幅是一位长者钓鱼的场景图。西面山墙上位居中央的是一幅展现古代达官贵人生活的场景，画面左侧有两个男子端坐在那里喝茶聊天，神情自若；右下角是正提着灯笼玩耍的几个顽童。此幅图左右两边还各有一幅图画，左幅为“出淤泥而不染，濯清涟而不妖”的莲花；右幅为一位女子背负着花篮，神态悠然，体态妩媚。这些壁画大部分保存完好，局部有脱落现象。

二、山东地区现存古建筑壁画的保存特点

综合前述山东地区济南、泰安、聊城、济宁、淄博、菏泽、青岛、烟台、临沂、滨州、枣庄古建筑壁画的现存分布情况来看，山东地区古建筑壁画多分布于鲁中南比较偏僻的地区，尤其是广大的山区、农村地区。壁画的画面以宗教内容居多，其次是一些花卉、山水等图案，这些内容应该是与建筑的宗教功能和使用性质相联系的。壁画的价值与建筑的综合价值相适应，除了少部分被命名为国家级、山东省级和市级重点文物保护单位的古建筑中的壁画外，大多数壁画的级别不高。就壁画的时代来看，绘制年代从宋代延续至民国时期，但是早期壁画数量极少，大部分壁画绘制年代较晚，集中于明清时期。

1. 宗教内容居多

山东地区现存的古建筑壁画的画面内容有民间故事、神话传说、宗教经典、历史传说、花鸟风景等，其中以宗教内容居多，其次是一些花卉、山水等图案，这些内容应该是与古建筑在历史上的宗教功能和使用性质相联系的。山东地区历史上佛教、道教和儒家思想已经广泛传播深入普通民间的信仰中，因此大部分古建筑是作为佛教、道教和儒家的祭祀、纪念、教育、传播的功能而建造起来的，建筑中的壁画作为教育民众、宗教装饰的重要组成部分，承载了宗教的传播教义、教化教众的功能。因此，古建筑壁画的内容大多与建筑的使用功能相适应，而以宗教内容居多，装饰性的内容相对较少。

在调查的所有 81 处古建筑壁画中，属于宗教功能的古建筑有 69 处，占壁画总体数量的 85%，比较典型的宗教建筑类型有泰山行宫、关帝庙、三官庙、碧霞元君祠、三齐庙、土地庙等。这些古建筑分布于山东地区的各个区域，甚至一个村庄就有 2 处或更多的宗教建筑。其中，道教和佛教壁画有将近 60 处，伊斯兰教的清真寺壁画只有 1 处，其余为本地宗教壁画。壁画记载

内容中，宗教故事画面至少47处，占所有宗教壁画的68%，可见，传播宗教人物故事、宣扬宗教教化思想是这些壁画的主要功能。宗教故事的典型代表有碧霞元君生平故事、佛本生故事、八仙故事、三国历史故事、龙王故事等。

2. 分散于偏僻地区

山东地区现存的古建筑壁画大多分布于历史悠久、传统文化保留比较完整、历史遗迹遗存比较丰富、古建筑保留较多的地区。这些古建筑所在的地区大多远离城市的繁华区域，经济发展相对缓慢，城乡建设的发展进程相对滞后，古建筑才没有在大拆大建的现代化建设中被毁掉，因此许多古建筑能够比较好地保留下来，而且保存的古建筑壁画也相对较多。

历史上交通闭塞、战乱较少、衣食相对富足的半山区和丘陵区域是古建筑和壁画保存较多的地区。山东地区中部、南部多为山区，这一地区包括济南、泰安、潍坊、淄博、枣庄和济宁等，这一区域除了济南市城市区域的经济发展较快之外，其余地区经济发展相对缓慢，人员的流动性较少，相应的外来经济势力和文化的影响也较小，尤其是与外界交流较少的山区和偏远农村地区，本土的文化氛围尚能完整地保留下来。因此，这些偏僻地区的古建筑及其壁画一般都能比较完整地保存。

在山东现存的遗留壁画的古建筑中，除了泰山岱庙天贶殿之外，其余的古建筑都位于城市中心区域之外，这其中80%以上的古建筑现在位于偏僻山区和农村，而部分现在位于城市边缘的古建筑在建造之初也是处于城市的外围区域。道教和佛教常将幽静之处作为修炼成仙、成佛的归宿，且宗教信众多信奉归隐思想，欲修成正果，必先离世绝俗进行修炼和祀神。各地偏僻的山川不但风景优美，且一般远离都市，所以名山大川就往往成为道士、僧尼修炼的首选之地。在农村地区，普通百姓相信佛、道、神等宗教人物无所不能，往往具有保佑众生、消灾除害、祈福发财的效力，因此在村落中建立寺观供奉宗教人物的塑像，墙壁上绘制宗教故事、神话传说与之对应，把拜神求佛当作解脱厄运的精神寄托。村落中宗教建筑的布局一般比较简单，多为村民集资兴建，所供奉的神像五花八门，只要是神通广大、关系自己切身利益的神都会奉祀，具有很强的目的性、功利性，最常见的有玉皇大帝、关帝、龙王、三官，还有土地神、棉花神和当地比较有名的人物等。

3. 集中于鲁中南地区

山东地区现存古建筑壁画的总体分布格局较明显地呈现中部、南部多，西部平原、东部沿海地区少的特点，这与古建筑的分布情况也是完全一致的。壁画保存的首要因素是古建筑的存在，同时与各地的历史传统、风俗信仰、经济状况及文化底蕴密切相关，尤其是与宗教信仰联系更为紧密。山东地区现存的古建筑壁画中，济南、泰安两地的古建筑壁画占据了壁画总数的2/3。历史上，山东的中部、南部地区就是道教、佛教、伊斯兰教和儒家思想的集中地域，同时也是山东宗教建筑分布的密集区。

鲁中南地区相对于其他地区来看是宗教建筑分布较为密集的区域。隋唐时期，山东地区佛教和道教的发展都达到了鼎盛时期。从此之后，佛教建筑主要分布在济南、泰安、青州、郓州、兖州等处；道教建筑的分布则主要集中在泰山和烟台地区。宋元之后，伊斯兰教传入，清真寺在济宁、济南地区较为集中。因此，宗教建筑大部分密集分布区域都集中在鲁中南地区是可以肯定的。另外，山东地区自然气候、地理形态的区域差异也影响了山东宗教建筑的区域性分布，从整体来看，鲁中南地区山地丘陵与胶莱平原的分界线成为山东地区宗教建筑分布的分水岭，总体呈现出西多东少、东西分布不平衡的特点。

山东地区宗教建筑的分布状况是与佛教、伊斯兰教、道教在山东地区的传播和发展是相吻合的。佛教在魏晋南北朝时期的传播以泰山为中心，随着信徒越来越多，佛寺作为礼佛、讲经、聚会的场所，必须通过新建寺院或扩建寺院来满足人数增加的需求，因此泰山地区兴建了大量的佛教寺院来适应佛教的发展。道教的传播与山有不解之缘，崂山、沂山、泰山都遍布道士的足迹，因此这些山区也成为道教建筑遗存的集中区域。伊斯兰教进入山东是伴随着穆斯林在山东地区的活动逐渐传播开来的，因此伊斯兰信众通过对清真寺的扩建来适应伊斯兰教文化的发展，只要有穆斯林定居的村落就会有清真寺的建立。

宗教建筑在山东的分布呈现出各自不同的特点。佛教建筑呈现出西部多东部少、东西不平衡的分布格局，可能与佛教由西向东的传播方式有着一定的关系，根据传播方向，佛教沿着河流和地势走向从鲁西北向鲁中南地区传播，由于山川阻隔减少了向山东半岛东部的传播，因此呈现出东西发展不平衡的特点。道教建筑主要分布在山地丘陵地带，这一特点与道教对天地、山川、祖先和鬼神的崇拜以及追求长寿永生的特点相符合，因此泰山、崂山、沂山一带都有道教建筑广泛地分布。伊斯兰教建筑绝大部分集中在运河一线的鲁西和鲁西南及鲁中和鲁北一带，大概与穆斯林商人通过中西交通大道和京杭大运河不断涌入山东地区开展商业活动并在山东聚居有直接关系，也与伊斯兰教信仰强烈的排他性有关。

4. 级别普遍不高

古建筑壁画的价值除了少数几处被命名为重点文物保护单位的古建筑中的壁画外，大多数壁画的级别不高。古建筑的使用功能、建筑特征、规模形制和时代特征决定了古建筑的价值，级别较高的古建筑只有泰安岱庙天贶殿、济南市历城区华阳宫古建筑群、济宁市兖州区玄帝庙大殿、聊城临清市清真北寺、青岛崂山关帝庙、滨州邹平县唐李庵、泰安市岱岳区山西会馆等少部分，总数不超过现存有壁画的古建筑总体数量的1/3。其余大部分保存壁画的古建筑多是民间的寺庙、道观、祠堂等普通民众使用的建筑，因此附属其上的壁画价值也相对一般。

5. 时代集中于明清时期

在已经调查的80余处古建筑壁画中，就壁画的时代来看，绘制年代从宋代、元代延续至民国时期，时间跨度大，形成年代久远。早期壁画数量少，大部分壁画绘制年代较晚，集中于明清时期。时代较早的壁画数量很少，宋代的壁画仅有1处，即泰安岱庙天贶殿壁画。元代的壁画仅有2处，即淄博沂源县鲁村镇安平村栖真观内的元代壁画和新泰市青云街道金斗社区菩萨殿的元末明初壁画。明代的壁画较多，有20处左右，分别是济南长清万德镇北纸房村观音堂壁画、归德镇麒麟村关帝庙壁画、文昌街道东苏村观音堂壁画，章丘相公庄镇梭庄李氏宗祠南阁壁画，历城区华山镇华阳宫古建筑群壁画、孙村镇辛庄村讲书院壁画，天桥区筐市街关帝庙壁画，历下区姚家镇刘智远村三圣庙壁画；泰安岱岳区夏张镇朱家庄全真观壁画，岱岳区大汶口镇山西会馆壁画和祝阳镇祝阳村总司庙壁画，泰山区上高办事处杨家庄村七圣堂壁画，新泰市徂徕山光化寺壁画，肥城市湖屯镇陶山幽栖寺韦驮殿壁画和湖屯镇张店村天齐庙壁画；聊城临清市清真北寺伊斯兰教壁画；济宁兖州区玄帝庙大殿壁画；淄博博山区石马镇颜文姜祠壁画；菏泽巨野县陶庙镇陶庙村东岳天齐庙壁画；滨州邹平县邹平镇唐李庵壁画。在此之后，其余60余处壁画的年代都是清代或民国时期的，大多数壁画的绘制年代相对较晚。有些古建筑的壁画还经过多次绘制，重层壁画同时叠存于同一面墙壁上，比如历城区华山镇华阳宫古建筑群中元君殿的壁画就有三层，依据碑刻记载的历史上元君殿建筑的修缮年代来推断，这三层壁画的制作年代分别是明崇祯二年(1629年)的创建年代和清康熙二十六年(1687年)、光绪二十三年(1896年)的修缮年代。

第二节　山东地区古建筑壁画的题材内容

总体上来看，壁画的题材以宗教内容、神话传说、历史故事居多，其他还有一些花卉、植物、山水风景等装饰性内容，而宗教题材的内容又以佛教和道教题材为主。壁画的画面内容应是与古建筑的宗教功能和使用性质相联系的。

一、宗教主题

山东地区留存至今的古建筑中，以宗教建筑为大多数。在宗教建筑中，壁画的内容大多与建筑的使用功能相适应，而以宗教主题居多，以装饰性为主体的画面内容相对较少。在已知的古建筑壁画中，属于宗教功能的壁画占总体数量约 2/3，比较典型的宗教建筑类型有泰山行宫、三官庙、碧霞元君祠、三齐庙、真武庙、龙神庙、土地庙、清真寺等，这些古建筑分布于山东地区的各个区域，甚至一处村庄就有两座或更多的宗教建筑。普通百姓相信佛、道、神等宗教人物无所不能，具有保佑众生、消灾除害、祈福发财的功能，因此遍地建立寺观供奉宗教人物的塑像，墙壁上绘制宗教故事、神话传说，把拜神求佛当作解脱厄运的精神寄托。当前留存至今的宗教主题壁画中，道教主题和佛教主题壁画比例较大，占总体数量约 2/3，伊斯兰教的清真寺壁画只有 1 处，其余为本地宗教主题壁画。宗教故事的典型代表有碧霞元君生平故事、佛本生故事、观音故事、龙王故事、菩萨、罗汉等。

传播宗教人物故事、宣扬宗教教化思想是宗教故事壁画的主要功能。不同于儒家思想的历史故事画面，宗教故事壁画并不将自己的思想直接表现在画面中，而是将绘画作为记述宗教领袖及信徒的生平、描绘与宗教有直接关系的重大事件的手段，宣扬传播宗教的核心思想。伴随着宗教内容世俗化、普及化的发展趋势，宗教主题与历史生活有机融合在一起，其画面主题、内容技巧更多地接近甚至取材于现实生活，其中既包含了宗教主题范畴，也可以反映出当时世俗生活中家喻户晓的种种情态。

1. 佛教主题

东汉末年，佛教在山东地区开始传播，此时枣庄、临沂地区就有民间建寺造像传布佛教的活动。东晋时期，山东地区佛教的传播以泰山为中心，集中于鲁西北、鲁中和鲁南以及胶东半岛沿海地区。南北朝时期，山东地区佛教得到迅猛发展，传播地域更加广泛，从鲁西北、鲁西南、鲁中、鲁南到胶东半岛，处处留下了佛教活动的踪迹。隋唐时期泰山一带成为山东佛教文化中心。宋金元时期，佛教在山东地区平稳发展。明初以后佛教又开始复兴起来，到了明代后期，随着山东民间宗教的兴起，佛教在山东已渐渐衰弱。

明代初期，山东佛教发展比较兴盛。根据明嘉靖年间《山东通志》记载，明初以来山东兴建和重修的著名佛寺有152座，其中东昌府、济南府、兖州府这些西部区域的佛寺占据了山东地区佛寺总数的2/3以上，而这一时期及其清代前期留存下来的佛教壁画也占相对大的比重。比较典型的佛教壁画有肥城市王瓜店镇云山回佛寺正殿的明代十八罗汉壁画，泰安市泰山区上高办事处杨家庄村七圣堂的清代初期观音经变壁画，滨州市邹平县邹平镇唐李庵大殿的菩萨像和唐三藏取经故事壁画，济南市历城区仲宫镇左而村开元寺的清代佛本生故事壁画，济南市历城区柳埠镇灵鹫山九顶塔内的清代天王、佛像壁画，济南市平阴县玫瑰镇焦庄观音庙的清代壁画，济南市历城区华山镇华阳宫古建筑群观音殿的清代观音经变壁画以及三教堂的清代佛本生故事壁画。除此之外，在佛教建筑中绘制的壁画并不都是单纯的佛教主题，还有神话传说、历史故事和山水风景等内容。

泰安市泰山区上高办事处杨家庄村七圣堂的观音经变画位于七圣堂内东、北、西三面墙上，满墙绘制，总长约10米。前廊两侧山墙上也有壁画留存。殿内壁画是大殿翻修时发现的，因长期被石灰墙皮覆盖，新露出部分色彩非常鲜艳，画工十分精美。观音经变画面运用中国式的人物形象、人文景观环境、散点透视构图，以宏大的场面、生动的故事、富有民族特色的形式感染观赏者，描绘了观世音菩萨“有求必应”、“救苦救难”等情节，反映了对日常生活中最为常见的欲摆脱困难、现实苦恼的心理，契合了普遍的精神寄托和心理需求。在历代佛教造像中，观音菩萨构成佛教绘画题材中“远离苦难”、“追求美好”的画面内容，并最终成为人们信仰的主体，以至于到了唐宋以后，观音信仰与形象发展超过释迦牟尼佛成为中国普通百姓佛教信仰的主要对象。

2. 道教主题

东晋南北朝时期，道教成熟，但山东地区的道教文化并不兴盛。隋唐时期，在统治者的支持下道教得到了迅速的发展，在山东也达到全盛时期，道教建筑主要集中分布在泰山、崂山地区，泰山自古被认为最高权力的象征，崂山则是蓬莱神话体系的发祥地。宋金元时期，在统治者尊崇道教政策的扶持下，道教迅速崛起，山东地区成为北方重要的道教中心区域。泰山和崂山地区仍然是山东地区道教建筑集中分布的区域，此时烟台地区出现了道教建筑分布的足迹。明清时期，道教逐渐衰微，开始向民间世俗化发展，社会各方面都折射出道教文化影响。明朝后期以后，道教失去了统治阶层的支持，政治地位逐步下降。清朝推行“崇佛抑教”的政策，道教发展受到打击，道教建筑数量也有明显减少的趋势。

从道教建筑分布的地理环境来看，几乎所有主要的道教建筑都分布在丘陵山区，在鲁西北平原和胶莱平原很少有道教建筑，形成了泰山、崂山、昆嵛山、沂山等多处道教建筑密集分布区域；同样，这些地区也是各个时期道教文化传播和发展的中心区域，道教主题的壁画也大多分布在这些区域。比较典型的道教壁画有泰安市岱庙天贶殿的《泰山神启跸回銮图》壁画，淄博市沂源县鲁村镇安平村栖真观的道教人物出行壁画，济南市长清区张夏镇靳庄真武阁的真武本生故事壁画、崮山镇来佛山玉皇殿仙鹤祥云壁画、归德镇永平村神山玉皇庙清代道教人物壁画、张夏镇小寺村玉皇庙道教故事传说壁画，济南市历城区柳埠镇窝铺村真武庙的真武本生故事壁画，济南市章丘埠村办事处埠东村三清观清代道教山水画，泰安市岱岳区夏张镇朱家庄全真观明代道教故事连环画、肥城市湖屯镇小店村碧霞元君庙清代碧霞元君故事壁画、肥城市边院镇西北部宝金山泰山行宫清代碧霞元君生平故事壁画，济宁市兖州区颜店镇颜店村玄帝庙大殿内的明代壁画，临沂市沂水县龙家圈镇柴山村玄天上帝阁壁画。

泰安市岱庙天贶殿内的《泰山神启跸回銮图》描绘了东岳大帝出巡和返回的壮观场面。壁画以大殿南北大门为界，分为东、西两部分：东半部为“启跸”，西半部为“回銮”。《启跸图》中泰山神端坐于四轮六马大辇之上，旒冕龙袍，端庄威严。前有泰山三郎与延禧真人，各乘轿侍行。大辇四周，文武百官前簇后拥。《回銮图》所绘场景与《启跸图》相似，仅增加“二夜叉抬虎”和“骆驼驮卷宗”，以示出巡圆满成功。

历代帝王或巡狩、或封禅、或祭神、或褒封，奠定了泰山神在道教诸神中的崇高地位，“被供奉为神灵界的王者”。正史中有许多关于东岳大帝的记载，东岳庙也遍及全国大多数地方。泰山神能兴云致雨，主阴阳交替万物发生，在祈雨活动中，除了祭天外，便是祭诸山之中最重要的泰山。兴云致雨和万物生长相关，故泰山神又主管着世间万物的生长。另外，泰山位于“万物始终”、“阴阳交泰”的中原统治区的东方，所以“主万物发生”是万物生长的源泉。泰山神能治鬼，主宰人的生死贵贱，管理阴曹地府。战国时期一直到当代，在上至帝王、下至百姓的心目中，形成了较为系统的泰山神主宰长生、延年益寿的信仰观念。在平民百姓心中，东岳大帝是既主生又主死，主宰人的死亡，事实上指的是生命的归依，表现在心理层面上是一种回归故里的祈求，同样也可认为是生命另一种状态的延续。

更重要的是，对于国家的统治而言，泰山神能通达天庭，固国安民，“泰山安则四海皆安”的观念深入人心。这一点突出表现在历代帝王的封禅和祭祀活动中。凡改朝换代王者易姓、天降祥瑞国家升平、自然灾害发生、局势动荡不安等情况，帝王必定或巡狩、或封禅、或祭祀，以期沟通神意，上承天命，固国安民。岱庙天贶殿《泰山神启跸回銮图》壁画适应了阶级统治者的需要，借道教主神——泰山神的启跸回銮场面加强了国家统治强盛、四方安宁稳定的愿望。

3. 伊斯兰教主题

伊斯兰教建筑大部分集中在运河一线的鲁西、鲁西南、鲁中及鲁北一带，这与穆斯林商人通过中西交通大道、京杭大运河不断涌入山东从事商业活动并聚集定居有关，也与伊斯兰教信仰强烈的排他性有关。元代是山东伊斯兰教初步发展的时期，外来的穆斯林在山东以大分散小集中的方式聚居后，逐渐形成了回族，从此伊斯兰教开始传入鲁西北地区并得到了相应的发展。随着穆斯林信众的增加，清真寺也不断增加。明清时期，伊斯兰教进入发展的高潮期，在南自杭州、北达北京的大运河两岸，许多沿河城镇如镇江、扬州、南京、济宁、临清、聊城、德州、沧州、天津、通县等成为回族人民聚居经商的重要地区。山东的伊斯兰教在运河沿岸的传播和发展十分活跃。

伊斯兰教主题的古代壁画在其建筑中并不常见，目前山东地区中只有聊城临清市清真北寺留存有明代伊斯兰教壁画，也是唯一遗存明代绵纸壁画的省级伊斯兰建筑。清真北寺大殿内除西墙外，其余两山墙，三联拱墙、拱间壁等墙壁共计 30 幅壁画。壁画的题材内容都是桃子、石榴、葡萄、松树、藤萝等植物，这符合伊斯兰教反对偶像崇拜的观念和《古兰经》对天园中生活环境的描述。壁画的绘制技法使用写实白描，画面多使用淡墨轻彩，体现了伊斯兰教崇尚绿色、白色的原则。壁画中的藤萝、树木未绘制根部的现象，或许与这些果木是由西域传至中原、并非本地原生物种有关，也蕴含了伊斯兰教是由西方传至山东的发展历史。

4. 其他宗教主题

山东地区的宗教主题壁画还有许多本土宗教的题材内容，这些壁画中的内容与道教内容也是多有交叉。这些宗教主题或未被佛教、道教纳入其中，或局限于比较偏僻、狭窄的地区，或植根于汉族民间信仰中已经根深蒂固。这些壁画主题有钟馗捉鬼、阎君审判、龙神、土地神、寿星等。这些壁画中的内容大多以满足百姓辟邪除灾、追求理想幸福生活的愿望为主要功用。比如，钟馗是著名的民间神之一，是民间俗神信仰中最为人们熟悉的角色。钟馗图像贴于门户是镇鬼驱除邪祟的门神，民间常挂钟馗的像来辟邪除灾。钟馗的形象制作成各种艺术品，放置于宅内或门口，希望驱逐邪恶，获得平安。钟馗悬于中堂是禳灾祛魅的灵符，出现于傩仪中是统鬼斩妖的猛将，绘制于墙壁之上便能警醒世间邪恶，唤起世人仁慈之心，由此派生出形形色色的钟馗戏、钟馗图。

比较典型的民间宗教主题壁画有济南市市中区兴隆街道办事处涝坡村龙神庙的龙神、钟馗等画面，济南市历城区华山镇华阳宫古建筑群十王殿中的地狱审判图，滨州市邹平县邹平镇唐李庵大殿的钟馗捉鬼壁画；泰安市岱岳区祝阳镇祝阳村总司庙的十殿阎君审判图，泰安市肥城湖屯镇张店村天齐庙的小鬼推磨、黑狗舔血等画面，济南市平阴县东阿镇西山村土地祠的土地神故事画面，济南市长清区万德镇坡里庄村龙居寺龙神故事连环画，济南市章丘文祖镇西田广村龙神庙的龙神出行故事传说画面。

章丘市文祖镇西田广村龙神庙的龙神出行画面绘制于东西山墙之上，共分上、中、下三层。西山墙壁画的中下部是一整幅图，绘制的是龙王出行的场面；画中龙王居于步辇之中，前有骑马的衙役，两侧天上有架着祥云的各路神仙随行；中间仿木结构大梁中画有青色的游龙。顶部为券式，墨色勾勒出海面上巨龙翱翔于天空，海水中的小龙探出身子与巨龙呼应。东山墙壁画的中下部与西山墙壁画内容相仿，也为龙王出行图，只是画上人物和场景略有不同。东山墙壁画的上部也是一条海上巨龙，与之遥相呼应的是跃出水面的大鱼。

龙自产生以来，一直在人间行使着行云布雨的使命。被人们尊为无所不能的龙，更适合中国民众的心理。龙不但能降雨除旱，还可以救火，在祈雨的同时还可以满足其他要求，如求福、长生、官职、祛病、住宅凶吉等，几乎世上所有的事情皆可满足。佛教、道教曾经争相对龙宣传，刺激了民间对龙的崇拜，龙也由传说中的神兽变成了神，龙王形象遍布于雕塑、服饰、绘画中。统治阶级对龙神更是推崇，唐、宋以及明清时期，帝王都有封龙为王的举措，提升了龙在中国文化中的地位。龙虽然作为神对待，在佛教、道教中却都没有作为供奉之神，至多为建筑装饰或佛、仙的坐骑，但是在民间宗教信仰中，龙却大显神通，成为信众最多、存在于佛道之外的重要神祇，龙王庙、土地庙成为山东各地到处可见的建筑。

二、神话传说

神话和传说故事题材在山东地区古建筑壁画的题材内容中也占据了相当大的比例。中国古代产生了数量众多的神话传说，这些传说或取材于加工过的历史事件；或以当时的经验为基础，通过幻想加工而成。借助神话传说来解释世界、自然现象和原始社会文化生活的起源和变化，反映了原始社会中人对宇宙、人类、自然万物各种超人类力量的思考、阐释和发挥，用一种不自觉的艺术方式来加工自然和社会的表现形式，把自然力量加以形象化。壁画上绘制神话传说内容，体现当时人们渴望战胜自然灾害、向往美好生活的心理需要。

山东地区古建筑壁画的神话传说题材内容中，比较有代表性的神话故事有《西游记》、《封神榜》、八仙故事等。目前留存于世的神话传说题材壁画有：泰安市肥城桃园镇鲍家塘子村碧霞元君祠清代壁画内容多以孟姜女哭长城等民间故事为题材，济南市长清区五峰街道办事处讲书院村土地庙的韩湘子成道故事、八仙故事壁画，泰安市岱岳区良庄镇梁宣洛村河神庙内的神话故事壁画，泰安市新泰徂徕山光化寺壁画内容为《西游记》故事，泰安市新泰青云街道金斗社区菩萨殿壁画内容为八仙、《西游记》故事，济南市章丘圣井镇张乙郎村大圣寺壁画内容为《西游记》故事传说，聊城市东昌府区新区办事处王屯玉皇庙壁画内容为《封神演义》故事，枣庄市滕州官桥镇前管庄村三圣阁壁画内容为八仙故事等。

枣庄市滕州官桥镇前管庄村三圣阁大殿内东西两面墙上各保存有较为完好的四幅壁画。其中东面墙的中间画着“八仙过海”传说中的各位人物图，他们神态各异，跃然画面。此幅图左右两边各有牡丹图和长者钓鱼图。八仙惩恶扬善，抑富济贫，同情劳动人民，给予弱小者以关怀或暗中帮助。作为口头文学中创造的形象，八仙自然受到人们的喜爱，特别是“八仙过海”的传说发源于山东，在山东地区更是深入人心。八仙的传说故事中，寄托着人们的思想、意志和愿望。八位仙人各个身怀绝技，本领强大，仁慈聪慧，成为智慧的化身,给人们以极大的心灵慰藉和精神鼓舞。

在自然界面前,人的生命和力量总是脆弱的。当遭受压迫困苦、面对困难而无计可施时,当世间失去公道而无人能够解决时,当美好愿望无法实现时,人们幻想由神仙来帮助排忧解难、维护公道正义,就把这些思想寄托在幻想世界中的神仙身上,借助想象中的神仙显灵施展法术来克服各种艰险、困难,成就自己的愿望。神仙不仅帮助人们,还能在人间匡扶正义、主持公道,适时惩罚那些犯有不可饶恕罪过的恶人。因此,壁画中神话传说人物的存在就满足人们的这些愿望,人们在壁画前试图通过与神话人物的心神交流来唤起神仙对自身的关注,解救自身的苦难,实现自己的种种愿望。

三、历史故事

山东地区古建筑壁画的历史故事题材以真实的历史事件为蓝本,经过一定的加工,形成了具有教育、纪念意义的画面。画面的内容表现的主题多是英雄人物的功绩而较少涉及历史事件本身,结合当时的社会现实,描绘英雄人物的成长经历、英雄壮举,通过部分夸大的手段着重表现英雄人物在决定社会发展、改变战争进程、抵抗自然灾害中的作用。这些历史故事多为在民间传播范围广,具有较多受众,能够为社会大部分民众所喜爱的题材,而且画面真实生动地反映了当时的社会风貌,也真实形象地记录了构成这一时代特点的许多重大历史事件。同时,壁画创作者利用借史喻今的手法,引用历史某些重要事件、重要人物,来与自己当时所处的社会环境相对比,表达自身内心不可言表的感受。

壁画历史故事的代表性题材有大禹治水故事、三国历史故事、关羽生平故事,此外还有一些当时当地社会中的典型生活场景。山东地区保存历史故事题材的壁画相对较多,而且多集中于三国历史故事和关羽生平故事。目前,留存历史故事题材壁画的古建筑有济南市长清区张夏镇井字村关帝庙的三国故事连环画、长清区平安店大刘庄九圣堂的三国历史故事壁画、长清区双泉乡尹庄关帝庙三国故事壁画、天桥区筐市街关帝庙的关公生平故事壁画,青岛市崂山关帝庙的关羽生平故事壁画,淄博市博山区石马镇桥东村颜文姜祠的颜文姜民间历史故事壁画,菏泽市巨野县陶庙镇陶庙村东岳天齐庙的大禹治水历史故事壁画,济南市章丘文祖镇三德范村禹王庙大禹治水历史故事壁画,菏泽市成武县汶上集镇汶西村真武庙成武城内繁荣社会景象壁画,济南市长清区五峰街道办事处讲书院村土地庙的二十四孝故事壁画。

济南市长清区归德镇麒麟村关帝庙四面墙壁上绘满壁画，每面墙壁上的壁画都是多个长方格并排排列，每长方格表现一个主题故事或场景，类似当今的连环故事画，形象生动，符合普通百姓的理解意图。其中，东、西两侧山墙的故事画面从上到下分为三层：最下面和中间层为四个画面，最上层为三个画面。这些壁画都是嘉庆十六年(1787 年)重修后绘制的，内容是三国题材历史故事，主要是关公生平的一些典型事迹，大体是以时间为顺序排列。目前仍然可以辨认出"桃园结义"、"苏双赠马"、"腰斩王植"、"力劈孔秀"、"路过公孙干"、"大破黄巾"、"八里桥饯行"等文字和画面内容。这类三国历史题材画注重对事件场景的刻画，着重表达关帝的高强武艺和英雄事迹，以达到歌功颂德、神化形象、教育后人的目的。

关羽(或称"关帝")是三国时期蜀汉的重要历史人物，因其武功高强、忠诚信义被后人奉为民间信仰的重要神灵，用来驱逐危险，保佑平安。唐代，一些地区开始为关羽建造祠堂、塑造雕像，把他作为英雄或神灵进行供奉、祭祀。宋代，皇帝多次加封关羽，封他"王"的爵位，自此关帝信仰遍及全国，成为神坛中的重要角色。至明代，随着关羽故事的普及，关羽成为"忠义"、"威勇"、"智谋"的化身，关帝信仰影响增大；明代神宗时，关羽被敕封为"三界伏魔大帝"。清代顺治九年，又被敕封为"忠义神武关圣大帝"。在民间信仰中，百姓把关帝当作他们的保护神，认为关帝能辟邪、驱鬼、祛灾、除病，还能主持公道，弘扬正义，惩治邪恶；甚至还能抵抗外侮，反击侵略，保卫家园。佛教传播到中国后，与本地文化融合普及后逐渐民间化，融合原有各地的信仰，把关帝当作崇拜的神祇，称为"伽蓝菩萨"。至迟从明代开始，关帝庙就成为山东各地分布最广的庙宇。因此，留存至今的明清壁画中关帝历史传说内容也就是从这一时期大规模出现的。

四、山水风景

山水风景画作为古建筑中的重要装饰内容，在建筑中发挥的作用虽然不如宗教主题、神话传说和历史故事的象征教育意义强烈，但是作为建筑的组成部分和其他题材内容的辅助点缀，仍然具有衬托建筑整体风格、铺垫其他壁画主题内容的价值。以山水风景作为主题内容的绘画，自古是历代文人的主要嗜好。当生活富足或仕途失意、社会动荡之时，文人们借用山水风景的寄托来抒发情感，表达心境。山水风景画应用于建筑墙壁上，画工们借用文人的画法，并非照搬照画，而是取其精华，舍弃了不适于在墙壁上表现的部分。比如，使用剪裁的手法，提炼所描绘景象的主要特征，效果简练明确，主题突出，轻重分明。同时，又吸收了简洁画法，不拘泥于植物、花鸟、山川、河流等细节的刻画，而是从整体感觉出发，着力表现画面整体主题的神韵、意境，在注重法度和形神刻画的基础上，更多地吸收了写意画法，笔墨运用更为活泼自如。壁画中的风景、花卉、植物等装饰性纹饰布局、造型与建筑中木雕、石雕、砖雕的纹饰相比，纹饰显得清秀、纤细、流畅，不注重写实。

山东地区古建筑壁画的山水风景题材内容分布比较广泛，大多数古建筑壁画的非主体内容中都或多或少的有山水风景画保存，但是集中在一处古建筑中的情况相对较少，总体布局比较分散。山东地区古建筑壁画中典型的山水风景题材分布在多处古建筑中，主要有济南市历下区姚家镇刘智远村三圣庙的松树壁画、历城区仲宫镇南高而村三官庙著名画家陈富昌春夏秋冬四季山水花卉壁画、市中区七贤镇双龙庄关帝庙的花卉水墨画、市中区白马山街道办事处尹家堂观音堂花卉水墨画、市中区党家庄镇西渴马村泰山行宫植物图案、章丘市垛庄镇西庵村文昌阁的画卷式唐代杜牧《山行》诗配画、章丘市相公庄镇梭庄李氏宗祠南阁的山水植物壁画、章丘市曹范镇叶亭山村兴国寺的花卉树木壁画、章丘市埠村办事处埠东村三清观的植物山水画、长清区张夏镇小寺村玉皇庙的植物图案、长清区张夏镇青杨南村泰山行宫的植物及祥云纹图画、长清区双泉乡大张庄上水庵的树木花卉和竹子画、长清区双泉乡黄鹂泉村圣水寺三教堂花卉图画，泰安市岱岳区大汶口镇山西会馆的山水人物花草鸟兽壁画、肥城市王瓜店镇曹杭村天齐庙的植物水墨画，烟台市牟平区养马岛张氏家庙花草、山水、燕子壁画。

烟台市牟平区养马岛上的张氏家庙现为胶东地区建造最为精美的家庙建筑。自 1861 年开埠以来，烟台地区经济贸易迅速发展，各县区富贵人家陡增，他们在晚年荣归故里后热衷于各自家族的家庙建设，胶东地区保存至今的家庙大多就是在这一时期建成的。养马岛的张氏家庙，即为清末至民国时期张氏族人在外经商富贵后回乡所建。建筑中的山水风景题材壁画位于两侧耳房内。左侧耳房约 3 米高、6 米宽的墙面上绘制了一整幅壁画，画面内容简洁明了，主要包括：数株坚韧的树木顽强地生长于嶙峋的怪石之上；五只燕子站在巨石上神情自若，惟妙惟肖，栩栩如生；点缀其间的红花绿叶，依稀能辨认出些许颜色。右侧耳房的墙壁原本也绘有壁画，但被磨蚀破坏后现在只能隐约看到一株松树，虽然经过百年的老化变色，但是依然大致保持着原有的神韵。张氏家庙的壁画画法比较简洁，以写意为主，并不刻意追求画面的精致细腻，只通过运用少许的线条和墨色就勾画出图案的大体内容。

不同的山水风景壁画主题反映了建筑主体以及使用人的整体喜好，多表达了追求吉祥如意平安的心理。壁画的山水风景中事物总是蕴含着某些深刻的文化内涵。比如蝙蝠寓意着幸福，松树寓意延年益寿，鱼寓意年年有余，巨石寓意着平安，等等。壁画中的内容更多是把多种自然物组合起来，形成协调统一的画面，寓意着如意吉祥的思想内涵。如：蝙蝠和桃组合起来，寓意“福寿”内涵；蝙蝠与玉磬的组合，含义就是“福磬”（“磬”谐音“庆”）；蝙蝠、香圆、葵扇、玉磬组合起来，成为吉祥图案画“福圆扇磬”；喜鹊站在梅花枝头上，寓意“喜上眉梢”；菊花和麻雀组合起来，寓意着“居家欢乐”；用金鱼取“金玉”之意；用松鹤组成“延年益寿”的图案；用蝙蝠和流云组成“万福流云”；等等。这样的吉祥寓意图案在建筑中的壁画、彩画、雕刻上应用非常广泛。这种喜闻乐见、通俗易懂的表现形式，反映了社会中普遍的审美取向和人民群众的美好愿望。

五、综合主题

山东地区的古建筑很多并非只有单一的主题，这些建筑在历史的不同阶段曾经因为佛教、道教和本地宗教交替使用，体现在建筑中的壁画主题上也就是多种题材画面内容的共存共生现象。壁画多种主题综合出现的情形既有建筑自身使用功能改变的原因，也有壁画主题内容适应社会发展需求的结果。由于许多历史故事、神话传说中的英雄人物被宗教吸纳并尊崇成为祭祀的神，这些英雄人物就成为具有典型代表意义的多方主题形象。三国时期的关羽被佛教接纳后成为“伽蓝菩萨”，体现了历史故事与佛教思想的融合共通。山东地区民间传说故事中的八仙人物与道教教义相融合，成为道教人物中的典型。可以说，壁画内容的多种主题现象也反映了山东地区民间社会信仰中多种文化融合共生、和谐相处的状态。

综合主题性质的壁画在山东地区并不少见，比较典型的古建筑壁画有济南市长清区五峰街道办事处讲书院村土地庙的韩湘子成道故事、八仙故事、二十四孝故事连环画，济南市历城区华山镇华阳宫古建筑群中道教、佛教、本地宗教、神话传说、历史故事与山水风景画等多种主题壁画，枣庄市滕州官桥镇前管庄村三圣阁的八仙过海人物、历史故事与山水风景画等多种主题壁画，肥城市王瓜店镇云山回佛寺三国历史故事、十八罗汉与本地宗教等多种主题壁画，泰安市新泰青云街道金斗社区菩萨殿的八仙、西游记故事壁画。

济南市历城区华山镇华阳宫古建筑群由多幢单体建筑和建筑院落组成，保存壁画的建筑有四季殿、泰山行宫、观音殿、三皇殿、三官殿、棉花殿、关帝庙、三教堂等建筑。这些建筑建造、修缮时代分属于明清不同时期，用途有道教、佛教、本地宗教等功用。其中的壁画主题更是内容丰富，宗教主题中的道教、佛教、本地宗教占据了较大比例，还有神话传说、历史故事和山水风景画等多种主题。四季殿中的壁画主题为历史故事、山水风景画，泰山行宫建筑院落保存的壁画包括地狱审判图、碧霞元君成道故事连环画、山水风景图、八仙故事图等主题，观音殿壁画包括观音图和植物花卉主题，三皇殿壁画包括龙神图和山水风景图主题，三官殿壁画主要是山水风景图主题，棉花殿壁画主要是历史故事、山水风景图主题，关帝庙壁画主要包括历史故事、八仙故事、山水风景图主题，三教堂壁画主要是佛本身故事连环画主题。

华阳宫古建筑群属于一般功能的民间古建筑，单体建筑体量不大、规模较小，等级不高，多数是由民间信徒集资修建，以供奉当地最常信奉、功能齐全的神仙。也正是由于华阳宫古建筑群并不受到官方的规制，建筑的属性没有受到强制性限制，建筑群的每一处扩建过程中，建筑的功用依据出资人的需求而兴建，因此建筑的宗教属性随意性较强，多种主题内容的壁画同时集中出现，并不是只保持单纯的唯一属性，显示出当时民间社会中对于多种宗教人物、英雄人物的包容性和需求的广泛性。相对于建筑本体来看，建筑中的壁画因为维修、重绘而使壁画主题更为随意，每一处建筑在改变所有人、使用人的过程中，其属性就可能发生频繁变化，壁画内容相应就发生改变。

第三节　山东地区古建筑壁画的历史变迁

山东地区遗存的大量古代壁画伴随着古建筑的兴衰或得到积极的保护或遭受不同形式的破坏，从壁画的形成之初就因为外界环境、社会环境和人为因素的影响而被重绘、补绘、维修或画面被破坏、覆盖，壁画的支撑材料、制成材料以及绘画材料出现了不同程度的老化变质。建筑经过多次的扩建、维修、重修、修葺，建筑的数量、结构和布局基本上趋于稳定，而建筑内部的壁画在此基础上随着建筑的屡次重建和修缮而得以重新绘制，或被缓慢地破坏，或年久未修缮而损毁，壁画的保护伴随着建筑的历史变迁而命运多舛。

新中国成立后，政府部门的管理、使用为古建筑壁画的保护提供了有利的契机，虽然部分生产、生活活动也破坏了壁画的完整保存，但是稳定、平和的社会环境为壁画的安全保存提供了可能。“文革”动乱期间，很多古建筑以及内部的壁画遭受了不同程度的损毁。在当代全社会文物保护意识增强、壁画保护技术日益成熟的外部条件下，山东地区古建筑壁画的保护工作步入了科学、规范、有序的轨道，随着古建筑的维修，壁画得以抢救性、维持性保护，壁画的技术性保护工作逐渐得以全面展开。本节即以泰安岱庙天贶殿壁画和济南华阳宫古建筑群壁画的保存过程和发展历史为例，来论述历史上山东地区古建筑壁画的变迁情况。

一、泰安岱庙天贶殿壁画的历史变迁

泰安岱庙的天贶殿由于创建时间久远，因此在历代的重修经历较为繁杂。天贶殿始建于宋大中祥符二年（1009 年），元代重修时改称“仁安殿”，明重修后更名为“峻极殿”，民国初复称“天贶殿”。天贶殿壁画原为宋代所绘，据文献记载，金大定年间和元代至正年间天贶殿毁于火灾，壁画遭到较大破坏，金、元、明、清各代均有补修。

在金代，岱庙有一次大的重修，原因是在大定十八年（1178 年），“岳庙灾。虽门、墙俨若，而堂室荡然”。[①] 在火灾的第二年（1179 年）开始重修。大定二十一年（1181 年）告成。“凡殿寝、门闼、亭观、廊庑、斋库虽仍旧制，加壮丽焉。”[②]可以看出，虽然“堂室荡然”，但重修时仍袭用的是旧制，仅是“加壮丽焉”，即是说岱庙大殿仍是宋时的制度。因岱庙毁于战乱之中，于是元代至元三年（1266 年）“创构”了仁安殿，以供奉泰山神。[③]

到了明代，宣德三年（1428 年）岱庙发生火灾。天顺四年（1460 年），因“庙屋既久，多圮漏弗治”，也曾重修岱庙，于次年完工。“殿宇、周廊、门观、缭垣，悉皆完备，不陋于前，不侈于后”。[④] 明弘治三年（1490 年）、十五年（1502 年）也曾修葺岱庙。嘉靖二十六年（1547 年），岱庙大火，殿宇等诸多建筑毁于一炬，其重修工程始于嘉靖四十一年（1562 年），功成于次年，“自

---

① 参见刘慧《泰山岱庙考》，齐鲁书社 2003 年版，第 113 页。

② 参见刘慧《泰山岱庙考》，齐鲁书社 2003 年版，第 113 页。

③ 参见刘慧《泰山岱庙考》，齐鲁书社 2003 年版，第 113 页。

④ 参见刘慧《泰山岱庙考》，齐鲁书社 2003 年版，第 113 页。

殿堂而下，毁者以举，倾者以易，圮者以完”。[①]

清代康熙年间，岱庙又遭大的劫难。康熙七年(1668 年)大地震，岱庙受灾严重。“大殿琉璃脊兽、瓦片、上层下层周围椽板俱已毁坏，墙根俱已碎塌，檩枋俱坏大半，惟梁柱可用。”重修之时，“拆卸大殿，将碎坏殿墙俱易为石，其檩枋坏烂者，俱换新料，至于椽子、望板俱换，瓦片、脊兽尽另烧造”。[②]重修后的大殿内墙、两廊内墙得以修复，各殿神龛得到重新设置，其他建筑也大多更新。清末也多有修缮。新中国成立后，也不断地对天贶殿进行维修，先后于 1953 年、1956 年、1987 年、1993 年、2011 年多次实施维修工程。

在岱庙建筑本身几次遭受毁灭性的损毁情况下，岱庙天贶殿宋代的壁画何以能保存到现在？这所涉及的是一个壁画存在的延续性问题。一般认为，关于壁画的流传问题，因有“画样”而会使壁画得到长久的流传，因为保存“副本”、“画样”似乎是一种惯例。重要宫观，特别是皇室所看重的地方，如有壁画，就会存有“画样”，或“原本”或“临样”。岱庙作为由皇帝来主事祭祀的重要庙宇，有“画样”流传应是自然而然的。因而，天贶殿壁画虽经上千年的自然和人为的损害，或几经重新临摹上墙，但画面主体部分仍基本上保留了宋代的原貌。

在历代岱庙天贶殿壁画的修复中，多注重画面核心内容巡行队伍的表现和刻画，而忽略其背景。并且背景部分多在画的上部和下部，正是处于易损的部位。一旦殿顶漏雨，受损最重的是墙体的上部；而下部却最容易受到人为的损害。多次的修补，加上认为不是画面的核心部位不予以重视，最终成为“变异”最大的部分，具体到内容也就使山石树木形象逐步发生了“质”的变化。同时也应注意的是，天贶殿壁画的创作，作为皇家工程，应是召集天下有名画工而作的，包括历次大的重修，也不会是等闲之辈操笔，然而平时的“小打小闹”的局部修补就使地方画匠有了用武之地。这也是造成山石树木部分与中心人物部分存在差异的重要原因。

壁画上部的建筑部分，其画法具有西洋风格，而西洋画是在清初传入中国的，因此，可以断定现存壁画的上部不是宋代原物，而是清代补修、重绘之作。人们参观壁画时大多注意人物而忽略背景，但当你回过头来认真审视图中的山石林木时，就会觉得过于粗犷，有的地方不像是画出来的而像是

---

① 参见刘慧《泰山岱庙考》，齐鲁书社 2003 年版，第 113 页。

② 参见刘慧《泰山岱庙考》，齐鲁书社 2003 年版，第 113 页。

“刷”出来的。从天贶殿壁画的创作来看，出现具有一定透视关系的楼阁似乎可以理解，但是如与同为宋代的《清明上河图》的建筑相比较，壁画中出现的楼亭的确是“现代化”了。因为它的透视消失点（灭点）过于突出，以至于使人怀疑是在刻意表现这一技巧。并且这一表现手法几乎仅用于建筑之中而不顾其他，有“囫囵吞枣”的味道。这种现象的存在，也只有在“海西法”刚刚传入不久、国人喜于运用新鲜技法的情况下才会发生。由此可以推断，《启跸回銮图》中上部靠近屋顶的楼阁建筑画应创作于清康熙年间。

1928年，由于济南被日军侵占，便将泰安定为省政府的临时所在地。6月1日，国民党山东省政府在泰安正式成立。岱庙辟为中山市场及中山公园，其中将岱庙前半部改为高层称“中山市场”，后半部改为公园称“中山公园”，环咏亭、雨花道院改为民众饭店、民众旅馆、民众澡堂，众多古碑刻被毁用作石料。继以驻军，拆毁县城城墙及岱庙城墙，天贶殿壁画也受到严重损坏。1929～1930年，国内军阀混战，泰山上玉皇顶、孔子殿、碧霞宫皆为营房，天烛峰掘壕置炮，十八盘掘壕置机枪用以把守，战争中毁坏古迹石碑庙宇不可胜计，泰安城内岱庙天贶殿壁画多处遭炮毁。

新中国成立后，人民政府设立了专门机构管理岱庙。1956年，在山东省古代文物管理委员会泰安分会的基础上成立泰山管理处，1959年设立泰安市博物馆，1964年撤销并入泰山管理局。随着岁月的推移，壁画日渐漫漶。为了使壁画能流传下去，1961年，由政府投资邀请画家朱复戡、岳祥书及山东艺术专科学校毕业生14人对壁画进行临摹。他们所采取的办法是，先用透明塑料薄膜悬起贴于壁画上，勾勒出人物及物像的轮廓，取下薄膜后，将宣纸铺于薄膜上，透勾其图画内容，然后再对照着壁画着色。这种方法临摹出的画样尺寸是与壁画完全相同的，色彩也尽量保持原色，对残缺及伤痕也依照原样临摹下来，最后的临摹稿就保留了真实的壁画原始状态。这部分壁画临摹稿现收藏于泰安市博物馆。这也为壁画将来一旦发生不测保留了可靠的“样画”档案。

“文革”动乱期间，岱庙古建筑遭到破坏，大批古碑被毁，天贶殿壁画又遭到了一次劫难。1966年8月25日，山东省泰安水利学校、山东农学院等校学生突然来岱庙把大殿中的泰山像拉倒，继而把陈列在殿中的“泰山展览”砸烂。其中将展品唐摩崖册页拓本撕毁。在西墙壁画人物稠密之处用铁锹横竖铲划，致使壁画画面和地仗层出现了多道深深的划痕，画面严重缺损。最严重的是，他们用刷笔蘸墨汁在东北墙壁画下部书写上了“砸烂旧世界，毛主席万岁”的大字标语，使壁画大面积受损。

1971年，泰山管理机构恢复。1972年即撤除了在天贶殿内的展壁，使壁画重见天日。1972年4月，管理部门为恢复壁画的原貌，重新对游人开放，决定修补清洗天贶殿壁画。鉴于东部画面没有涉及多少人物，墨迹污染处多是山石衬景，决定用国画颜料并配用广告色分别配成与壁画旧色相同的色调，按画面的旧迹像补绘。在上色前，因墨汁浓黑，先用布蘸水慢慢擦拭，使大部分浓墨变淡，然后补色。西部铲道痕迹及画面脱落部分分别用国画颜料配色点补，依照原有的临摹稿记录遗痕进行了补绘。对标语进行局部清理，力求恢复壁画的原貌。将清洗修补前后的照片进行对比，可以感觉到，清洗补色的效果是明显的。然而，限于当时的技术条件及修复水平，对照当今的文物修复理念和原则来评价，这次的壁画修复是不够科学、规范的，无论是绘画颜料的选择、色彩的配制，还是工作人员的艺术水准，有些地方还是造成了不应有的新“伤痕”。如在《启跸图》的禁围画面中，将一位官员的帻头展脚伸到了另一位官员的脸部，而画法又是那样的拙劣，这在原有的画面上是不会存在的；还有在重描人物的轮廓时，随意性太大，所补绘的线条偏离原有的轮廓；在山石表现方面，尤其是《启跸图》的山石部分，从所留笔触看，是用刷子刷出来的；等等。这都有意无意地直接影响了天贶殿壁画的艺术效果。

有的学者指出：天贶殿壁画并非由技术高超的画师绘制而成，而是由民间绘画水平一般的画工绘制，壁画除了面积庞大、人物众多、规模宏大之外，其余方面的艺术、技术、工艺特征并不十分显著，并没有特别出色之处。天贶殿壁画一无是处的说法值得商榷，但“作者并非高手”的感受就可能产生于历代壁画修补的过失，以致给人整体不佳的错觉。这或许就是差之一毫、失之千里的缘故吧。

改革开放以来，尤其是近三十年，各级政府投入巨大的人力、物力、财力对岱庙进行了全方位的浩大保护工程。1986年成立泰安市泰山风景名胜区管理委员会后，岱庙被开辟为泰安市博物馆的办公所在地，岱庙古建筑的管理保护工作由泰安市博物馆负责。1987年12月11日，泰山正式被联合国教科文组织接纳为世界自然与文化遗产，作为泰山申报世界遗产的重要组成部分之一的岱庙也被列入世界文化与自然遗产清单。1988年，岱庙被公布为全国重点文物保护单位，对岱庙及其天贶殿壁画的保护提升到了国家层面。

1990年11月21日至12月11日，由联合国教科文组织赞助、中国联合国教科文组织全国委员会和建设部主办，在泰山举办了一次国际壁画研讨班，来自国内外的专家及来自全国各地的文博专业人员参加了壁画保护的研讨。针对天贶殿壁画的保护，专家们也提出了一些意见，但总的倾向是“保守疗法”，适当控制温、湿度的变化。这是利用现代壁画保护技术从天贶殿壁画的材料组成和保存环境变化上首次提出的保护方案。天贶殿壁画保守的控制温湿度的保护手段一直维持了二十多年。

2011年9月，岱庙天贶殿壁画数字化保护项目正式启动。为确保壁画的安全以及最佳修复效果，泰安市博物馆与敦煌研究院合作，实施天贶殿壁画修复保护工作。数字化拍摄内容主要包括：完成岱庙天贶殿球幕机扫描，提供可量测的虚拟展示文件；完成天贶殿200平方米150DPI精度壁画数字化拍摄、后期图像拼接处理、数字化保存工作，为壁画维修保护方案的调查研究和修复方案的制定提供依据。随之进入壁画现状调查、环境监测、病害分析、修复材料及工艺筛选等阶段。按照壁画现场调查研究成果，敦煌研究院开始制定科学的壁画保护修复方案。2011年12月，壁画修复保护方案设计完成。2012年5月，岱庙天贶殿壁画的修复保护方案得到国家文物局的批复，对为今后壁画的科学维修保护提供了依据。2014年9月，天贶殿壁画修复保护工程开始实施，整个修复工程于2015年底完成。

二、济南华阳宫古建筑群壁画的历史变迁

济南市历城区华山镇华阳宫古建筑群现存的建筑主体多数在明清及民国时期修缮、建造，因此建筑内部墙面上的壁画时代亦多为明清及民国时期。四季殿创建时间较早，具体时间不能确定，根据文献记载，明嘉靖十一年(1532年)、明万历六年(1578年)和清光绪三十一年(1905年)进行过多次修葺。泰山行宫门楼创建于清光绪二十二年(1896年)。东、西十王殿重修于清乾隆四十六年(1781年)，修葺于光绪二十三年(1897年)。元君殿创建于明崇祯二年(1629年)，清康熙二十六年(1687年)、光绪二十三年(1896年)均有修缮。关帝庙前、后二殿创建年代为清康熙十八年(1679年)。三官殿始建年代不详，不见创建及重修题记，从遗存的柱础构件及壁画风格上看约为清代末期、民国初期的遗物。观音殿创建于清康熙二十四年(1685年)。三教堂创建年代不详，从殿宇供奉的内容上来看，是佛、道、儒三教鼻祖的共处，这是明代开始形成的，根据殿奉内容的形成和现今遗存的建筑风

格,该建筑物可能为清初创建。三皇殿创建年代不详,亦无重修记载,但从遗存的柱础及西墙角明砖的垒砌上看创建于明代无疑,更为明确的是在西山墙外镶有明嘉靖四年(1525 年)的游人诗刻,说明该建筑为明代中期以前的遗作。棉花殿墙体用砖为清代中期的青砖,此殿应为清代中期的作品。这些建筑内部的壁画在历次的修建、修葺过程中,均得到了有效的保护。以元君殿的壁画为例,元君殿东山墙上部的壁画可以断定为单层地仗,而在壁画靠近地面的部分却出现了三层地仗重叠的现象。因此可以断定,元君殿壁画的下部因为水分的侵蚀而出现强度降低、疏粉老化的损害。在历次修葺过程中,壁画的下部重新加固了地仗,才有了现在三层壁画地仗重叠的结构。同时,这三层地仗重叠现象的存在极有可能与清康熙二十六年、光绪二十三年的元君殿建筑的修缮活动有关。

民国期间,华阳宫曾经由国民党军队驻守,后来华阳宫又陆续成为解放军和山东化工厂的军用物资仓库,由于这种原因,华阳宫的古建筑得以较好保存。民国期间,到华阳宫旅游的各方民众在华阳宫建筑的壁画上留下了多处标记。例如四季殿壁画上多达 10 余处的人名;十王殿东殿南山墙下部的乱涂乱画,有“民国二十六年五月二十八日卧牛山小学旅行在此”、“民国二十八年十月十五日新民生旅行在此”、“民国廿九年四月七日茂雅芳小学在此浏览”等标记内容多达 16 处。四季殿在民国期间修缮过程中,壁画被重新绘制,早期的壁画被覆盖,而新绘制的壁画现在已经老化。这些壁画在屡次覆盖、重绘的过程中,早期的壁画并没有被破坏,而后期的壁画在老化变质后显露出早期壁画。根据梁架上的题款,关帝庙后殿在民国三十年(1941 年)曾经修缮,而壁画在此次修缮过程中并没有遭受明显破坏。

新中国成立后,华阳宫古建筑群一直由山东化工厂管理、使用。山东化工厂,其前身是济南新城兵工厂,1875 年创办,生产火药、枪炮及修理军械,是清末济南最早的官办企业和中国北方著名的兵工企业,解放后改为山东化工厂。在山东化工厂使用期间,华阳宫的建筑被用作仓库、生活用房,元君殿、十王殿、三教堂、三皇殿等处的壁画被涂刷一层白灰,现在这些壁画仍然存留被白灰层覆盖的痕迹。“文革”后期,关帝庙后殿壁画被黄泥涂抹覆盖,在黄泥层上刷写了“毛主席语录”等标语。20 世纪 70 年代,棉花殿用作生活用房时,四壁的壁画上面粘贴了满满的报纸。上面这些施于壁画表面的行为在一定程度上保护了华阳宫的壁画免于被人为损坏,然而频繁的生产、生活行为也对华阳宫壁画产生了多种损害后果。十王殿东殿壁画画面人物的面部被人为破坏，局部缺失严重。十王殿西殿的壁画被严重烟熏而污染，大面积壁画缺失。观音殿壁画颜料脱落严重，并且两侧山墙上被用油漆乱涂乱写。棉花殿的墙壁上被人为凿穿并且发生严重鼠害，墙壁上出现多达几十处大大小小的孔洞，而且画面的颜料层被人为地磨刷，颜料层条痕状脱落严重。关帝庙前殿壁画缺失严重，因为水分侵蚀，画面严重发霉。关帝庙后殿因 20 世纪 60 年代被军队使用时作为学习教室，东山墙壁上置有上课用的水泥制黑板，壁画上直接刷写了多处"文革"期间的革命标语，两侧墙壁上出现了为数众多的小孔洞，壁画颜料晦暗难辨，黑色、深色污染严重。1979 年 9 月 3 日，华阳宫古建筑群被济南市政府公布为第一批重点文物保护单位。新中国成立后，华阳宫古建筑群的壁画在遭受损坏的同时得到了一定程度的初级保护。

20 世纪 90 年代以来，华阳宫古建筑群内大量古建筑屋面破损，房檐坠落，甚至墙壁倒塌、门窗被拆卸。1993 年 5 月，四季殿的卷棚抱厦长期失修，出现塌毁，东西两侧墙壁上的壁画被雨水冲毁。此后，文物部门对山东化工厂管理的长期失修的华阳宫古建筑群督促其履行保护、修缮义务，直到 1999 年文物部门收回了对华阳宫古建筑群的管理权。2000 年，文物部门组织开始华阳宫古建筑的维修工作，四季殿、十王殿东殿、十王殿西殿、元君殿、关帝庙前殿、关帝庙后殿、三教堂、三皇殿、棉花殿、三官殿等保存壁画的建筑均被修缮。四季殿卷棚两侧的壁画被保存下来，并且以木板、塑料布暂时包住壁画以防止其从墙壁上脱落。十王殿东殿的东墙壁画虽然地仗层已经大面积脱离支撑墙体，但是仍然用塑料布包住以防止其从墙壁上脱落。三官殿实施了落架大修，内壁遗存的大量壁画已经被揭取下来而暂时收藏于库房内，而且在维修过的内墙壁上预留了重新安装复位的空间。2000 年，文物部门对华阳宫古建筑群的全面维修最大限度地保护了壁画的原貌，并进行了简单的科学加固，为日后的全面技术性保护奠定了基础。因此，2007 年 12 月 7 日，华阳宫古建筑群又被山东省政府公布为第三批重点文物保护单位。在此次维修过程中，也存在着一些对壁画保护不利的维修行为，三教堂、棉花殿、三皇殿和十王殿东殿外墙地面维修后的高度高于建筑内部的地面，降水渗透进墙壁严重影响壁画材料而对壁画的保存极为不利，现在这些建筑内壁画靠近地面的部位疏粉、脱落就与外部水分的长期侵蚀密切相关。

2009 年 5 月，在国内的壁画保护修复技术逐渐成熟的前提下，济南市引进西北大学文化遗产学院、西安文物保护修复工程有限公司的壁画文物修复人员、技术、设备，第二次全面展开对华阳宫古建筑群壁画的保护性修复。相隔10年之后，壁画的保护修复理念更加全面、规范、科学、统一。这次壁画保护修复工程从壁画病害的前期调查、修复方案的设计制定、具体修复工作的实施都贯彻了严格、科学、合理的文物修复理念。本次保护修复工程中，引入西方的文物保护修复理念并与国内的传统文物保护修复的理念相结合，根据壁画保护修复技术的发展提出了适应于华阳宫古建筑群壁画保护修复的原则：(1)不改变原状原则；(2)尽量少干预原则；(3)采取预防为主的原则；(4)尽可能完全显现壁画的画面内容；(5)安全性原则；(6)可识别性原则；(7)保护修复材料的可操作性原则；(8)壁画保护修复记录资料具体翔实，准确完整。本次修复的主要内容包括对壁画墙壁的隔水避潮处理、对濒危壁画病害的抢救性修复、对缺失壁画的修补、对覆盖壁画内容的呈现等工作。四季殿壁画保护修复的工作主要包括对壁画墙壁的隔水避潮处理、壁画表面污染物的清理、空鼓壁画的加固回贴、缺失壁画地仗层的修补、重层壁画的再现、壁画的防霉杀菌、壁画整体的加固封护、修补壁画的美学效果展示等。泰山行宫山门壁画保护修复的工作主要包括壁画表面污染物的清理、空鼓壁画的加固回贴、壁画的防霉杀菌、壁画整体的加固封护等。十王殿壁画保护修复的工作主要包括对壁画墙壁的隔水避潮处理，壁画表面覆盖白灰、黄泥层、污染物的清理，空鼓壁画的加固回贴，缺失壁画地仗层的修补，壁画的防霉杀菌，壁画整体的加固封护，修补壁画的美学效果展示等。元君殿壁画保护修复的工作主要包括对壁画墙壁的隔水避潮处理、壁画表面覆盖白灰的清理、缺失壁画地仗层的修补、重层壁画的局部再现、壁画的防霉杀菌、壁画整体的加固封护等。观音殿壁画保护修复的工作主要包括对壁画墙壁的隔水避潮处理、壁画表面污染物的清理、空鼓壁画的加固回贴、缺失壁画地仗层的修补、壁画的防霉杀菌、壁画整体的加固封护等。三教堂壁画保护修复的工作主要包括对壁画墙壁的隔水避潮处理、壁画表面覆盖白灰的清理、缺失壁画地仗层的修补、壁画的防霉杀菌、壁画整体的加固封护等。关帝庙前殿、后殿壁画保护修复的工作主要包括对壁画墙壁的隔水避潮处理，壁画表面覆盖白灰、黄泥层、污染物的清理，缺失壁画地仗层的修补，壁画的防霉杀菌，壁画整体的加固封护等。棉花殿壁画保护修复的工作主要包括对壁画墙壁的隔水避潮处理、壁画表面覆盖“文革”时期报纸的清理，空鼓壁画的加固回贴、缺失壁画地仗层的修补、壁画的防霉杀菌、壁画整体的加固封护等。三皇殿壁画保护修复的工作主要包括对壁画墙壁的隔水避潮处理，壁画表面覆盖白灰、黄泥层、污染物的清理，空鼓壁画的加固回贴，缺失壁画地仗层的修补，壁画的防霉杀菌，壁画整体的加固封护等。2012 年 7 月，这次壁画保护修复工程顺利结束，修复效果非常显著，达到了预期的目标。多处被覆盖的壁画重新显现于世人面前，濒危的多处壁画得以加固，壁画表面的污染被清除，壁画的艺术价值得以被世人重新发现。

小　结

相对于山东地区保存至今数量众多的古建筑，其中存留古建筑壁画的比例并不高，而且这些古建筑壁画，除了较为著名的泰安岱庙天贶殿、济南华阳宫古建筑群壁画外，多数不为世人所熟知或提及。这些古建筑壁画多分散于偏僻地区，建筑和壁画的级别普遍不高，画面内容以宗教题材为主，制成年代多数为明清时期。壁画的题材以宗教内容、神话传说、历史故事居多，其他还有一些花卉、植物、山水风景等装饰性内容，而宗教题材的内容又以佛教和道教题材为主。壁画的画面内容应是与古建筑的宗教功能和使用性质相联系的。在历史发展过程中，山东地区的古建筑壁画因为社会的变迁和自然环境的影响，或被缓慢地破坏，或年久失修而损毁，或为战争、自然灾害而被损毁，壁画的保护历程伴随着建筑的历史变迁而命运多舛。

第二章　山东地区古建筑壁画的制作工艺

不同的墙壁支撑体、地仗和画面颜料以及相应的建造工艺决定了壁画可能会发生某种病害，古建筑壁画的病害一般独立或联合发生在这三部分，因此要研究古建筑壁画的病害，必须首先对古建筑及其附属的壁画的制作材料和建造工艺有清晰、彻底的了解。山东地区古建筑壁画的制作工艺承袭了中原地区的壁画制作方式，墙壁支撑体、壁画地仗层使用的材料多是本地常用的建筑类材料，而画面层使用的颜料多为矿物颜料。

山东地区古建筑壁画的制作结构一般分为三个部分(见图 2-1)，依次为墙壁支撑体、地仗层和画面颜料层。墙壁支撑体以砖砌为主，还有少部分以石块和土坯垒砌。地仗层分为两部分，靠近支撑体一般为颗粒较大的粗黄泥层，表面地仗层为掺杂麻刀混合而制成的颗粒较小的细白灰层。颜料层为画面的主题部分，有些壁画在绘制前为了渲染绘画效果还于细白灰地仗层上涂刷一层白色的底色颜料。

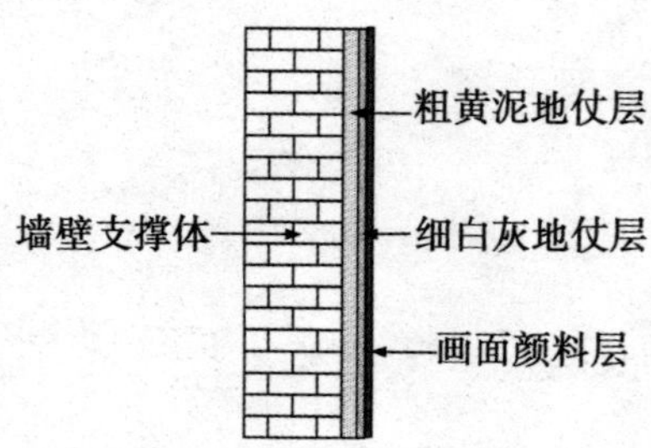

图 2-1　古建筑壁画制作结构示意图

第一节　古建筑墙体材料

建筑的墙体是古建筑壁画的支撑载体。载体的材质、营造法式对于画壁的制作和壁画绘制的效果、存世的寿命影响很大。建筑墙体对于壁画创作绘制者来说，是需要了解和重视的环节之一。如现代壁画制作中，北京首都国际机场壁画《哪吒闹海》在制成三年后壁面上出现了两道裂纹，绘制参与者楚启恩分析壁画裂纹原因是原墙壁基础是在砖墙表面用水泥做成。当时为了赶时间，壁面水泥层没有完全干透而导致画面裂纹的出现。说明墙体营造与壁画自身的寿命密切相关。

山东地区现存壁画的古建筑大部分为土木结构建筑，这是中国古建筑重要的特征之一。对于土木结构的建筑，著名建筑家梁思成先生分析认为中国木造结构方法，最主要的结构在于构架之应用。北方有句通行的谚语“墙倒房不塌”，正是这种结构原则的一种表征。其基本用法是在构屋程序中，先用木材构成架子作为骨干，然后砌筑上墙壁，如同皮肉之附在骨骼上，负重部分主要是靠木架，而不借重墙壁。

山东地区现存壁画的古建筑墙体的建造材质和营造方式主要有四种：(1)砖砌墙；(2)石块砌墙；(3)土坯、砖混合砌墙；(4)石块、砖混合砌墙。经过长期的实践人们认识到砖墙容易出现泛碱现象，刚绘好的壁画色彩鲜艳，但过几年画面便开始泛出白粉末并发生颜色变化，即是泛碱，而土坯墙可以防碱，所以古建筑壁画的墙体多采用半坯墙，就是一堵墙上半部用土坯砌，下半部用砖砌。还有一种是包砖墙，外墙皮砌砖，内侧(里皮)砌土坯，俗称“里生外熟”。再一种就是上下四边都是砖砌只用土坯填心，称“包框墙”。我国传统壁画墙面砌法一般都是交叉砌土坯，在土坯墙的下部是砖墙。墙下部用砖砌的墙称“裙肩”或“坎墙”(宋代称“隔碱”)。

为防止地下水毛细管作用上升增加室内的湿度和加速墙体的风化破坏，进一步导致壁画出现泛碱现象，必须在墙体的下边专门做隔水处理。北宋将作监李诫组织编撰的建筑设计专著《营造法式》中专有一节“墙下隔碱”的做法，足见古代工匠对墙体防潮防碱的重视，建造于宋代的泰山岱庙天贶殿就采用了这些防潮防碱的做法。天贶殿墙壁下置有二层规整的石基，高1.38米，石基上为砖墙，可以起到隔绝地下水的毛细上升，并且在外界降水时，雨水不至于侵蚀到墙体。明清时期，建筑墙体防潮常见有两种做法：一种是北方常用的"隔碱",是在离地面 30～50 厘米高处,用一层厚 2～3 厘米的青灰层或用一层 5～7 厘米厚的芦苇秆(或玉米秫秸、高粱秫秸、柳条等)做隔碱措施;另一种是南方常见的"隔潮",是在离开地面的墙根用砖砌筑 30～60 厘米的高度,或采用卵石、块石、三合土作墙裙。

当然,山东地区的古建筑壁画之所以能够完好地保存至今,与其独特、科学的墙壁构造方法也是密不可分的。从技术角度上说,壁画附着的墙壁与其他地区壁画的墙壁支撑体在构造上是不同的。经历了上千年制作工艺的发展过程,山东地区的古建筑壁画墙体和画底在建造上形成了一套特定的、比较成熟的技法。在建筑的砌造初期,工匠们用青砖在建筑墙壁下部砌出高约 1 米的"坎墙","坎墙"的材料一般是石头和砖,这样做一方面是为了牢固地承载墙体的重量,同时也使得墙体以外的潮气不会侵蚀到壁面。墙壁的上部则主要是以土坯或未经烧制的砖坯来垒砌,这样做也使得墙体内部的水汽不能够腐蚀到画面,也保证墙体外部的盐碱侵蚀不能使画面剥落。在土坯墙体与泥皮之间的自然缝隙中还可以流通空气,保持画底干燥,画面由此得以完整地保存。这是一般的墙壁处理方式。

分析山东地区现存的保留壁画的古建筑,建筑的基础基本上都是使用石块来处理,只是有些建筑的基础是使用规整的石块砌筑的,而有些建筑是使用不规整的石块砌筑的。使用石块不仅可以增强墙基的强度和支撑墙壁的稳定性,而且石块的长期耐久性还避免了其他材料不耐腐蚀的弱点,保证了建筑基础的长期稳定性。墙体的使用材料和处理方式一般有下面七种情况:

1. 墙体全部使用石块砌筑,屋顶也使用石块垒筑。这种建筑形式数量较少,墙体比较坚固结实,屋顶砌筑成拱形或穹隆顶形状,主要有长清区来佛山玉皇殿、章丘市文祖镇三德范村禹王庙等。

2. 墙体全部使用石块砌筑,屋顶使用青砖青瓦建造。这种建筑形式数量较少,墙体也比较坚固结实,见于济南市长清区五峰街道办事处讲书院村土地庙、市中区七贤镇韩家庄关帝庙、长清区平安店大刘庄九圣堂、长清区东莱园村土地庙、平阴县玫瑰镇焦庄观音庙等。

3. 墙体下部坎墙使用石块砌筑,上部全部使用青砖,屋顶使用青砖青瓦建造。这种建筑结构最为普遍,墙体相对比较坚固结实,但是由于屋顶漏雨坍塌等损毁情况的发生,许多建筑得以部分保留下来。这种建筑形式见于泰山岱庙天贶殿、泰安肥城市桃园镇鲍家塘子村碧霞元君祠、肥城市王庄镇魏家坊村关帝庙、济南长清区张夏镇井字村关帝庙、长清区归德镇坟台村官王庙、长清区双泉乡尹庄关帝庙、章丘市圣井镇张乙郎村大圣寺等。

4. 墙体全部使用青砖，屋顶使用青砖青瓦建造。这种建筑结构较为常见，墙体相对也比较坚固结实，但是由于建筑也会出现屋顶漏雨坍塌等损毁情况，部分建筑仍然能够保留下来。这种建筑形式见于济南市历城区仲宫镇南高而三官庙、肥城市安驾庄镇大龙岗石村关帝庙、肥城市边院镇东向村北极阁、肥城市王庄镇中于村三官庙等。

5. 墙体上下四边用砖块建造，用不规整石块填心的“包框墙”。这种建筑墙体相对并不坚固结实。如果填心的石块使用的灰膏黏合比较牢固的话，建筑还能保留下来。如果灰膏黏结质量不佳的话，由于建筑也会出现屋顶漏雨坍塌等损毁情况，大部分建筑不能够完整保留下来。现存的这类建筑多是建筑质量比较好的墙体，这种建筑形式见于济南市长清区归德镇坡里庄村龙居寺，章丘市相公庄镇梭庄李氏宗祠南阁，天桥区筐市街关帝庙，历城区华阳宫古建筑群三教堂和关帝庙前殿、关帝庙后殿等。

6. 墙体下部坎墙使用青砖砌筑，上部外墙皮砌砖内侧（里皮）砌土坯的“里生外熟”。这种建筑结构由于使用土坯，所以容易因为降水的原因而出现坍塌等损毁情况。在历史上这类建筑由于成本相对较低，在普通乡村建筑中保存数量应该很大，只是现今由于损毁导致存世数量较少。这种建筑形式见于济南市历城区港沟镇东港沟村关帝庙、历城区华阳宫古建筑群十王殿东殿、长清区归德镇麒麟村关帝庙、泰安市肥城市王庄镇魏家坊村关帝庙等。

7. 山东地区历史上可能存在墙体上下四边用砖砌筑，用土坯填心的“包框墙”。这类建筑建造成本较低，由于大量使用土坯，建筑整体不耐降雨，墙体也非常脆弱，因此出现损毁的概率最大，一般墙体的寿命在50年左右，所以至今在山东省内也没有发现这类古建筑壁画。这种建筑形式在济南市平阴县、长清区、商河县和济阳县偏远农村的民间建筑中还有少数保留下来。

第二节 古建筑壁画地仗材料

古建筑壁画的地仗材料是依附于墙体之上、承载画面内容的直接载体，而且地仗材料的稳定性在壁画的整体结构中相对处于脆弱的状态，因此只有在对地仗材料的具体组成有明晰了解的前提下，才能有针对性地开展壁画整体保护工作。山东地区古建筑壁画的地仗材料一般取自于当地的黏土、加筋材料，制作过程在处理普通建筑墙体的基础上强调了承载壁画的特殊性能。

一、古建筑壁画地仗原材料

壁画的地仗层一般由沙土、粉土以不同比例混合而成，为了使地仗有较好的强度，往往要向地仗中加入植物纤维。因为山东地区古建筑的历史沿革、使用功能、修建年代的不同，使得壁画的地仗材料也不尽相同。一般的地仗结构分为三种：(1)单层地仗，即只有一层地仗，厚度在 1～2 厘米；(2)双层地仗，分上、下两层，上层在 1 厘米左右，下层在 2 厘米左右；(3)重层壁画地仗。

现存壁画地仗层一般为一层或两层。第一层为粗泥层，在墙面上抹一层主要是粗泥灰的打底层，由黏土、细沙加麻刀、麦秸秆、麦糠和匀制成。第二层为细泥层，由黏土、白灰加细沙加麻刀、麻纸浆、动物毛、旧棉花等细纤维材料搅拌均匀而成，在第一层灰干至七成左右时铺盖上第二层灰。部分重绘壁画也带有重新制作的细泥地仗。如果壁画只有一层地仗，一般情况下也都是细泥地仗。

传统壁画地仗制作工艺，自唐宋以来一直沿用直到明清变化都不大，只是因地制宜在选料上有所差异。在宋代被誉为古籍中最有理论体系的建筑设计学经典《营造法式》卷十三中专列有“画壁”一节，对壁画地仗制作的经验作了比较细致的总结：“造画壁之制：先以粗泥搭络毕，候稍干。再用泥横被竹篾一重。以泥盖平，又稍干。钉麻华，以泥分披，令匀。又用泥盖平。以上用粗泥五重，厚一分五厘。若拱眼壁，只用粗泥各一重，上施沙泥，收压三遍。方用中泥细衬，泥上施沙泥，候水脉定，收压十遍，令泥面光泽。凡和沙泥，每白沙二斤，用胶土一斤，麻擣洗净者七两。”宋代的壁画地仗制作经验对后代的壁画地仗制作也产生了一定的影响。

我国现在遗存的元代以前的古建筑，其中保留壁画的极少。元代的古建筑壁画以山西省保存最多，其中芮城永乐宫、洪洞广胜寺、稷山青龙寺等处均遗留下精美的壁画。这些壁画的泥层结构与宋《营造法式》所述相似，唯独没有使用竹篾，例如永乐宫元代壁画的泥层结构。在土坯墙面共抹泥三层，经有关分析，以重量比计算，其结果为：第一层为麦秸泥底层，厚 0.55

厘米，其中短麦秸 3.7%，黄土 96.3%；第二层为麦秸泥中间层，厚 0.38 厘米，其中碎麦秸 3.2%，黄土 96.8%；第三层为沙泥面层，厚 0.2 厘米，其中细沙 63.6%，黄土 32.8%，纸筋 3.6%。永乐宫的壁画泥层中保留了宋《营造法式》中所述"钉麻华，以泥分披，令匀"的做法，三清殿的壁画中，在第二层麦秸泥上，每隔 1.5 米左右钉一排铁钉或竹钉，上缠麻线，分披在泥层中。[①]

明清时期古建筑内主要是在宗教建筑场所内绘制壁画较普遍。明代壁画著名的有北京市法海寺大殿壁画、云南省丽江大宝积宫壁画。清代著名的有山东省泰安岱庙天贶殿补绘的壁画等。明清时期壁画的泥层抹制，在表面掺用棉花来代替麻刀，如永乐宫明末清初补绘的壁画，表层为灰泥壁，厚 0.2 厘米，其中细沙 21.1%，黄土 52.4%，白灰为 25.2%，棉花 1.3%(重量比)。[②] 清代末期补绘的白灰壁，内掺棉花 1.2%(重量比)。

相对于地面的古建筑，建造在地下的古代墓葬内部遗留下的壁画，使用的地仗材料却是质量不高，由此带来的墓葬壁画的保存情况也是参差不齐。地仗材料处理方式的不同，是山东地区地面古建筑壁画与墓葬壁画在制作过程中的最大差异。根据笔者近 10 年来对发掘墓葬壁画的制成材料分析结果以及查阅到的山东地区墓葬壁画的文献可以看出，山东地区规格比较高、制作比较精良的壁画，其地仗材料与前述地面古建筑壁画差别不大，只是地仗材料的厚度、加入的麻刀等连接材料的比例不如地面古建筑大，如莱州市文昌路街道南五里村北宋墓葬壁画虽然地仗使用了粗泥层、细泥层两种材料，但是细泥层的厚度非常小，很多部位厚度小于 1 毫米，而且细泥中加入麻刀材料的比例要小于地面的古建筑。制作粗糙的墓葬壁画仅仅使用了一层石灰膏薄薄地涂抹在墙壁上，而没有使用粗泥地仗来处理粗糙不平的墓室壁面。如山东大学中心校区功能材料楼宋代墓葬壁画、济南市历城区化纤厂路北段金代墓葬壁画、市中区东八里洼北朝墓葬壁画、章丘圣井街道办事处东姚村元代墓葬壁画等，此类地仗处理方式的壁画在山东地区的墓葬壁画中占绝大多数。更有甚者，有些墓葬壁画根本不使用地仗材料来处理壁面，只使用石灰水来刷罩墙壁或将夯土拍打平整结实，甚至不作任何处理直接使用颜料在墓壁的石块、砖块或夯土上作画，如东平后屯汉墓石室

① 参见祁英涛《中国古代建筑的保护与维修》，文物出版社 1986 年版，第 114 页。

② 参见祁英涛《中国古代建筑的保护与维修》，文物出版社 1986 年版，第 115 页。

壁画是在凿磨过的石板上先涂抹一层白灰(也可能先抹一层铅丹,再涂抹白灰层),然后在白灰层上以矿物颜料施彩作画。[①]

二、山东地区现存壁画地仗层的制作程序

山东地区现存壁画地仗层的制作过程一般包括以下几个程序:

1. 壁面底层处理

(1)钉麻和压麻。钉麻做法是:在土坯、砖、石头的缝隙中,每间隔50cm钉木橛或竹楔子将麻缠绕其上,叫作"钉麻揪";或在钉子间来回缠绕拉成网状。压麻做法是:在砌砖时就把麻横压在墙内,抹灰打底时把麻分散铺开轧入灰内。钉麻和压麻做法可同时并用。有些建筑为了省工也可以没有这道程序,但是会造成地仗层容易从墙壁上脱落下来。

(2)往墙面上洒水。干净湿润的墙壁会增加与地仗层粗泥之间的附着力,有利于两者之间附着。如果墙壁比较干燥,粗泥在抹上墙之后会被墙壁吸收掉大部分水分,粗泥就会变得局部干燥不均,粗泥层本身的强度和均匀性就会降低。

2. 画壁打底

(1)在经过前道程序处理过的墙面上抹一层大麻刀打底泥灰。这层灰以找平为主是粗泥灰。粗泥灰由黏土(主要是未经人类扰动过的生土)和洗净的大粒细沙加麻刀(麦秸)和匀。用大抹子在墙壁上厚抹一层厚约1厘米的粗泥灰,局部墙体凹陷处厚约2厘米。表面不用太光滑,也可用瓦刀划斜纹便于第二层着壁牢固。

(2)第二层上细泥。细泥由黏土加细沙(土:沙=6:4)加入麻刀、麻纸浆、动物毛等加筋材料搅拌均匀,在第一层泥灰干至七成左右时覆盖上第二层泥灰。应尽量用大抹子搓平。具体做法是先把黏土用水泡开溶解,用木棍搅成稀粥状使渣沉淀后澄出于容器,再加细沙和麻刀搅拌匀。在往壁面上抹时要随抹随喷水,以保持泥面的适当湿度。如面积大不能一次抹完时可分段随抹随轧,厚度约1厘米。整个打底灰(含第一、二层)厚度至少应在2厘米以上。有的地方壁画地仗面层泥灰中还掺入细草、棉花、麦糠等。采用沙土泥灰而不用白灰主要是防止白灰在后期会出现泛碱的现象,这些盐碱会透过画面颜料层侵蚀壁画,而使用沙土就可以防止泛碱的现象发生。

---

① 参见徐军平等《东平汉墓壁画制作工艺初探》,载《文博》2009年第6期。

到了明清时期，山东地区的古建筑壁画在上第二遍细泥时多使用熟石灰加细沙。熟石灰虽然可能使壁画颜料层出现泛碱现象，但是经过长时间的发酵后，可以减少熟石灰残留的强碱，而且壁画的背景材料以白度很高的石灰为主，绘制出来的壁画艺术效果很高，同时后面步骤中的刷白浆也可以省略。使用石灰地仗，其中的加筋材料与沙土泥灰相同，制作工艺和使用工具也都是一样的。

3. 刷罩壁面

(1)刷白浆。在打底灰浆未干时刷白垩土浆。白浆调配法：把白垩土倾入盆里加凉水漫半小时后，土块溶解用木棍搅成粥状再加生豆浆，比例各占二分之一。用排笔刷于墙面，行笔用力要匀，横竖各刷一遍，趁底层未干时刷稍停，再用抹子轧平。刷白浆不能用石灰，石灰碱性太强，容易把颜色漫蚀变色。再一种作法是在二层打底灰后不再刷白浆。

(2)刷胶矾水。画壁制作的最后一道工序是刷一至二遍胶矾水待干透后作画。胶矾水调配的方法是：先把明矾研成粉状，用温水化开，趁水温和再把稀胶水倾入水中搅匀即可。比例为：胶∶矾∶水＝2∶1∶25。胶一般使用植物胶，植物胶性质比较柔和，较多使用桃胶。矾一般使用明矾。胶的浓度太大会产生滞笔现象，矾的浓度过大会产生涩笔现象。以往画工测试胶矾浓度的办法是用舌尖尝试如发甜稍有涩感则可，涩舌尖则矾量过大。刷胶矾水时要用排笔一笔挨一笔刷于壁面，不能重叠，重叠会使矾性不均匀影响作画效果。在传统壁画绘制过程中胶矾水的作用特别重要，胶矾水有加固壁画颜料不脱落和使彩色鲜明坚固的作用。如果在画壁上不刷胶矾水，作画时打底灰或白浆粉会翻上来使画面颜色暗晕混杂。

聊城市临清清真北寺的伊斯兰教壁画在处理墙壁的时候就使用不同于一般画壁的材料，其绵地壁画与山东地区其他的传统建筑中麻刀灰抹墙不同，而是采用羊毛闷灰抹墙，就是使用羊毛和熟石灰混合后制作的泥灰做地仗，由于这样的羊毛泥灰地仗富有弹性，且吸水性强，在这样的墙面上作画如同在宣纸上作画一样，具有宣纸洇润的艺术效果，几百年来色彩依旧鲜艳，可见壁画画面的艺术特色与画壁使用的材料密切相关。

三、山东地区古建筑壁画地仗材料的实验分析

为了更加准确地了解山东地区古建筑壁画的地仗材料，在济南华阳宫古建筑群采集壁画地仗标本来分析壁画地仗中各种材料的种类和各组分比例。

分析方法：壁画的沙、粉土是有一定配比的，本研究用筛分法来测定两种组分的不同含量。以国家标准0.075毫米的粒径度为沙土和粉土的区分标准。

在实验筛分中，华阳宫古建筑群壁画各地仗样品的土样基本符合文献对壁画地仗组成的记录，即以沙土和粉土为主。个别地仗样品中偶尔混有一些偏大颗粒，但质量与比重可忽略不计，可能为制作地仗时混入或由石灰层中混入。

经过筛分并称重，得到如下结果（见表2-1）。各建筑地仗层中的粉土比例为30%～40%，沙土比例为60%～70%。植物纤维较多的样品中，植物纤维含量为1%～2%，样品中植物纤维较少的，其质量及比重可忽略。

表2-1　　济南华阳宫古建筑群各殿壁画地仗成分分析表

样品名称	层位	质量(kg)			比重(%)		
		粉土	沙土	纤维	粉土	沙土	纤维
关帝庙前殿地仗	单层	1.046	1.569	微量	40	60	微量
关帝庙后殿地仗	单层	0.871	1.932	0.071	30.3	67.2	2.5
四季殿地仗1	上层	0.659	1.761	微量	27.2	72.8	微量
四季殿地仗2	底层	1.009	1.552	0.052	38.6	59.4	2
棉花殿地仗1	上层	0.737	1.215	微量	37.8	62.2	微量
棉花殿地仗2	中层	0.383	0.720	0.020	34.1	64.1	1.2
棉花殿地仗3	底层	2.800	5.098	微量	35.5	64.5	微量
三皇殿地仗1	上层	0.546	0.790	0.012	40.5	58.6	0.9
三皇殿地仗2	中层	1.140	1.189	微量	48.9	51.1	微量
三皇殿地仗3	底层	1.041	1.856	微量	35.9	64.1	微量

资料来源：李立《山东济南华阳宫古建筑壁画病害及其治理对策研究》，西北大学文化遗产学院硕士学位论文，2013年，第70页。

对地仗土样和华阳宫周边土壤做了XRD分析，结果显示壁画地仗中矿物成分主要为方解石、石英和少量的伊利石和绿泥石。华阳宫周边土壤的矿物成分分析结果，其主要的矿物成分与壁画地仗中的矿物成分相同，由此可以推断，地仗是就地取材制作的。

根据采集样品的分析结果结合壁画现场的制成材料调查，得出以下结论：

1. 四季殿壁画地仗支撑体为砖砌墙体。地仗层由里外两层组成。里层为约 2 厘米厚、掺和大量麦秸的黄泥层,质地疏松,麦秸强度已经大大降低。外层由石灰掺杂麻刀混合而制成,厚约 2 毫米,质地细密,强度较高。

2. 十王殿东殿壁画地仗支撑体外层为砖,内层为砖与土坯混合砌筑墙体,每四层土坯与一层砖水平方向平行间隔砌筑。地仗层由里外两层组成。里层为约 2 厘米厚、掺入大量麦秸的黄泥层,质地疏松,麦秸强度已经大大降低。外层由石灰掺杂麻刀混合而制成,厚约 2 毫米,质地致密,强度较高。

3. 十王殿西殿壁画地仗支撑体为砖砌墙体。地仗层由里外两层组成。里层为 1～2 厘米厚、掺和大量麦秸的黄泥层,质地疏松。外层由石灰掺杂麻刀混合而制成,厚约 2 毫米,质地致密,强度较高。

4. 泰山行宫山门壁画地仗支撑体为砖砌墙体。地仗层由里外两层组成。里层为 1～2 厘米厚、掺和大量麦秸的黄泥层,仍然保持较高的机械强度。外层由石灰掺杂麻刀混合而制成,厚约 2 毫米,质地致密,强度较高。

5. 观音殿壁画地仗支撑体为砖砌墙体。地仗层由里外两层组成。里层为 1～2 厘米厚、掺和大量麦秸的黄泥层,仍然保持较高的机械强度。外层由石灰掺杂麻刀混合而制成,厚为 2～3 毫米,质地致密,强度较高。整体强度较高,保存较好。

6. 三教堂壁画地仗支撑体为上下四边用砖砌建造,用不规整石块填心的“包框墙”。地仗层由里外两层组成。里层为 1～2 厘米厚、掺和大量麦秸的黄泥层,仍然保持较高的机械强度。外层由石灰掺杂麻刀混合而制成,厚为 2～4 毫米,质地致密,强度较高。

第三节　古建筑壁画颜料分析

壁画是呈现在建筑墙壁上的视觉艺术,色彩起着很重要的作用。但颜料不等于色彩,颜料是指制造颜色的材料,我国古代艺术家和画师经过一千多年的艺术实践创造研制出许多绘制壁画的颜料。古建筑壁画的画面是由组成画面的颜料和胶粘剂混合制作而成的,而颜料的种类决定了壁画的画面在制成之后的呈色效果,因此分析山东地区使用的壁画颜料的具体种类能够了解壁画能够长久保存的原因,为以后更好地保护壁画不受外界环境因素的侵蚀提供材料分析依据。

壁画常用颜料可分三大类,即矿物颜料、金属颜料、植物颜料。

矿物颜料有色质稳定、色相美、晶莹闪光的优点。传统壁画常用的矿物颜料有石青、石绿、朱沙、朱膘、赭石、铁砞、土红、石黄、雄黄、土黄、云母、蛤粉、白土粉等。中国传统绘画矿物颜料色调纯正、浑厚、艳而不俗，有光泽感，抗光照和酸碱腐蚀力强。在现存的我国古代壁画中，有的已有两千多年的历史，近者也有六七百年，色彩仍艳丽夺目，就是很好的证明。

金属颜料，在壁画中使用的主要是金和银。金和银在使用中有两种形态：一种是金银箔；另一种为粉状，金粉和银粉。金银粉是由金银箔加工制成。

植物颜料，常用的有花青、藤黄、槐黄、汁绿、胭脂、洋红、锅底灰（黑烟子）、墨等。

我国最早发明的化学合成色有银朱、漳丹。银朱是将水银（汞）与硫黄化合成硫化汞而成，可代替朱沙。在敦煌壁画中凡是发黑的红色，大部分是用银朱的原因。漳丹，又叫“黄丹”，色调与雄黄同，是铅的化合物。

在研究过程中，选取了济南华阳宫古建筑群的壁画颜料，按照样品现场采集的基本步骤和要求，采集了四季殿、十王殿东殿、十王殿西殿、泰山行宫山门、观音殿等建筑的壁画颜料样品，最终采用 X 射线荧光、X 射线衍射、拉曼光谱仪、扫描电镜能谱仪以及偏光显微镜等多种分析方法相结合，对不同部位、不同类型的颜料样品根据实际情况选择合适有效、无损微损的方法进行测试研究。根据分析得出的以下结论，可以为山东地区古建筑壁画的颜料研究提供翔实的依据，为华阳宫古建筑群壁画的保护修复提供翔实的资料。

华阳宫古建筑群壁画颜料采样难度较大，样品量普遍偏少，因此根据采样量的多少和样品自身特点，选择了不同的分析方法。部分质量适合的样品，采用 X 射线荧光光谱分析元素组成，然后用 X 射线衍射光谱确定分子构成，从而确定颜料的基本成分，少量样品还做了扫描电镜能谱仪分析。对于样品量较少或者上述方法测定结果不理想者，采用偏光显微观察颜料样品的结构形态，再进行拉曼光谱分析方法测定各色颜料的具体成分。

对部分样品进行了剖面观察分析。总结得出华阳宫大部分壁画多使用传统方法制作，可以观察到以白灰层为基础，再在白灰层上涂刷颜料，个别大殿壁画现状较为复杂，层位较多，如两层颜料叠加。一些样块有白灰覆盖，白灰层位依照后世的修补次数而有所不同，其中一些颜料和灰浆之中有加纸现象，且纸大多数为发黄的报纸，在关帝庙后殿、元君殿发现少量宣纸。

偏光显微分析结果，可知华阳宫壁画中使用的红色颜料有铁红、铅丹、朱沙三种，蓝色画面均使用群青，还有部分淡蓝色和青色及紫色都含有群青的成分。

在华阳宫黑色使用频率最高，检测结果为传统的炭黑。华阳宫所使用的黄色颜料有铬黄和氧化铅两种，由于样品量不足，氧化铅未得到偏光分析结果。华阳宫壁画上使用的绿色颜料有巴黎绿和酞菁蓝两种。酞菁蓝只在观音殿有发现，其他殿均使用巴黎绿。

经 XRF 测试结果显示，元君殿红色颜料样中 Fe 的含量较为明显，其次含有少量 Ca 元素，应该来自于地仗层中，推测该红色颜料可能为 Fe_2O_3，另一红色颜料样品中最明显的是 Hg 元素，其次含 Ca、Fe、S、Pb 等成分，Ca、Pb 等少量元素应该来自地仗中，而具体是 Fe_2O_3（土红），还是 HgS（朱沙），尚需要作更进一步分析。

通过对华阳宫七个样品的扫描电镜能谱结果分析，元君殿的红色样品中 Hg 含量明显，同时含一定量 S 元素，而 Fe 元素未检测出，结合上述 XRF 结果，基本可以确定该红色颜料为朱沙，其次含量较高的 O、Si、Ca 则可能来自于地仗或表面灰尘；而四季殿的红色样品含有大量 Fe，同时 O 的含量也明显偏高，故断定该红色颜料为铁红。测试的两个黑色样品中都含有 50%以上的 C 含量，更进一步确定华阳宫大部分黑色颜料应为炭黑。取自四季殿、元君殿和关帝庙的三个蓝色样品检测结果表明，其不含 Cu，因此排除了氯铜矿和孔雀石的可能性，而其所含有的 Na、Ca、Al、Si、S、Cl 等元素正好也是青金石[$(Na、Ca)_6Al_4Si_6(S、Cl)_4O_{20}$]的主要组成元素。结合上述分析结果，推断出该三处蓝色颜料应该为人造青金石，即群青。

华阳宫已经分析出的七个样品的 XRD 结果表明，蓝色颜料多为群青，而红色物质检测结果为赤铁矿，化学成分为 Fe_2O_3，关帝庙的紫色颜料应该是蓝色颜料群青和红色颜料铁红混合而成，而四季殿黄色物质检测显色物质为铅白，白色物质应该为方解石。

1. 济南华阳宫古建筑群壁画使用的六种颜色的颜料成分有以下几种（见表 2-2）：

绿色：经过体式显微镜观察，绿色样品均为巴黎绿，只在观音殿发现绿色染料酞菁蓝，应该为现代人为涂污引入。

黑色：黑色颜料成分均为炭黑。

白色：白色颜料使用相对较少，成分为 $CaCO_3$，为传统颜料白垩。

蓝色：蓝色橙色物质为青金石。

黄色：四季殿中为氧化铅，关帝庙后殿中为铬黄。

红色：深红色样品为铁红，浅红色为铅丹。

其中，对蓝色颜料进一步用偏光显微镜观察，其成色物质晶体颗粒均匀，应该为人造青金石，即群青。

表 2-2　济南华阳宫古建筑群各殿壁画颜料成分统计表

	黑色	红色	蓝色	绿色	白色	黄色	青色	紫色
四季殿前殿	炭黑	铁红、朱沙	群青	巴黎绿	碳酸钙	氧化铅	群青	—
棉花殿	炭黑	铁红	群青	巴黎绿	碳酸钙	—	—	—
观音殿	炭黑	铁红、朱沙	群青	酞菁蓝	—	未检出	—	酞菁蓝
关帝庙前殿	炭黑	—	群青	—	—	—	—	—
关帝庙后殿	炭黑	铅丹	群青	巴黎绿	—	铬黄	群青	群青
元君殿	炭黑	铁红、朱沙	群青	—	碳酸钙	—	—	—
三皇殿	炭黑	铁红	—	—	—	—	—	群青
十王殿东殿	炭黑	铁红、朱沙	群青	—	—	—	—	—
十王殿西殿	炭黑	铁红	群青	—	—	—	—	—
三教堂	炭黑	铁红、朱沙	群青	—	—	未检出	—	—

资料来源：李立《山东济南华阳宫古建筑壁画病害及其治理对策研究》，西北大学文化遗产学院硕士学位论文，2013 年，第 64 页。

2. 特殊颜料使用

经过观察，相比中国历史上的壁画与建筑彩画颜料用料，山东地区古建筑壁画上的绘画颜料用料既有传承又有发展。黑色颜料、红色颜料、白色颜料的用料符合用料传统。绿色用料在古代不同时代从石绿和氯铜矿之间进行选取。黄色颜料古代多用含砷的物质，如雄黄、雌黄等，少数用含铅物质。蓝色物质多选取天然青金石、石青等。

巴黎绿：醋酸铜合亚砷酸铜，为醋酸铜和亚砷酸铜的复盐，即用砷和铜的化合物制成的翠绿色颜料，化学式为 $Cu(C_2H_3O_2)_2 \cdot 3Cu(AsO_2)_2$。外观为具有翡翠绿颜色的结晶粉末。在目前明代以前的壁画中未发现有应用，清代时开始大量应用。目前清代的建筑、彩绘中的绿色颜料基本上都为巴黎绿。已经测试过的壁画上的绿色颜料都为巴黎绿。

青金石:属架状结构硅酸盐中的方钠石族矿物。属等轴晶系。晶体形态呈菱形十二面体,集合体呈致密块状、粒状结构。青金石呈玻璃光泽和蜡状光泽,条痕浅蓝色,半透明至不透明。均质体,折光率为1.5,双折射率为0.010。硬度为5～6,纯青金石密度为2.38～2.45克/立方厘米,一般青金石玉料为2.7～2.9克/立方厘米。解理不发育,断口参差状。青金石主要由青金石、方解石和黄铁矿组成。青金石是由接触交代变质作用形成,主要赋存于硅酸盐—镁质矽卡岩中和钙质矽卡岩中。青金石的主要产地有阿富汗、俄罗斯、智利、加拿大等国。中国至今未发现青金石矿床。18世纪30年代,欧洲发明了人造方法,清代中晚期以后倾销中国,晚清建筑彩绘、壁画、彩画基本上都为人造青金石,即群青。

3. 古建筑壁画各种颜料性能分析

(1)黑色颜料。炭黑(C)是很稳定的颜料,但是由于黏合剂的老化失效和灰尘、泥浆的渗透污染,不少黑色逐渐粉化、脱落、褪色,使壁画上的线条和字迹模糊甚至消失,给研究壁画图案内容、评估壁画价值带来困难。华阳宫内黑色颜料均为炭黑,同样也存在这样的问题。炭黑是古代壁画中使用最广泛的黑色颜料,壁画上飘逸顺畅的黑色线条、绘画旁边的题文注释等大都用墨勾画和书写。迄今为止发现的最早使用炭黑的壁画实物应是甘肃秦安大地湾第九区发掘出土的黑红两色彩绘陶片和大型建筑基址中残存的壁画。这些事实证明我们的祖先在七千年前的绘画中已使用炭黑。

(2)蓝色颜料。群青,是一种人工合成的无机颜料。天然群青,又称“青金石”。其颜色有绿蓝色、天蓝色、深蓝色、紫蓝色等。华阳宫使用的群青应为人工合成的青金石。晶体颗粒均匀、细小,着色能力很强,不如天然群青淡雅、庄重。18世纪30年代,群青被第一次人工合成,到晚清时期合成的群青颜料便输入我国。由于其色泽纯正、价格低廉,深受画家们的青睐,因此晚清时期我国大部分地区的彩绘艺术品大都使用了合成群青。人造群青在清代壁画上广泛应用,出现了与以前格调不同的浓重蓝色。由于人造群青着色能力强,也就出现在同一作画区域深浅不同的几种蓝色画面。由此可以断定,华阳宫涉及蓝色颜料的壁画绘制年代最早也是属于晚清时期的。

(3)红色颜料。华阳宫使用的红色颜料包括朱沙、铅丹和铁红,其中铁红的使用量明显要多于其他两种。

铁红:分子式为Fe_2O_3,是人类所使用的最为古老的天然红色颜料。它是氧化物类矿物,刚玉族赤铁矿,原石伴随赤铁矿产出,颜色从黄红色至红褐色，在黏土矿物中含有大量铁时显现红色者为土红，显现赭色者为赭石。在华阳宫中使用最多的红色颜料是铁红，从分析结果得知，在元君殿和东西十王殿出现的深红色均是铁红颜料。

朱沙：主要化学成分为 HgS，又称“丹沙”、“辰沙”、“赤丹”、“汞沙”。存在天然和人工合成两种类型。华阳宫内建筑壁画上使用的朱沙经偏光显微镜观察，颗粒都较细且均匀，应属人工合成的颜料。天然朱沙属于辉闪矿类，二方晶体，体重，质脆，粉末状有闪烁的光泽，色调为大红和朱红，是古代红色首选。纯正艳雅，性质稳定不易变色，一般用于人物绘画中的脸部、口唇及红色服饰，也用于古代建筑油饰彩画。人工合成朱沙是取水银与硫黄混合加热，将水银中的黑硫酸升华后提炼而来。考古发现，我国在距今六千多年前的河姆渡文化时期就已经使用天然的朱沙作彩绘颜料，是世界上最早使用朱沙的国家。

铅丹：分子式为 Pb_3O_4，也称“红丹”、“樟丹”，色彩鲜艳，是中国最古老的人工颜料。铅丹橙红色或橙黄色，色泽鲜艳，遮盖力强。最早关于制造铅丹的记载，是公元前 2 世纪前后编成的《淮南子》一书。书中记有铅转化成铅丹的方法，无疑是使用加热的手段使之氧化而成。铅丹在高湿环境中易转变为二氧化铅，呈现黑色或褐色，光照和微生物也是引起铅丹变色的主要外部因素。

(4)黄色颜料。铬黄，分子式为 $PbCrO_4$。中性的铬酸铅，有毒，着色力高，遮盖力强，是一种略带暖性的颜色。铬黄是现代彩画中逐渐运用的一种颜料，按照不同的制作方法生产的铬酸铅可以从最浅的柠檬黄到浅黄、中黄、深黄直到橙色，以前传统彩画中没有这种颜料。华阳宫关帝庙后殿之所以出现这种颜料，无疑与近代的多次翻修有关。

黄丹，主要成分为 PbO，又名“密陀僧”，亮黄色颜料。有两种变体：红色四方晶体和黄色正交晶体。它由铅煅烧而来，颜色深浅不一。黄色或略带红色的黄色粉末或细小片状结晶，遇光易变色，不溶于水，不溶于乙醇，溶于硝酸、乙酸、热碱液。空气中能逐渐吸收二氧化碳，加热到 300～500℃时变为四氧化三铅，温度升高时变为一氧化铅。

(5)绿色颜料。华阳宫使用的绿色颜料主要是巴黎绿，此外还在观音殿检测出酞菁蓝。

巴黎绿：外观为具有翡翠绿颜色的结晶粉末，是一种人工合成的颜料，于 1814 年首次在德国合成，19 世纪 50 年代应用在中国的水彩画和卷轴画中。巴黎绿颜色浓重，遮盖能力强，比起矿物颜料的绿铜矿和石绿价格低廉很多。自其被合成和引入以来，应用在晚清的绘画作品包括壁画、卷轴和建筑的油饰彩画上。

观音殿偏光显微和拉曼检测中发现酞菁蓝，具体成分未检出。酞菁系列颜料属一种近代才发现的人工合成的有机颜料，广泛应用于油漆、油墨、塑料、皮革、涂料、印花浆等着色领域。而经过现场调查和样品的分析，观音殿东西壁画面中下部均发现有现代绿色油漆的涂污现象，分析出酞菁蓝的绿色颜料样品正是取自这里。

(6)白色颜料。经检测为白垩，其化学分子式为 $CaCO_3$，又叫“白土粉”，它的矿物名称是“方解石”和“冰洲石”。它是一种较常用的白色颜料，在古代壁画中历代都在沿用。用贝壳烧制的白垩称为“蛤粉”，是比较纯正的白色颜料。在元君殿东面墙壁上白色的马、帆船图案就是使用了白土粉绘制。

第四节　古建筑壁画绘制工艺分析

山东地区古建筑壁画的绘制程序包括起稿、勾线、着色等三个步骤。使用的材料就是上面提到的各种金属、矿物、植物颜料，使用的绘画工具与传统中国画的用具没有太大的区别，有各种勾线笔、渲染用笔、砚台、笔洗、乳钵等。

一、起稿

民间艺人的壁画稿叫“粉本”或“谱子”。绘制壁画的过程，行话叫作“摊活儿”，就是把工作摊开的意思。“粉本”在汉唐时代已很流行。据记载，唐玄宗忽思嘉陵江水，派吴道子到当地观察，待他回长安后绘在大同殿壁上。吴道子归后唐玄宗问他画了什么，吴道子回答说：“臣无粉本并记在心。”“粉本”的初稿多为高手画师所创作，艺术水平很高，学徒都把“粉本”作为学习的范本。一套粉本往往父子、师徒相传，被当作财富，使用多年。徐悲鸿珍藏的宋著名白描《八十七神仙卷》，据传原来也是壁画粉本稿。

“粉本”使用的过程是：(1)把创作精确的画稿誊画在坚韧的白麻纸或羊皮上；(2)顺着画面的墨线，用针刺成连续的小孔，俗称“扎谱子”；(3)使用时把“粉本”张于墙壁，然后用兜白粉(或红土)的小布兜沿着线条拍打，白粉顺着针孔漏于墙壁，揭开后画稿上的形象轮廓便显现在画壁上，行话叫“漏谱子”。北方的壁画在画壁抹完灰后先刷一层白灰或灰色底子来罩住壁面，行话叫“吊皂”。在灰色底上漏白粉谱子会更清晰易见。如果是白墙，则用红土漏谱。

另一种使用粉本的方法是拓稿方式。先用木炭条或只用水调的粉状颜料在谱子背面依线勾描一遍，翻过来铺在墙壁上用布巾在正面用力擦。揭开后，稿子上的形象便印在壁面上了。

二、勾线

在画壁过上稿后就可以进入第二步，即“落里”勾线，按粉稿拓在画壁上的轮廓印痕勾墨线，遇有需要修改处则在勾线过程中改正过来，一般要由高手画工担任这一任务。画工有句谚语叫“一朽、二落、三成”，就是第一步起稿，第二步勾线，第三步着色。

三、着色

着色行话叫“成活儿”。传统壁画装饰性强，技法上是“单线平涂”，略加渲染。壁画构图宏大，一幅大壁画常需多人同时参与绘制。这就需要主绘画师统观全局，规定画面上各部位的色彩配置，注明着什么色，便于助绘画工有所遵循。为方便标注，把各种色彩作了简化标识，如：工红、六绿、七青、八黄、九紫、十黑、一米色（米黄）、二浅青、三香色（茶褐色）、四粉红（玫瑰红）、五藕荷（浅紫色）。若某一人物衣服需涂蓝色，便注上“七”字。如浅蓝，注上“二七”（即稍浅的意思），再浅的兰，就注上“三七”（更浅的意思）。以此类推。助理画工便可按照“代号”把各种不同的色彩分别涂上去。最后由主绘画师对错误的地方勾描修正。着色的颜料干燥之后就可以完成画面的绘制工作了。

古建筑壁画多用平涂手法在衣褶或其他需要处理的地方略加晕染，用以表现物象的凹凸感。经过晕染后的衣褶再用“同类色”在线上重勾一次，叫作“勒”，又称“勾勒”。“勾勒”可以使物象更加爽朗、突出，增强感染力。在人物颜面上古代壁画多用“斡染法”（有的叫“渲染法”），有七开七染法，使面部有圆浑通真的效果。着色过程，要每着一道色需罩一次胶矾水以加固颜料。

小　结

山东地区古建筑壁画的制作结构一般依次为墙壁支撑体、地仗层和画面颜料层。墙壁支撑体多数为青砖，少部分为石块、土坯垒砌。地仗层分为两部分，靠近支撑体一般为黄泥层，表面地仗层为掺杂麻刀混合而制成白灰层。壁画的绘制程序包括起稿、勾线、着色等三个步骤，使用的绘画材料包括各种金属、矿物、植物颜料。

第三章　山东地区古建筑壁画的病害表现特征

山东地区古建筑壁画在建筑建造、壁画形成过程中，使用的建筑材料和绘画材料不同于其他地区，体现了山东地区的建筑特点、自然环境和人文社会发展历程。在历史留存时期，受制于自然环境和建筑的社会使用环境，山东地区的古建筑壁画在环境变迁过程中遭受到多种有害因素的侵蚀，自然环境的长期作用和制成材料的老化衰变致使壁画上产生了形态各样、特征迥异的病害。综合分析调查资料，山东地区的古建筑壁画保存状态极为不佳，呈现出40余种病害类型，以建筑缺失、灰浆覆盖，颜料层粉化褪色、酥碱起泡、起甲、脱落，地仗层酥碱、空鼓脱落，人为破坏和生物破坏等病害较为严重。根据古建筑壁画的结构材料的不同，壁画的墙壁支撑体表现出建筑坍塌、缺失、错位位移、局部功能丧失等病害，壁画地仗层表现出地仗层缺失、空鼓、裂缝、酥碱等病害，壁画颜料层出现龟裂起甲、画面覆盖污染、颜料层脱落、颜料层粉化、生物损害和画面颜色变化等病害。

第一节　山东地区古建筑壁画墙壁支撑体的病害特征

墙壁支撑体是古建筑壁画的存在基础，并且所有的壁画都难以脱离开支撑体而单独存在，因此壁画依赖于墙壁结构物，如果墙壁支撑体结构遭受破坏就会对壁画的保存带来极大的威胁。虽然一般情况下墙壁支撑体结构可以抵抗外界的环境危害，但是建筑的木砖结构在长期的自然环境影响下，日积月累的威胁就足以使建筑出现局部毁坏甚至完全坍塌的危险，此时附属其上的壁画层就会首当其冲受到损害。山东地区古建筑壁画的墙壁支撑体表现出建筑坍塌、缺失、错位位移、局部功能丧失等病害。

一、建筑坍塌

山东地区的古建筑大部分是青砖与木质梁柱结构的混合体，青砖墙体又是通过黄泥而砌筑成的，而有些墙体在砌筑青砖过程中又夹杂了土坯。建筑长期存在于外界的自然环境中，土坯和黄泥极易被水分浸湿而失去原有的黏合力和机械强度，此时建筑的顶部一般首先坍塌下来，其次就是建筑的梁架等承重的部位，最后剩下没有坍塌的一般就是山墙部分。在调查过程中，这些坍塌的建筑，墙体和顶部大部分已经塌落，仅仅余下山墙或者部分前后墙存在，墙壁上的壁画此时完全暴露于外界的环境中，墙壁对壁画仅仅是一些支撑作用，丧失了遮风挡雨、封闭环境的基本功能，根本不能起到调节环境温湿度的目的，无法有效遮挡降水、灰尘、风蚀、阳光、有害生物的侵蚀。建筑及其壁画处于随时完全灭失的境地，大部分壁画也已经随着坍塌墙体而被毁灭。

建筑坍塌的情况多与建筑本身的使用材料相关，一般使用土坯，或者是夹杂使用土坯、黄泥的建筑保存时间、使用年限都不会很长。上百年的时间内，在风雨侵蚀和人为损毁的情况下，建筑大部分就会出现屋顶漏雨塌落、山墙倒塌的现象。泰安岱岳区夏张镇朱家庄全真观处于比较偏僻的农村田野中，为面阔三间、进深一间的硬山顶土坯和石块混合建造的建筑，现在已经仅余下一面山墙，前墙已经完全倒塌，后墙也被冲蚀大半，屋顶上的瓦片也大部分塌落，只有四根柱子还勉强支撑着残存的一间屋顶。仅存的壁画就遗存在未倒塌的那面山墙上，估计如果不采取措施，这处建筑就会彻底倒塌成为平地。泰安肥城王庄镇魏家坊村关帝庙位于农村建筑的包围中，为面阔三间、进深一间的硬山顶土坯和青砖混合建造的建筑，墙体较为厚实，现在山墙保留较为完整，前墙上部局部倒塌，后墙被冲蚀大半，屋顶上的瓦片仅余西南角还未塌落，架在青砖砌筑的柱子上的梁架也已经倾斜。仅存的壁画就遗存在山墙上，如果不采取措施任由风雨侵蚀，这处建筑要么被雨水冲垮，要么在几年内就会被人为地拆除掉而彻底消失。

二、建筑缺失

建筑的墙体如果是石块、青砖砌筑，中间即使使用黄泥砌筑或者杂用部分土坯，墙体的强度也是基本上能够保持建筑的整体寿命在百年以上。建筑缺失的现象主要发生在这部分墙体相对坚实的建筑上，一般是屋顶容易首先出现漏雨的情况，然后是屋顶部分坍塌，但是还没有达到建筑坍塌这样严重的境地。这部分建筑墙体和屋顶部大部分完整，只有山墙或屋顶存在部分缺失的情况，墙壁上的壁画只是部分暴露于外界的环境中，墙壁和屋顶仍能对壁画起到部分遮风挡雨、封闭环境的基本功能，但是一般很难达到调节环境温湿度的目的，能够部分遮挡降水、灰尘、风蚀、阳光、有害生物的侵蚀。建筑及其壁画处于损毁加重的发展趋势，如果建筑得不到维修，其中的大部分壁画将会和建筑一样随着屋顶和墙体的加剧坍塌而被毁灭。

泰安肥城桃园镇鲍家塘子村的碧霞元君祠位于偏僻的农村田野树林中，为面阔五间、进深一间的硬山顶青砖建造的建筑，墙体较为厚实。现在山墙保留较为完整，前墙、后墙局部倒塌，门窗完全毁掉不存。屋顶中间的两间已经完全塌落，梁架、檩条凌乱散落在地上。靠近山墙的屋顶还大部分保留，余下的三间也有漏雨的现象。壁画遗存在两边的山墙上，如果不采取维修措施，建筑及其壁画将继续损毁，屋顶完全塌落，墙壁加重倒塌，估计这处建筑将在 30 年内彻底倒塌。济南市长清区归德镇麒麟村的关帝庙墙体四周布满了壁画。虽然墙体较为完整，但是屋顶的一角也塌落，下面墙体被雨水冲刷，此处墙上的壁画被完全损毁，临近山墙上的壁画也被冲刷污染。济南市历城区仲宫镇南高而的三官庙为硬山顶青砖建造的建筑，墙体较为坚固，但是屋顶多年没有修缮。现在廊厦的顶部已经完全损毁不存，门窗被严重破坏，殿内上方的顶部梁架保存完整，瓦片局部塌落，多处漏雨，对殿内壁画的保存有较大的影响。

三、建筑错位

建筑因地震、卸荷、外部机械振动、地基不均匀沉降等因素的影响，使墙体支撑体失稳，建筑本身出现裂缝，建筑的石块、青砖出现错位变形，致使壁画地仗出现开裂或错位、相互叠压的现象。这类建筑错位的现象一般发生在建筑材料使用石块、青砖的墙体上，材料本身之间刚性较强，柔性较弱，在施加上外界力量的条件下，外力的作用就表现在墙体上出现错位变形的情况。由于建筑本身并未受到太强外力的影响，因此墙体一般保存相对较好，如果建筑顶部合并出现漏雨、缺失等现象，就会加重错位变形、裂缝加深变宽的趋势。如果是建筑错位、裂缝对应的内部存有壁画，那么壁画的地仗层就可能也会出现裂缝、空鼓的现象，严重时可能从墙体上脱落下来。

济南章丘文祖镇西田广村的龙神庙为三间规整石块砌筑的建筑，由于年代久远，建筑的基础出现不均匀沉降，大门、窗户上方的墙体出现了错位变形，各有一条上下裂缝出现，基本上不影响建筑的整体强度。由于内部壁画位于两面山墙，所以建筑错位对壁画保存基本上没有影响。长清区归德镇坟台村的官王庙，墙体已经整体向外倾斜，内部墙角处的壁画出现裂缝。章丘圣井镇张乙郎村大圣寺门梁处出现建筑沉降的裂缝，虽然并不明显，但是内部门梁上的壁画地仗层相应出现了上下错位的现象，裂缝宽约 5 毫米。章丘文祖镇三德范村的禹王庙为三间青砖砌筑的建筑，由于墙内木柱的强度减小，墙体受压力增大产生裂缝，木柱周围的壁画地仗层产生了宽达 20 毫米的裂缝，由木柱至壁画表面上下贯通。

四、建筑局部功能丧失

山东地区保留至今的古建筑虽然年久未修，但出现坍塌、建筑局部缺失的严重损坏的情形并不为大多数，很多建筑偶尔由使用人维护，只是局部的基本功能缺失。常见的现象就是建筑遮风挡雨、封闭环境的基本功能减弱，不能起到完全调控内部环境温湿度的目的，壁画抵抗降水、灰尘、风蚀、阳光、有害生物侵蚀的能力不能完全保证。这部分建筑基本上能够保证正常使用，如果不及时对漏雨情况进行控制，邻近的壁画就会被冲刷损坏，严重的还会冲蚀墙体，威胁建筑局部的稳定性。

济南市长清区万德镇坡里庄村的龙居寺虽然建筑保存完整，外观基本上看不出建筑的损坏情况，但是在建筑的内部可以看到壁画的表面被雨水冲刷的痕迹非常明显，有些壁画的地仗层也已经脱落，推测屋顶存在严重漏雨的情况。建筑虽然门窗齐全，能够阻挡部分的有害生物，但是不能遮蔽光线、灰尘和风蚀的作用。外界的自然威胁还是会继续对壁画造成危害，尤其是屋顶上的漏雨威胁最为严重。章丘文祖镇三德范村的禹王庙整个东山墙也许是受到人为的破坏，或者是基础部位受到连续降雨的侵蚀而倒塌，在不到两年的时间里，由上部的小面积缺失损毁迅速蔓延至东山墙的完全坍塌。壁画由受局部保护的状态迅速过渡到开放的外部环境中，壁画遭受的降水、阳光、风蚀、灰尘、有害生物的侵蚀程度大大加剧。

第二节 山东地区古建筑壁画地仗层的病害特征

壁画的地仗层连接壁画的画面颜料和建筑的支撑体，如果支撑体出现损毁，就会蔓延至地仗层和画面上。由于地仗层材料自身的强度和耐气候性一般不高，在承载画面的过程中，也会由于自身的损毁而使画面丧失存在的可能。山东地区的壁画地仗层一般保存的强度并不高，根据调查，壁画地仗层出现了地仗层脱落缺失、地仗层空鼓、地仗层裂隙或裂缝、地仗层酥碱等病害。

一、地仗层缺失

壁画的地仗层脱落缺失是指壁画地仗与支撑体间失去黏结作用，或由于墙体错位、雨水冲刷的影响等使得壁画产生大面积空鼓，在壁画自重和震动的作用下，壁画大面积脱落，这种情况一旦发生将是毁灭性的。还有的壁画地仗层缺失是由于酥碱病害导致地仗松散缓慢脱落引起的。一些有害生物、人类的活动也会使得壁画地仗层脱离墙体，比如老鼠的咬啮、强烈的震动会使壁画受到损毁。山东地区古建筑壁画地仗层的大面积脱落缺失以建筑的墙角部位、上部靠近屋顶部位、下部靠近地面部分或者是建筑顶部缺失漏雨的部位最为明显。这些脱落的部位多靠近建筑墙体的易损处，也有在木柱的周围或柱头、梁头的附近。

泰安肥城市桃园镇鲍家塘子村的碧霞元君祠，墙体上部壁画的黄泥内层地仗保存还相对完整，但是白灰地仗层缺失很多，整块壁画从墙体上脱落，很多壁画内容已经不完整。济南市长清区归德镇坟台村的官王庙，位于墙体上部拐角处的壁画出现有规律的缺失，缺失的边缘部位比较齐整，一些缺失的孔洞也是近似于椭圆形，因此可以推断这些部位的缺失很大可能是由于老鼠的咬啮引起的。济南市长清区双泉乡尹庄的关帝庙壁画的靠近地面的部分出现了两处孔洞，由于此处建筑以前被使用过，所以这些孔洞可能就是人为挖凿出来的。

二、地仗层空鼓

壁画地仗层空鼓是指壁画地仗层局部脱离支撑体或者是白灰地仗层局部脱离黄泥地仗层形成空腔，但是脱离部位的周边仍有部分与墙壁支撑体连接。地仗层空鼓一般有三种情况：(1)壁画地仗层局部脱离墙壁支撑体(或白灰地仗层局部脱离黄泥地仗层)，空鼓边缘开放，地仗层与支撑体仍然有效连接，连接力一般；(2)壁画地仗层局部脱离支撑体，形成封闭的空腔，脱离部分其周边与支撑体有效连接，连接力较强；(3)壁画地仗层局部脱离墙壁支撑体，或白灰地仗层局部脱离黄泥地仗层，形成空腔，但周边与支撑体连接部位较少，连接力较弱。

山东地区的古建筑壁画存在有特别严重的地仗层空鼓现象是整壁壁画的空鼓。一般在梁头、柱头和木柱以及边缘处附近空鼓极其严重，地仗层在制作的时候泥层的强度不够，与支撑体之间的黏结力随着时间的推移而降低，严重时完全分离。另一种情况是在壁画的破损处或者壁画顶部的缝隙中，建筑顶部落下来的黄泥、尘土等杂物不断填入，导致地仗层与支撑体胀裂，形成空鼓。还有一种是墙壁支撑体发生形制改变，梁柱歪闪，墙体倾斜，这种壁画的地仗层逐渐与支撑墙体失去黏结力，整壁壁画都空鼓下坠，像幕布一样挂着，壁画地仗本身重量大，稍遇外力就能整壁脱落。

地仗层空鼓发展到初期阶段或者地仗层的材料严重干缩极易导致地仗产生裂隙或裂缝，这一现象从地仗石灰层表面密布的小裂缝就可以看出。地仗层的空鼓多以里层的黄泥层先期酥粉为主，外层的石灰层在里层黄泥重力的作用下，也会产生裂缝。在空鼓发展到一定程度，如果多处空鼓地仗连接就会成片发展，直到地仗本身的重量超过了地仗层与支撑体之间的连接力，地仗层就开始从支撑体上剥离，尤其是梁柱之间面积较小的壁画，因壁画边缘部分与梁柱之间的黏结力不强，很多地方存在整块壁画剥离脱落的危险。当剥离地仗层的重量超过了地仗层之间的连接力时，剥离地仗与地仗本体之间会产生裂缝，如有外力稍微作用就可能从地仗本体上面脱离。

山东地区几乎所有的古建筑壁画都有不同程度的空鼓现象存在，空鼓是分布面广、隐蔽性强、治理困难的典型病害。济南章丘圣井镇张乙郎村大圣寺大门上部的壁画可能是因为建筑错位变形，壁画出现上下贯通的裂缝，裂缝两侧的地仗层已经空鼓脱离墙壁支撑体，鼓出部位高出原平面近 5 毫米。长清区双泉乡尹庄的关帝庙建筑墙体中有木柱支撑，木柱变形导致壁画地仗层出现形变，木柱周围的壁画地仗层出现空鼓，而且沿着木柱的方向上下贯穿一条裂缝。这种现象在所有由木柱和青砖建造的建筑中出现的概率极大，基本上都与木柱的长期承重变形有关。长清区万德镇坡里庄村的龙居寺位于大门和窗户之间的壁画，由于两侧没有大面积的墙体相连接，壁画的面积较小，整体的连接强度低，壁画的地仗层与墙体局部脱离形成空鼓，如果有大的震动，这一部位壁画就可能整体从墙体上脱落下来。类似的情况也出现在其他多处古建筑壁画的相同部位上。

三、地仗层裂缝

壁画裂隙是指因地震、卸荷等因素的影响，使壁画的墙壁支撑体开裂，致使壁画地仗层开裂；或因为壁画地仗层自身的变化而产生缝隙。壁画裂隙多发生在墙体与墙体的接缝处或是木柱邻近的壁画。由于承载壁画的支撑体多为青砖墙体或石块墙体，因地震、长时间降雨冲蚀地基或其他作用致使墙体下沉或错位引起壁画所在墙体开裂，壁画也会随着开裂，通常会伴随壁画空鼓。还有的开裂现象发生在壁画表面，这是由于墙体开裂或壁画地仗在干燥过程中收缩引起的壁画裂隙，一般这种开裂并不明显，深度和宽度都较小。

济南市长清区归德镇麒麟村关帝庙墙体上部的壁画因为屋顶漏雨的影响，雨水冲刷地仗层使得黄泥层地仗中的泥土流失，白灰层地仗与墙体之间的连接力减小，大块的地仗已经脱离墙体，余下的白灰地仗层在自身重力的作用下，强度产生变化，部分超过白灰层内部的连接力，导致白灰层出现了裂缝。济南市市中区七贤镇韩家庄关帝庙因为墙体出现局部的错位变形，连带内部的壁画地仗层也随之发生形变，当形变的力量大于白灰层内部的连接力时，表现在宏观上就是白灰层表面的裂隙。

四、地仗层酥碱

壁画酥碱是指在水分的参与下，墙壁支撑体及地仗层中的矿物盐分（主要是易溶盐类）随环境湿度变化而溶解、结晶，所产生的膨胀、收缩反复作用使壁画地仗结构破坏而产生的疏松状态。盐类在壁画表面聚积就出现了“泛碱”、“白霜”。由于盐害的产生改变了壁画及地仗层的结构，使地仗膨胀鼓起、疏松、粉化、脱落，严重的可使地仗层逐渐散落，对壁画造成毁灭性的破坏。这种病害一般发生在壁画墙面的底部和建筑容易漏雨的顶部比较潮湿或水分较多的区域，在山东地区古建筑壁画中的表现形式为地仗层酥碱脱落和颜料层酥碱起甲同时存在。最常见的地仗层结构酥碱发生在壁画靠近地面的连接处部位，这些部位一般受到地表土壤中的水分、盐分的影响，地仗层中的黏性物质逐渐流失，机械强度和黏性降低，黄泥层中的植物秸秆也被分解，地仗呈现粉末状，稍触即碎，严重时就从支撑体上整块地片状脱落。

济南章丘文祖镇西田广村龙神庙的墙体由石块砌筑，壁画地仗层与石块之间的连接力相对较弱，靠近地面部分的壁画地仗层吸收土壤里面的水分和盐分，在地仗中反复溶解结晶，导致地仗材料被分解，呈现出粉末状，大面积的地仗层从墙体上脱落下来。平阴县玫瑰镇焦庄观音庙屋顶严重漏雨，壁画表面被黄泥浆覆盖保存还相对较好，但是被雨水冲刷比较严重的部位，地仗层中的黄泥已经流失大半，余下麦秸露出地仗层，麦秸和黄泥也都是稍触即碎，强度和稳定性都已经严重下降。

第三节　山东地区古建筑壁画颜料层的病害特征

颜料层作为壁画的主体，表现着壁画的主题内容，其病害的表现特征是最直接而明显的。如果颜料层受到少许的损害，那么画面的内容和记载信息就受到直接的减少或误读。山东地区所有的古建筑壁画中，虽然墙壁支撑体和地仗层保存可能相对完整，但是颜料层能够完好保存的几乎很难见到。所有的壁画都或多或少的存在某些病害，越是年代久远的壁画越是表现出比较明显的变化。这些病害表现为龟裂起甲、表面污染、颜料脱落、粉化、机械性损害和画面的颜色变化。

一、颜料层龟裂起甲

壁画龟裂是指壁画颜料层中、表面泥层内所含胶质过多，或因地仗层内的收缩变化、外界其他因素等引起的微小开裂现象，因貌似龟背而得名，其进一步发展即为龟裂起甲，状似鳞甲，多见卷翘，稍有震动就会成片地脱落。根据病害发生的程度不同可分为龟裂起甲、颜料层起甲、泡状起甲、分层起甲、颜料层连同泥层起甲等几种形式。部分颜料层的龟裂、起甲是由于地仗材料的收缩变形引起，大部分是由于颜料中掺加的胶结材料和表面涂层的老化收缩等作用产生的。还有部分是由于建筑顶部下雨时常有雨水渗漏，雨水对颜料表面涂层有软化作用，在干燥过程中收缩变形，使壁画颜料层与墙体间失去了黏结作用，导致了部分壁画颜料层的起甲或颜料层连同地仗层一起起甲。颜料层的泡状起甲表现为颜料层像疱疹一样密密麻麻地成片存在，疱疹像半球形，直径和高度很小，一般为几毫米。突起表面为很薄的颜料层,强度很低,稍触即碎。

济南市长清区归德镇麒麟村关帝庙壁画颜料层的起甲现象非常严重,有雨水冲刷颜料层收缩后形成的泡状起甲,也有因为颜料层吸收空气中水分湿胀干缩之后不均匀收缩形成的。这些起甲的颜料层成鼓泡状或成片地翘起,脱离开地仗层,颜料层自身的厚度很小,强度很低,所以壁画起甲经常是和颜料层的脱落连在一起的。章丘文祖镇三德范村禹王庙的壁画在颜料层与白灰地仗层之间有一层打底的白垩层,这层打底的白色颜料一般较为疏松,受到水分影响后强度降低,其上的颜料层也就随着开裂起甲,进而大面积从墙体上脱落下来。

二、画面污染

壁画的画面污染是指在自然环境或人为作用下,对壁画表面所产生的污染。画面污染通常有灰尘覆盖、泥浆白灰覆盖、烟熏污染、人为涂写、雨水冲刷、水渍和泥渍、可溶性盐结晶等多种形式。灰尘覆盖为空气中的灰尘沉积在壁画表面所致,如果有降水或者油烟附着,这些灰尘就会混合黏结在壁画的表面。泥浆白灰覆盖多数是人为地涂抹在壁画的表面,为了建筑的使用方便,有意识地把壁画覆盖起来,对壁画起到了一定的保护作用。烟熏污染通常是人为的,但并不一定是有意识的破坏,通常与宗教信仰的相关仪式活动有着直接的关系。山东地区现存的壁画很多是保留在宗教建筑中,常年焚香燃烧时所产生的油烟污垢沉积在壁画表面,使得壁画画面模糊不清。人类的行为也会对壁画产生一些污染情形,在壁画上乱写乱画、写字留念、粘贴纸张,都会对壁画产生污染。

雨水冲刷多出现在建筑顶部漏雨的部位,山东地区夏天雨天较多,由于顶部为木结构的建筑容易渗水漏雨,所以下雨时雨水容易沿着建筑的顶部渗入至有壁画的墙体。轻微的损害表现为在壁画表面留有水渍、泥痕,严重的损害表现为冲刷壁画表面及地仗,并会留有冲蚀痕迹,严重破坏壁画颜料层,影响到画面的完整性。可溶性盐结晶是墙壁支撑体和地仗层中的钙离子在高湿度环境下迁移到壁画表面经过反复结晶、溶解后形成的“白霜”一样的物质,一般为粉末状,很难把盐类与壁画的画面颜料完全分开。画面污染是壁画各种病害中最常见的,不管保管条件如何严密,即使是保存条件很好的泰安岱庙天贶殿壁画,也有画面污染的情况出现。

济南市长清区五峰山街道办事处三官庙村的三官庙壁画表面被一层白

灰覆盖，白灰厚度不大，不足1毫米。透过白灰能够隐约地看清画面的大致内容，但是白灰和画面的颜料结合非常致密，去除难度较大。济南市长清区归德镇坟台村官王庙壁画表面被一层黄黑色的泥浆覆盖，泥浆的厚度较大，有1～2毫米。泥浆与画面颜料的结合不太紧密，很多地方的泥浆已经从画面上脱落，通过观察泥浆脱落部位的壁画保存情况，推测泥浆覆盖对壁画颜料的损害较小，去除难度不大。

济南市长清区五峰山街道办事处东莱园村土地庙的壁画表面覆盖了一层黄色、棕色的烟熏物质，由于土地庙中至今仍然供奉土地神，村民在土地庙中焚香烧纸，而且土地庙面积较小，通风不畅，烟火就在壁画表面停留形成一层油烟污染。这层烟熏物质与壁画颜料层的结合较为致密，而且具有一定的油性，推测可能在以前的使用过程中燃烧过油性物质。

章丘圣井镇张乙郎村大圣寺壁画上涂写多处黑色字体，人为涂写字迹有部分是直接写在壁画的画面上的。这幅画面是用黑色颜料画成的“月值”——程咬金的单人人物画，在画面人物的身体下半部有黑色字体三处，分别为“严禁”、“禁止烟火”、“吸烟”，共八字。另有一处写在画面的空白处，为“室内禁止烟火”，共六字。这些字迹可能是建筑以前作为仓库或者办公场所时而涂写的。黑色字迹与黑色的画面已经结合成一体，很难将字迹完全清除掉。

济南市长清区五峰街道办事处讲书院村土地庙山墙上的壁画因为建筑漏雨，雨水浸到了壁画的颜料层和地仗层，部分画面从地仗层上脱落，地仗层中的可溶性盐在画面的表面凝聚，形成一层白色的粉末状物质覆盖在画面上，使画面内容变得模糊。济南市市中区七贤镇韩家庄关帝庙的壁画也是因为建筑漏雨，雨水浸到了画面的颜料层和地仗层，雨水中和地仗层中的盐分一起聚集在壁画的表面，而且雨水把屋顶上的泥土一并冲刷下来，表面的粉末状物质呈现出一道道黑色、灰色等条纹状的盐结晶和泥渍混合在一起的污染情形。

济南市长清区五峰街道办事处讲书院村土地庙山墙上的壁画表面可见明显的白色水渍。因为建筑漏雨，雨水浸湿壁画的颜料层和地仗层，部分颜料层与地仗层之间脱落，没有脱落的画面上有可溶性盐随着水分迁移而扩散的痕迹。长清区归德镇麒麟村关帝庙壁画因为建筑漏雨，雨水夹杂着泥土附着在壁画的表面，形成黄色的泥渍和白色的水渍混合覆盖在壁画上的污染。章丘圣井镇张乙郎村大圣寺壁画上的泥渍也是因为建筑漏雨的缘故才产生的，泥水冲刷壁画表面，形成了多道黄色的竖纹，造成了部分颜料层的脱落。

还有部分壁画表面出现了被粘贴上纸张、钉上铁钉等破坏现象。为了使建筑仍然能够使用方便，曾经的使用者就把这些相对比较神秘、让人崇拜畏惧的画面用纸张粘贴上，与前文提到的用黄泥浆或白灰覆盖到壁画上的目的是一样的。济南市长清区归德镇麒麟村关帝庙壁画表面钉上了不少铁钉，并且还有多年前粘贴的纸张在墙上，断定关帝庙曾经用作生产、生活场所来使用。

三、颜料层脱落

壁画的颜料层脱落是指颜料层与白粉层或地仗层分离脱落。主要的表现形式有：(1)点状脱落，是底色层脱离地仗层或颜料层脱离底色层，呈点状（直径不大于 2 毫米）脱落的现象；(2)片状脱落，是底色层脱离地仗层或颜料层脱离底色层，呈片状脱落的现象；(3)疱疹状脱落，是可溶盐在地仗层和颜料层间富集，并推顶颜料层呈疱状突起，进而颜料层或底色层顶起形成的疱状突起因内力、外力作用而产生脱落的现象。还有一些颜料层脱落是外力作用的结果，比如人为的擦划、动物蹭碰等。

济南市长清区归德镇麒麟村关帝庙壁画严重脱落，点状、片状和疱疹状脱落夹杂在一起，许多人物的面目不清，即使是没有脱落的部分颜料层，与地仗层之间的结合也是十分脆弱，稍碰即落。济南章丘圣井镇张乙郎村大圣寺壁画脱落现象也非常严重，尤其是彩色的画面颜料脱落尤为严重，人物面部的颜料基本上完全脱落，以片状脱落为主，一般会同时伴随着颜料层和底色层的粉化病害。济南章丘相公庄镇姜家套村圣泉寺壁画虽然颜料层与地仗层之间结合比较紧密，但是由于壁画颜料自身的原因和外界人为的破坏，颜料层脱落也很严重，画面内容模糊不清。

四、颜料层粉化

壁画颜料层的粉化是指颜料层中的胶结材料受光照等环境因素的影响老化，失去黏结作用，导致颜料呈现颗粒状脱落。颜料层的粉化与支撑体、地仗层的酥碱病害有直接联系，古建筑壁画底部靠近地面和上部靠近屋顶的部分酥碱比较严重，表现为壁画颜料层和白灰层粉化脱落，整个画面颜色灰暗，并且病变发生具有连片性，是壁画粉化病害整体发生的重灾区。

济南市长清区五峰街道办事处讲书院村土地庙上部靠近屋顶处的壁画因为屋顶漏雨渗水，雨水浸入到壁画的地仗层和颜料层中，颜料层中的胶结物质被分解，颜料颗粒疏松地附着在地仗层上，呈现比较均匀的粉末颗粒状分布形态，雨水浸泡过的白色底色层、彩色颜料层基本上已经完全脱落，画面内容已经很难辨认。章丘文祖镇三德范村禹王庙壁画颜料层粉化比较轻微，虽然建筑也有漏雨，但是雨水侵蚀到壁画的地仗层和颜料层相对较少，而且颜料以比较耐久的黑色颜料为主，总体上只是有水浸泡的部位有轻微的粉化现象。长清区张夏镇井字村的关帝庙壁画颜料层粉化现象非常严重，大块的颜料层和底色层因为粉化而从地仗层上脱落下来，超过一半面积的颜料层已经不存在。仅有的画面颜料也都变成了粉末，与地仗层之间的连接非常脆弱。

五、颜料层生物损害

壁画颜料层的生物损害包括动物损害、植物损害、微生物损害和人为损害。动物损害是指虫、鸟、鼠等动物活动对壁画颜料层造成的各种破坏。植物损害是指植物的根系、枝条进入壁画结构体内而对壁画颜料层造成的破坏。微生物损害是指微生物的滋生对壁画表面产生的伤害，包括“霉害”、“霉变”等。人为损害是指人为活动对壁画画面有意识或无意识的损害。当然，历史上不适宜的修复方法和工艺也可能对壁画的颜料层带来宏观上的改变。

山东地区古建筑壁画上，有害生物对壁画绘画材料的机械磨损主要表现为：(1)壁画颜料层的边角部位和突出的其他部位被有害生物磨蚀而呈现出平滑趋势；(2)画面绘画材料的颜料层出现条痕，局部颜料层出现脱落现象；(3)生物在活动过程中碰撞壁画，使起甲、酥碱严重的壁画脱落。壁画画面内容因生物因素而被遮盖表现为：(1)生物的排泄物如粪便、尿液等直接遮盖壁画内容；(2)霉菌的尸体附在壁画上面；(3)生物的分泌物污染画面，与颜料中的显色物质反应导致画面晦暗；(4)生物在画面上筑巢直接掩盖画面。壁画的缺失损害主要表现为：(1)生物直接咬食壁画的制成材料；(2)生物在壁画上面停留、活动致使壁画的材料缺失。

济南市长清区五峰街道办事处讲书院村的土地庙壁画出现了多次人为刻划的痕迹。在《观音点化》的画面上，人为用锐器写上了“王□”的人名，并且有十几道长约 30 厘米的竖痕，划痕已经破坏到了白灰地仗层，而且观音和土地神的面部均被破坏掉。在《酒席筵前》的画面上，四位人物的面部均被人为地挖掉。在其余的几处画面上，也存在人物面部被人为挖掉的损害。在长清区万德镇坡里庄村的龙居寺壁画画面上，人为的用粉笔写上了几十个汉字，粉笔与画面接触的过程中对颜料也造成了损害，字体周围的颜料部分脱落。

济南市长清区归德镇麒麟村关帝庙壁画上，遗留有多处灰黑色霉菌的痕迹，稍微用手触碰即有粉末落下。济南市历城区华阳宫古建筑群多处壁画遭受了有害生物的破坏，在棉花殿壁画的表面上以前有报纸粘贴，待将部分报纸清理后，发现有壁虎类爬行动物孵化后遗存下的十几枚卵壳。三教堂壁画表面有一处可能是土蜂用泥土筑造的蜂巢，蜂巢已经和壁画颜料层紧紧地黏合在一起。棉花殿壁画的东墙上有至少三处因老鼠生存繁殖而挖掘出来的孔洞，每处孔洞直径约 10 厘米，深度达墙壁厚度的一半，近 20 厘米。济南市历城区华阳宫古建筑群壁画的生物损害分布于壁画制成材料的支撑体、黄泥地仗层、白灰地仗层和画面的颜料层，表现在宏观的外部形态和微观的材料组成中。生物损害外貌特征表现为：(1)对壁画地仗材料和绘画材料的机械磨损；(2)遮盖壁画的画面内容；(3)损害壁画的制作材料而使其缺失等(见表 3-1)。另外，还有多种病害并不能准确地断定为生物因素成因，但是也有极大可能是生物损害。

表 3-1　　济南华阳宫古建筑群壁画生物损害调查表　　单位：m^2

	鸟粪	霉菌	鼠害	鸟害	虫害
四季殿	—	0.0051	—	0.0012	0.0161
泰山行宫	0.0324	—	—	0.0346	0.0308
元君殿	—	0.0229	—	—	—
十王殿东殿	0.00368	—	—	—	0.0068
十王殿西殿	0.0006	—	0.0134	0.0159	0.0031
三教堂	—	0.8543	—	0.0073	0.0011
观音殿	—	—	—	—	—
关帝庙前殿	—	0.9740	—	—	0.0537
关帝庙后殿	—	1.1940	0.0310	—	0.0072
棉花殿	—	—	0.0265	—	0.0547

续表

	鸟　粪	霉　菌	鼠　害	鸟　害	虫　害
三皇殿	—	2.7146	—	—	0.7029
三官殿	—	—	—	—	—
合　计	0.03668	5.7649	0.0709	0.0590	0.8764

资料来源：仝艳锋、罗茂斌《济南华阳宫壁画生物损害防治研究》，载《齐鲁艺苑》2011年第2期。

六、画面颜色变化

山东地区古建筑壁画的画面颜色变化包括壁画颜色的减退和颜色的改变。壁画颜色的减退是指壁画颜料在光照或灰尘等环境因素影响下色彩饱和度降低，色彩由鲜明变暗淡，由深变浅。壁画的画面变色是壁画材料因化学变化或物理变化而引起的颜料色相变化的现象，此时颜料的化学成分发生了变化。

济南市历城区仲宫镇左而村开元寺壁画颜色整体变得晦暗，部分彩色颜色发生改变。画面底色的颜色由明亮的白色变为现在的黄色，画面上的红色、绿色和黄色也减退得不甚鲜明，黑色画面也是变得灰暗。一些绿色颜料变为墨绿色，颜色加深。泰安市岱岳区良庄镇房宣洛村房氏家庙壁画颜色也是整体晦暗，整个画面像是蒙上一层灰蒙蒙的薄纱，画面的红色部分色彩饱和度降低，部分红色变为黑色。

第四节　山东地区古建筑壁画病害的典型案例

岱庙天贶殿《泰山神启跸回銮图》作为山东地区古建筑壁画的典型代表，历近千年的时间，遭受了自然气候、战争、地震、火灾、人为损毁和不当修复等多重灾厄，现在的保存情况不容乐观，岱庙天贶殿的壁画病害可以作为山东地区古建筑壁画病害的典型代表。在制定壁画保护修复方案的过程中，山东省文物保护科技中心工作人员对壁画的各部分进行了详细的现场勘查，各部分的壁画病害情况如下：

一、岱庙天贶殿东山墙壁画病害

岱庙天贶殿东山墙以柱网为分割界限，东山墙壁画被分割为三个区域，自南往北，依次为Ⅰ区、Ⅱ区及Ⅲ区。东山墙病害总体情况如表 3-2 所示。

表 3-2　　岱庙天贶殿东山墙壁画病害统计表

<table>
<tr><th colspan="2">分区</th><th>灰尘</th><th colspan="2">缺失</th><th colspan="2">裂隙</th><th colspan="2">划痕</th><th colspan="2">起甲</th><th colspan="2">霉变</th><th colspan="2">孔洞</th></tr>
<tr><th>编号</th><th>面积（m²）</th><th>分布区域</th><th>区域</th><th>规格（mm²）</th><th>区域</th><th>规格</th><th>区域</th><th>规格</th><th>区域</th><th>比例</th><th>区域</th><th>比例</th><th>区域</th><th>规格（mm²）</th></tr>
<tr><td rowspan="2">Ⅰ区</td><td rowspan="2">2.1×3.3</td><td rowspan="2">表面布满</td><td>右上角</td><td>550×300</td><td rowspan="2">左边缘自上而下</td><td rowspan="2">长约4m，宽1～8mm</td><td rowspan="2">—</td><td rowspan="2">—</td><td rowspan="2">右上角及底部</td><td rowspan="2">3/4</td><td rowspan="2">底部，高度为0～500mm</td><td rowspan="2">1/60</td><td rowspan="2">北部</td><td rowspan="2">60×40×25mm</td></tr>
<tr><td>左下角</td><td>400×240</td></tr>
<tr><td rowspan="2">Ⅱ区</td><td rowspan="2">7.4×3.3</td><td rowspan="2">表面布满</td><td>左边上</td><td>直径200mm的圆</td><td>左边缘自上而下</td><td>长约4.5m，宽5～10mm</td><td>—</td><td>—</td><td rowspan="2">右边及底部</td><td rowspan="2">2/3</td><td rowspan="2">中间部位</td><td rowspan="2">2/5</td><td rowspan="2">31处小孔</td><td rowspan="2">孔径约30mm</td></tr>
<tr><td>左边下</td><td>直径100mm的圆</td><td>右边底部</td><td>长约660mm，宽约2mm</td><td>—</td><td>—</td></tr>
<tr><td>Ⅲ区</td><td>4.0×3.3</td><td>表面布满</td><td>中部</td><td>直径为400mm的圆形</td><td>—</td><td>—</td><td>左边缘</td><td>长4.3mm</td><td>顶部与底部</td><td>1/2</td><td>左上角与底部</td><td>2/5</td><td>—</td><td>—</td></tr>
</table>

资料来源：张乐珍、苑胜龙《泰山岱庙天贶殿壁画现状调查与保护》，载《中国文物科学研究》2009 年第 3 期。

1. Ⅰ区病害

总体情况描述：此区域壁画长 2.1 米，高 3.3 米。壁画发生病害严重。

（1）壁画表面灰尘覆盖，使壁画的色泽变得暗淡，严重影响观瞻效果。

（2）此区域右上角有一块面积为 550 毫米×300 毫米的缺损，后用白灰补全；左下角有一块面积为 400 毫米×240 毫米的缺损，后用白灰补全。其北边有一个 60 毫米×40 毫米×25 毫米的孔洞。

（3）此区域左边缘有一条自上而下的裂隙，长约 4 米，隙宽 1～8 毫米，上端宽，下端窄，由此推断出裂隙是自上而下发育而成。由于裂隙位于柱子位置，受柱子营力的影响，使墙皮隆起、开裂，裂隙最上端的壁画层甚至出现空鼓现象。

(4)起甲现象主要集中于区域的右上角及底部，占整个区域面积的3/4。

(5)霉变现象主要集中于区域的底部，霉变区域控制高度(相对于壁画区域底部)在0～500毫米之间，占整个区域面积的1/60。

2. Ⅱ区病害

总体情况描述：此区域壁画长7.4米，高3.3米。壁画发生病害严重。

(1)壁画表面灰尘覆盖，使壁画的色泽变得暗淡，严重影响观瞻效果。

(2)此区域左边有上、下两处缺损，上为直径约200毫米的圆，下为直径约100毫米的圆，后用白灰补全。

(3)此区域左边缘有一条自上而下的裂隙，长约4.5米，隙宽5～10毫米，上端宽，下端窄，是自上而下发育而成。裂隙上端两侧壁画有错位现象。区域右边底部有一条裂隙，长约660毫米，宽约2毫米，经观测没有明显的继续发育迹象。

(4)起甲现象主要集中于区域的右边及底部，占整体面积的2/3。

(5)霉变现象主要集中于区域的中间部位，占整体面积的2/5。

(6)此区域分布有大小差异不太明显的31处小孔，孔径约30毫米，据证实为民国时期军阀混战时枪战所留下的弹孔。

3. Ⅲ区病害

总体情况描述：此区域壁画长4米，高3.3米。壁画发生病害严重。

(1)壁画表面灰尘覆盖，使壁画的色泽变得暗淡，严重影响观瞻效果。

(2)此区域中部有一块直径为400毫米的圆形缺损，后用白灰补全。

(3)此区域左边缘有一条人为刻画痕迹，长约4.3米，使壁画颜料层被切割，现表现为划痕两侧的颜料层严重起翘，脱离地仗层，甚至剥落。

(4)起甲现象主要集中于区域的顶部和底部，占整体面积的1/2。

(5)霉变现象主要集中于区域的左上角和底部，占整体面积的2/5。

二、岱庙天贶殿北墙东段壁画病害

岱庙天贶殿北墙东段以柱网为分割界限，北墙东段壁画被分割为四个区域，自东往西，依次为Ⅳ区、Ⅴ区、Ⅵ区及Ⅶ区。北墙东段病害总体情况如表3-3所示。

表 3-3　　岱庙天贶殿北墙东段壁画病害统计表

分区		灰尘	空鼓		裂隙		起甲		霉变	
编号	面积（m^2）	分布区域	区域	规格	区域	规格	区域	比例	区域	比例
Ⅳ区	3.8×3.3	表面布满	右下角	2.0m×1.8m	左边缘自上而下	长约4.5m，宽1～10mm	底部	1/3	—	—
					右边	长约1.1m，宽1～3mm				
Ⅴ区	4.4×3.3	表面布满	—	—	左边缘	长约4.6m，宽2～10mm	底部及上部	1/3	左上及右上角	1/5
Ⅵ区	4.55×3.3	表面布满	—	—	左边缘	长约4m，宽1～4mm	下部	1/3	右上部	1/6
Ⅶ区	4.98×3.3	表面布满	—	—	—	—	几乎遍布	90%	上部下部	2/3

资料来源：张乐珍、苑胜龙《泰山岱庙天贶殿壁画现状调查与保护》，载《中国文物科学研究》2009年第3期。

1. Ⅳ区病害

总体情况描述：此区域壁画长3.8米，高3.3米。壁画发生病害比较严重。

(1)壁画表面灰尘覆盖，使壁画的色泽变得暗淡，严重影响观瞻效果。

(2)右下角有面积为200毫米×180毫米的空鼓区域。

(3)此区域左边缘有一条自上而下的裂隙，长约4.5米，隙宽1～10毫米，上端宽，下端窄，是自上而下发育而成。裂隙上端两侧壁画有错位现象。其右边有一条裂隙，长约1100毫米，宽1～3毫米，自下而上发育，下端裂隙较宽，地仗层空鼓引起壁画开裂，有继续发育的可能。

(4)起甲现象主要集中于区域的底部区域，占整体面积的1/3。

2. Ⅴ区病害

总体情况描述：此区域壁画长4.4米，高3.3米。壁画发生病害严重。

(1)壁画表面灰尘覆盖，使壁画的色泽变得暗淡，严重影响观瞻效果。

(2)此区域左边缘有一条自上而下的裂隙，长约4.6米，隙宽2～10毫米，上端宽，下端窄，是自上而下发育而成，有继续发育的可能。

(3)起甲现象主要集中于区域的底部及上部区域，占整体面积的1/3。

(4)霉变现象主要集中于区域的左上角及右上角区域，占整体面积的1/5。

3. Ⅵ区病害

总体情况描述：此区域壁画长4.55米，高3.3米。壁画发生病害比较严重。

(1)壁画表面灰尘覆盖，使壁画的色泽变得暗淡，严重影响观瞻效果。

(2)此区域左边缘有一条自上而下的裂隙，长约4米，隙宽1～4毫米，上端宽，下端窄，是自上而下发育而成，有继续发育的可能。

(3)起甲现象主要集中于区域的下部区域，占整体面积的1/3。

(4)霉变现象主要集中于区域的右上部区域，占整体面积的1/6。

4. Ⅶ区病害

总体情况描述：此区域壁画长4.98米，高3.3米，壁画发生病害严重。

(1)壁画表面灰尘覆盖，使壁画的色泽变得暗淡，严重影响观瞻效果。

(2)起甲现象几乎遍布整个区域，约占整体面积的90%。

(3)霉变现象主要集中于区域的上部及下部区域，占整体面积的2/3。

三、岱庙天贶殿北墙西段壁画病害

岱庙天贶殿北墙西段以柱网为分割界限，北墙西段壁画被分割为四个区域，自东往西，依次为Ⅷ区、Ⅸ区、Ⅹ区及Ⅺ区。北墙西段壁画病害总体情况如表3-4所示。

表3-4　岱庙天贶殿北墙西段壁画病害统计表

分区		灰尘	雨水冲刷		裂隙		起甲		霉变	
编号	面积(m^2)	分布区域	区域	规格	区域	规格	区域	比例	区域	比例
Ⅷ区	4.98×3.3	表面布满	—	—	左边缘自上而下	长约4.8m，宽4～11mm	中部、下部	85%	下部	1/3
Ⅸ区	4.55×3.3	表面布满	左边缘	长约4m，宽约0.13m	—	—	下部	1/3	右上部	1/6
Ⅹ区	4.4×3.3	表面布满	—	—	左边缘自上而下	长约4.6m，宽2～10mm	底部、上部	2/3	下部	1/4
Ⅺ区	3.8×3.3	表面布满	—	—	—	—	几乎遍布	87%	底部	1/3

资料来源：张乐珍、苑胜龙《泰山岱庙天贶殿壁画现状调查与保护》，载《中国文物科学研究》2009年第3期。

1. Ⅷ区病害

总体情况描述:此区域壁画长4.98米,高3.3米。壁画发生病害严重。

(1)壁画表面灰尘覆盖,使壁画的色泽变得暗淡,严重影响观瞻效果。

(2)此区域左边缘有一条自上而下的裂隙,长约4.8米,隙宽4～11毫米,上端宽,下端窄,是自上而下发育而成,有继续发育的可能。

(3)起甲现象主要集中于中部及下部区域,约占整体面积的85%。

(4)霉变现象主要集中于区域的下部区域,占整体面积的1/3。

2. Ⅸ区病害

总体情况描述:此区域壁画长4.55米,高3.3米。壁画发生病害比较严重。

(1)壁画表面灰尘覆盖,使壁画的色泽变得暗淡,严重影响观瞻效果。

(2)此区域左边缘有一条雨水冲刷痕迹,长约4米,宽约130毫米。

(3)起甲现象主要集中于区域的下部区域,占整体面积的1/3。

(4)霉变现象主要集中于区域的右上部区域,占整体面积的1/6。

3. Ⅹ区病害

总体情况描述:此区域壁画长4.4米,高3.3米。壁画发生病害严重。

(1)壁画表面灰尘覆盖,使壁画的色泽变得暗淡,严重影响观瞻效果。

(2)此区域左边缘有一条自上而下的裂隙,长约4.6米,隙宽2～10毫米,上端宽,下端窄,是自上而下发育而成,有继续发育的可能。

(3)起甲现象主要集中于区域的底部及上部,占整体面积的2/3。

(4)霉变现象主要集中于区域的下部,占整体面积的1/4。

4. Ⅺ区病害

总体情况描述:此区域壁画长3.8米,高3.3米。壁画发生病害比较严重。

(1)壁画表面灰尘覆盖,使壁画的色泽变得暗淡,严重影响观瞻效果。

(2)起甲现象几乎遍布整个区域,占整体面积的87%。

(3)霉变现象主要集中于区域的底部,占整体面积的1/3。

四、岱庙天贶殿西山墙壁画病害

岱庙天贶殿西山墙以柱网为分割界限,西山墙壁画被分割为三个区域,自南往北,依次为Ⅻ区、XⅢ区及XⅣ区。西山墙壁画病害总体情况如表3-5所示。

表 3-5　　　　　　　岱庙天贶殿西山墙壁画病害统计表

分区		灰尘	空鼓		缺失		裂隙		起甲		霉变	
编号	面积（m^2）	分布区域	区域	规格	区域	规格	区域	规格	区域	比例	区域	比例
Ⅻ区	4.0×3.3	表面布满	—	—	—	—	左边自上而下	长约 4.7m，宽 2～10mm	顶部、底部	1/2	左上角和底部	2/5
							中部	长约 4.0m，宽约 8mm				
XⅢ区	7.4×3.3	表面布满	中部	0.4m×0.6m	中部（疑历史修复）	35％	—	—	下部	1/3	右上部	1/6
XⅣ区	2.1×3.3	表面布满	—	—	左下角	0.6m×0.7m	右边缘自上而下	长约 4.4m，宽 1～8mm	底部	1/2	—	—

资料来源：张乐珍、苑胜龙《泰山岱庙天贶殿壁画现状调查与保护》，载《中国文物科学研究》2009 年第 3 期。

1. Ⅻ区病害

总体情况描述：此区域壁画长 4 米，高 3.3 米。壁画发生病害严重。

(1)壁画表面灰尘覆盖，使壁画的色泽变得暗淡，严重影响观瞻效果。

(2)此区域左边有一条自上而下的裂隙，长约 4.7 米，隙宽 2～10 毫米，上端宽，下端窄，是自上而下发育而成，有继续发育的可能；中部有一条长约 400 毫米的裂隙，隙宽约 8 毫米。

(3)起甲现象主要集中于区域的顶部和底部，占整体面积的 1/2。

(4)霉变现象主要集中于区域的左上角和底部，占整体面积的 2/5。

2. XⅢ区病害

总体情况描述：此区域壁画长 7.4 米，高 3.3 米。壁画发生病害严重。

(1)壁画表面灰尘覆盖，使壁画的色泽变得暗淡，严重影响观瞻效果。

(2)此区域中部有空鼓区域，面积约为 400 毫米×600 毫米，后用白灰补全。

(3)此区域中部壁画颜色加深，此区域面积约占整体的 35％，可能为历史修复区域。

(4)起甲现象主要集中于区域的底部，占整体面积的 1/3。

(5)霉变现象主要集中于区域的中间部位，占整体面积的 2/5。

3. XⅣ区病害

总体情况描述：此区域壁画长 2.1 米，高 3.3 米。壁画发生病害严重。

(1)壁画表面灰尘覆盖,使壁画的色泽变得暗淡,严重影响观瞻效果。

(2)此区域左下角有一块面积为60毫米×70毫米的缺损,可看到内部砖体。

(3)此区域右边缘有一条自上而下的裂隙,长约4.4米,隙宽1～8毫米,上端宽,下端窄,由此推断出裂隙是自上而下发育而成。由于裂隙位于柱子位置,受柱子营力的影响,使墙皮隆起、开裂,裂隙最上端的壁画层甚至出现空鼓现象。

(4)起甲现象主要集中于区域的底部,占整个区域面积的1/2。

综合来看,岱庙天贶殿壁画的病害现状表现为墙壁支撑体出现裂隙、破损;壁画白灰地仗层呈现出空鼓、起甲、酥碱乃至大面积脱落;壁画地仗层存在部分缺失,多条裂缝已经贯穿壁画地仗;壁画表面布满灰尘,霉变现象比较严重;部分画面色彩灰暗,显现风化、褪色,局部失去往日之光泽。

小　结

山东地区古建筑壁画目前的保存情况令人担忧,基本上没有能够完好保存、无病害发生的壁画,多数壁画的病害非常严重。即使是日常维护条件较好的古建筑损毁现象也非常突出,就像岱庙天贶殿壁画发生的病害也是类型多样,危害性大。一般来看,山东地区古建筑壁画的病害发生在墙体上表现为建筑坍塌、缺失、错位位移、局部功能丧失等病害,壁画地仗层上病害表现出地仗层缺失、空鼓、裂缝、酥碱等特征,壁画颜料层出现龟裂起甲、画面污染、颜料层脱落、颜料层粉化、生物损害和画面颜色变化等病害。尤为严重的是,很多病害贯穿壁画的整体结构,或者是几种病害同时在一个部位发生,或者是一种外因造成了多种病害特征,也就造成了病害表现形式的多样性和难分辨性。

第四章　山东地区古建筑壁画病害的形成机理

山东地区的建筑壁画在长期历史保存过程中形成了多种多样的病害，最重要的原因是壁画结构和材料内部因素的缺陷，外部环境中的自然气候如大气降水、温湿度变化、太阳辐射，以及外部有害因素如灰尘、有害气体、可溶性盐、有害生物的综合影响加剧了壁画材料的损毁程度和速度。人类的活动，不论是破坏性活动还是技术不高的保护性工作，也会给壁画带来程度不同的损害。

第一节　山东地区古建筑壁画的内部因素缺陷

山东地区的古建筑壁画在制成过程中，受到建筑自身的结构因素影响，容易发生渗水、漏雨等现象，而且建筑的多种材料的混合结构也会出现墙壁变形等结构失稳的现象，进而连带壁画发生多种病害。壁画材料自身的不耐老化性能也是壁画容易发生病害的主要原因，其中尤以土坯、黄泥层和颜料中的黏结剂为相对脆弱、容易老化变质的材料，只要这些材料发生病害，壁画整体就可能发生一系列的病害。

一、古建筑壁画的结构缺陷

山东地区古建筑壁画的墙壁支撑体基本上是石、砖、土、木等多种材料的混合结构，顶部为木、瓦、土相结合的斜坡结构，这种结构排水防潮能力有限，吸水能力较强，所以建筑顶部容易出现渗水、漏雨现象，而建筑的基础部分容易吸收雨水和土壤中的地下水分，因此建筑及其内部墙壁上的壁画受到水分的威胁是非常严重的。建筑支撑体中的多种病害基本上都是与结构的不能及时排水、容易渗水的弱点相联系的。

建筑结构形式多为墙体和木柱混合承重结构，屋面形式与建筑构造是刚性屋面与弹性支承结构的关系。长梁和檩条所架设的屋面上的全部荷载均通过梁和檩条传到墙体上。支撑的木结构容易产生变形和不均匀下沉，进一步引起屋面开裂，产生漏雨等现象，从而导致多种壁画病害的产生和发展。壁画地仗依附于墙体和屋面直接相连，在壁画干燥的过程中，不同材质收缩性的差异易在两种材料的结合部位形成空隙和裂缝，加上力的传递作用，诱发裂缝、空鼓等病害的产生。建筑内游客数量多、走动过程中产生的震动及上部建筑物自身的重量，直接导致壁画病害的发生。

壁画多数病害多出现于建筑顶部壁画与木梁或椽结合部位及门框上部。由于泥层的收缩性与木、砖、石不同，在壁画泥层与木、砖、石结合部位易产生多种病害，如空鼓、裂缝等。当壁画顶部产生空鼓病害时，壁画就会脱离墙体，在地仗与墙体间形成一定的空隙。由于建筑的震动和墙体材料的老化，脱落的墙体及地仗就会填充于壁画的空鼓层中，随着脱落物的不断增加，空鼓就会越来越严重，随时有大面积脱落的危险。另外，在屋顶与墙壁结合的部位也容易发生漏雨的情况，所以古建筑顶部漏雨会连带墙壁上部的壁画出现大面积残缺、水渍、霉斑等多种病害。

这些病害的发生原因综合来看都与建筑结构自身的防雨、防潮性能不佳以及结构易发生改变有关。有些拱形建筑墙体和顶部全为石块砌筑，建筑基础和整体都非常坚固，里面的壁画不易发生漏雨现象，壁画的保存情况相对较好，由潮湿水分引起的病害一般非常轻微。

二、古建筑壁画的材料缺陷

壁画的制作材料是支撑壁画的载体，壁画的整体风化病害受制于壁画组成材料结构的本身性质，各种材料的性质特征和耐久性决定了壁画的风化类型和受害程度。

壁画的支撑体材料中包括石头、砖块、土坯等，其中石头容易导热，砖块次之，而土坯极不易导热。土坯很容易吸收保存大量的水分，石块就很难吸收水分而保存下来，砖块由于使用黏土烧制也能吸收保留大量水分。土坯的强度最弱，遇水很容易溶解而崩塌碎裂；石块的强度最高，极难被水影响而发生物理强度和机械强度的变化。另外，支撑墙体如果整体发生角度、高度等宏观变化，同样也会影响到壁画本身。建筑的梁架、木柱和檩条均为木质，容易产生腐朽的情况，因此承重能力下降，也会连带壁画地仗的病害发生。

在地仗层中的黄泥层、白灰层中，黄泥层中的植物秸秆强度和韧性很难达到白灰层中麻刀的强度，而黄泥的水溶性、强度也不能与白灰层相提并论，因此黄泥层很容易发生潮解、酥碱、崩落等病害，而白灰层就相对比较稳定。黄泥自身黏度不强以及与支撑体材料之间的黏附强度不高也是黄泥层从支撑体上剥离脱落的主要因素。白灰层表面致密的程度决定了颜料对白灰层渗透的深度，光滑的白灰层表面不容易渗入颜料，致使颜料与地仗结合不牢固，结果就是壁画颜料容易起甲脱落。

颜料层中的黏结剂和溶解剂的使用浓度、黏结性和溶解性以及分散均匀程度决定了颜料层抵抗风化病害的能力和风化病害发生后的发展趋势。黏结剂和溶解剂质量较差或者用量不当而引起壁画颜料层与白灰层结合力不够。某些颜料的用胶量不均匀导致颜料干缩后结合力不均匀，颜料内黏结剂随环境因素老化致使黏结力降低而引起颜料层开裂和起翘。同样条件下，黏结牢度高、溶解分散均匀、浓度合适的颜料，其抗风化腐蚀能力较强，反之则容易发生损害。壁画大多采用天然矿物颜料，也使用少数天然植物颜料和人造合成颜料。矿物颜料性能较为稳定，比较耐久，不易变色。植物颜料和合成颜料都是易于变色和褪色的。壁画颜料的黏结介质有鱼鳔胶、皮骨胶、胶矾等，颜料及白粉层用胶不当，胶质老化失去黏结作用，也是造成壁画病害发生的重要因素。

第二节　自然气候对山东地区古建筑壁画的影响

山东地区古建筑壁画病害的先决发生条件来自于壁画组成材料结构本身的性质，同时壁画的依存环境是壁画能够完整保存的重要条件，也是导致壁画病害发生、发展的外部条件。影响壁画病害发生的自然气候因素主要有大气降水、温度、湿度、光照、太阳辐射等。

一、大气降水

山东地区古建筑壁画病害的共同特点是多数病害都或多或少与大气降

水有关，而且降水对壁画的直接影响很多都是毁灭性的。过量的降水毁坏了建筑支撑体，冲刷壁画地仗层，彻底灭失了壁画。降水过多又会带来微生物、可溶性盐类等物质的次生损害。

山东地区属暖温带大陆性季风气候，冬季寒冷夏季炎热，四季雨量分布不均，夏季受热带、副热带海洋气团所控制，盛吹西南风、南风和东南风，形成了夏季湿热、雨量集中、多雷暴的气候。山东省大部分地区年平均降水量在600～750毫米之间(见表4-1)，其分布特点是南多北少，自鲁东南向鲁西北递减。临沂、半岛东南部及枣庄、五莲、胶南等地在800毫米以上，其中日照、临沂、枣庄一带在900毫米以上；聊城、德州、滨州地区、莱州湾沿岸和东平、鄄城、东明一带在650毫米以下，其中聊城、德州两地区西北部和北镇、垦利、长岛等地不足600毫米；其他地区在650～800毫米之间。泰山的年平均降水量达到了1138.0毫米，是全省降水最丰富的地方。降水最少的是黄河以北的地区，多数不足550毫米，其中武城是全省降水量最少的地方，只有508.6毫米。

表4-1　　山东各地多年月平均降水量　　单位：毫米

	1月	2月	3月	4月	5月	6月	7月	8月	9月	10月	11月	12月	合计
济南	6.3	10.3	15.6	33.6	37.7	78.6	217.2	152.4	63.1	38.0	23.8	8.6	685.0
青岛	10.2	13.4	21.7	42.7	48.2	102.4	179.4	163.7	104.3	47.5	31.1	11.1	775.6
淄博	7.2	10.7	15.9	35.9	37.5	75.9	172.4	133.8	65.4	69.8	25.7	10.0	630.3
枣庄	10.3	13.9	27.1	59.1	49.9	126.6	262.6	185.0	96.9	37.8	21.7	14.2	905.2
东营	4.8	8.7	8.7	31.7	30.6	70.1	201.1	131.0	50.4	30.5	17.4	7.2	592.2
烟台	11.3	12.8	17.8	40.0	44.4	72.9	187.6	167.9	91.9	41.8	30.3	18.2	737.0
潍坊	7.8	12.6	18.3	38.1	36.2	90.5	200.0	134.8	62.2	36.2	23.7	10.7	671.5
济宁	8.0	10.7	19.6	44.9	38.2	83.3	211.8	165.7	75.2	32.2	18.9	10.8	719.2
滨州	5.7	9.0	10.3	32.8	26.0	73.2	191.5	134.0	51.0	31.2	17.3	7.7	613.9
德州	4.4	6.7	8.8	29.0	31.3	74.5	187.7	145.9	47.9	32.3	16.8	4.7	590.1
菏泽	8.4	9.5	21.3	39.4	40.8	80.4	202.7	125.9	76.4	37.9	21.3	8.8	680.8
聊城	4.9	7.6	14.2	33.1	28.8	71.4	184.3	132.6	48.6	33.6	18.4	6.4	583.8
临沂	10.9	15.0	26.2	54.7	51.1	108.9	273.4	193.9	93.8	34.0	26.5	13.9	902.3

续表

	1月	2月	3月	4月	5月	6月	7月	8月	9月	10月	11月	12月	合计
泰安	5.7	8.6	16.3	35.8	40.3	90.5	224.5	158.7	73.6	37.7	21.7	9.1	722.6
泰山	15.5	16.9	30.4	54.6	58.3	142.8	337.5	238.0	118.9	67.6	34.6	17.1	1138.0

资料来源：山东省地方志办公室《山东省情资料库自然地理库》，http://sd.infobase.gov.cn/bin/mse.exe? seachword=&K=a&A=4&rec=90&run=13，访问于 2013 年 6 月 18 日。

由于受季风影响，山东地区降水量的季节分配极不均匀。春季各地平均降水量在 63.6～143.6 毫米之间，占年降水量的 10.7%～17.1%；夏季各地平均降水量在 336.8～589.2 毫米之间，占年降水量的 56.2%～72.4%；秋季各地平均降水量在 83.4～200.7 毫米之间，占年降水量的 14.4%～23.6%；冬季各地平均降水量在 13.7～44.5 毫米之间，占年降水量的 2.4%～5.7%。现以济南、德州为例，分析鲁中、鲁北主要气象台（站）的年平均降水量和季节分配规律（见表 4-2）。

表 4-2　　鲁中、鲁北主要台（站）年平均降水量及其季节分配表

地区	年平均降水量（毫米）	春（3～5 月）		夏（6～8 月）		秋（9～10 月）		冬（11 至翌年 2 月）	
		降水量（毫米）	占全年（%）	降水量（毫米）	占全年（%）	降水量（毫米）	占全年（%）	降水量（毫米）	占全年（%）
济南	672.2	89.0	13.3	435.6	64.8	122.9	19.3	24.8	3.6
德州	573.7	73.3	12.8	393.4	68.8	92.4	16.1	14.6	2.5

资料来源：侯中田、唐德富《旱地农业》，黑龙江科学技术出版社 1984 年版，第 47 页。

从表 4-2 可以看出，鲁中和鲁北地区夏季（6～8 月）降水量约占全年降水量的 65%。冬季 12 月到来年的 2 月降水量不到 4%。春季的降水量也只有全年的 13%左右，再加上华北地区春季日照时间长、风沙大，日蒸发量加大，造成山东地区古建筑发生酥碱的概率增大。

山东各地年降水日数基本遵循从东南向西北递增的规律。鲁西北地区较少，多数在 65～70 天，宁津最少，只有 62.7 天；鲁东南和半岛的东部地区是降水日数最多的区域，一般在 80～90 天之间，其中文登最多，为 90.9 天；其他地区多数都在 70～80 天。泰山年平均降水日数高达 95.1 天。根据规定，日降水量大于或等于 50 毫米为暴雨，暴雨是水资源的重要补给来源，但是范围广且持续时间长的暴雨会形成严重水灾，浸泡建筑顶部和墙基，严重时冲毁建筑。山东暴雨日数的分布特点是南部多于北部，沿海多于内陆，鲁中南山区多于鲁西、鲁北平原。省内各地年平均暴雨日数一般在 1.5～4.5 天之间，其中鲁南、东南沿海、鲁中山地东南侧及半岛东南部，平均为 3.5～4.5 天，临沂、日照一带最多可达 4.6～4.7 天；鲁西、鲁北及半岛西北部平均在 2 天左右，利津最少为 1.3 天；泰山多暴雨，年平均为 5 天；其他地区为 2.0～3.0 天。

在夏秋两季，山东地区降水集中，而且短时间内暴雨的发生机会大，古建筑受大气降水和地下水的侵蚀概率增加，因为壁画依附于古建筑的墙体上，所以受到空气中的水蒸气、大气降水以及通过墙体渗透上来的地下水的多重作用。因为构成壁画的材料，如泥土、黏合剂、颜料等，对水分都很敏感，壁画长期处于潮湿的情况下，不仅有机物会分解变质，同时潮湿还将促使许多壁画制成材料发生化学分解反应，容易滋生霉菌，产生进一步的化学性、生物性损害。

如果古建筑长期处在阴雨多湿环境中，壁画地仗层中的麦草、麻刀等有机材料中的水分不易挥发，水分长期滞留，麦草逐渐腐烂，再加上泥层由于盐分的侵蚀，壁画地仗层会逐渐出现酥碱。黄泥地仗层对水分极易吸收，当外界降水增加，发生渗水时，黄泥大量吸收外界水分，使水分在白灰层与黄泥层间停留，造成白灰层与黄泥层分离，当地基出现下沉和木建筑发生倾斜时，造成白灰层与黄泥层脱离，使壁画出现空鼓。当白灰层水分较多时，会加速颜料中胶质的老化，大部分颜料层呈粉状，轻微触摸就会脱落。

壁画制成材料中的水分一方面溶解了材料中的可溶盐，改变了壁画原本相对稳定的内部结构；另一方面，壁画材料中某些矿物质随着吸水和失水而产生“湿涨干缩”效应及各种机械压力，壁画的稳定性进一步遭到破坏。许多古建筑中壁画顶部出现大面积的整体从墙体上面剥离的病害就是因为水分长期侵蚀墙体和屋顶，进而通过毛细作用迁移蔓延到壁画的地仗材料中，地仗材料中的黏土被水分溶蚀而逐渐丧失机械结合力，直至地仗的黏合力不能承受壁画自身的重量时，壁画就从墙体上面脱落。

二、湿度温度变化

空气温度和湿度直接影响壁画保存过程中多种病害的产生及发展速度。温度和湿度（尤其是相对湿度）是两个相互关联的物理量，温度的变化可以直接导致保存环境相对湿度的变化。在空气中水汽密度恒定的条件下，温度上升，相对湿度下降；反之，温度降低，相对湿度上升。

1. 山东地区湿度温度变化情况

山东地区地处中纬度地带，由于受太阳辐射、大气环流和地理环境的影响，属暖温带大陆性季风气候。其主要气候特征是季风明显，四季分明，冬冷夏热。在冬季，山东地区被变性极地大陆气团所控制，常受来自北方冷空气侵袭，寒冷晴朗。在夏季，受热带、副热带海洋气团影响，盛行来自海洋的暖湿气流，天气炎热。

全省年平均气温基本遵循由西南向东北递减的分布规律，但地区差别不大，多数都在13℃左右（见表4-3）。济宁、菏泽的南部地区和济南、枣庄都在13.5℃以上，其中济南为14.2℃，是全省年平均气温最高的地方；半岛的丘陵地区年平均气温都比较低，一般为11.4～11.9℃；鲁北和丘陵地区以外的半岛地区大多为12.0～12.9℃；其他地区一般为13.0～13.9℃。1月全省各地的平均气温都在0℃以下，为全年最低。鲁北和山东半岛内陆是全省气温最低的区域，一般为−3℃左右；半岛的东部和南部沿海地区以及鲁南一般为−1.0～−0.2℃，是全省的高值区；其他地区多数为−2.0～−1.0℃。夏季太阳辐射最强，各地夏季气温最高。7月是内陆地区气温最高的月份，而半岛的东部和南部沿海受海洋气候的影响，8月的气温才达到全年最高。整个夏季，全省各地的平均气温为23.0～26.6℃。济南、淄博、枣庄、济宁及菏泽以南地区的平均气温都在26℃以上，潍坊、莱芜和临沂的大部及以西地区的气温都在25～26℃之间，半岛的东南沿海一般为23.0～25.0℃，其他地区多数为24～25℃。济南7月的平均气温仍然高居全省榜首，为27.4℃。从1月至7月，气温逐渐升高。8月以后，各地气温逐月下降。

表4-3　　山东各地年、季、月平均气温表　　单位：℃

	春季				夏季				秋季				冬季				年平均
	3月	4月	5月	平均	6月	7月	8月	平均	9月	10月	11月	平均	12月	1月	2月	平均	
济南	7.6	15.2	21.8	14.9	26.3	27.4	26.2	26.6	21.7	15.8	7.9	15.1	1.1	−1.4	1.1	0.3	14.2
青岛	4.5	10.2	15.7	10.1	20.0	23.9	25.1	23.0	24.1	15.9	8.8	15.4	2.0	−1.2	0.1	0.3	12.2
淄博	6.1	13.8	20.2	13.4	25.1	26.9	25.5	25.8	20.5	14.2	6.5	13.7	−0.5	−3.0	−0.6	−1.4	12.9
枣庄	7.5	14.1	20.0	13.9	24.9	26.8	26.3	26.0	21.3	15.3	8.0	14.9	1.5	−0.8	1.5	0.7	13.9

续表

	春季				夏季				秋季				冬季				年平均
	3月	4月	5月	平均	6月	7月	8月	平均	9月	10月	11月	平均	12月	1月	2月	平均	
东营	4.5	12.1	19.1	11.9	23.5	26.0	25.4	25.0	20.2	13.8	5.8	13.3	−1.3	−4.0	−1.9	−2.4	11.9
烟台	4.3	11.2	17.8	11.1	21.7	24.7	25.0	23.8	21.2	15.6	8.4	15.1	1.6	−1.6	−0.5	−0.2	12.5
潍坊	5.1	12.5	19.1	12.2	23.6	25.9	25.2	24.9	20.2	14.2	6.5	13.6	−0.5	−3.2	−1.0	−1.6	12.3
济宁	7.3	14.2	20.2	13.9	25.4	26.9	26.0	26.1	20.7	14.8	7.1	14.2	0.4	−1.9	0.9	−0.2	13.5
滨州	5.4	13.0	19.8	12.7	24.5	26.5	25.5	25.5	20.3	13.9	5.9	13.4	−0.9	−3.8	−1.4	−2.0	12.4
德州	6.0	14.0	20.7	13.6	25.5	26.9	25.5	26.0	20.6	14.1	5.9	13.5	−1.0	−3.4	−0.8	−1.7	12.9
菏泽	7.1	14.3	20.4	13.9	25.7	27.0	25.9	26.2	20.8	14.7	7.2	14.2	0.6	−1.7	1.2	0.0	13.6
聊城	6.9	14.1	20.5	13.8	25.6	26.8	25.6	26.0	20.5	14.4	6.6	13.8	−0.1	−2.6	−0.2	−0.8	13.2
临沂	6.3	13.3	19.3	13.0	23.9	26.2	25.9	25.3	21.0	15.0	7.7	14.6	1.0	−1.5	0.7	0.1	13.2
泰安	6.3	13.5	19.4	13.1	24.7	26.3	25.4	25.5	20.3	14.4	6.5	13.7	−0.3	−2.7	0.1	−1.0	12.8
泰山	−1.6	5.6	11.3	5.1	15.6	17.8	17.1	16.8	12.5	6.8	−0.2	6.4	−6.1	−8.6	−6.7	−7.1	5.3

资料来源：山东省地方志办公室《山东省情资料库自然地理库》，http://sd.infobase.gov.cn/bin/mse.exe? seachword=&K=a&A=4&rec=83&run=13，访问于2013年6月18日。

气温年较差是指最热月与最冷月平均气温之差。山东地区各地气温年较差平均为24.6～30.9℃，自半岛东端向鲁西北递增。德州、滨州地区和章丘在30.0℃以上，半岛东部及黄海沿岸各地、临沂地区大部和枣庄在28.0℃以下，其他各地为28.0～30.0℃。

山东地区古建筑的结构普遍密闭性能很差，而且建筑内一般没有温度调节设备，在夏季和冬季也没有任何调节温度的措施，因此壁画的保存环境温度条件几乎等同于外部自然环境的大气温度，而且建筑内外的温度变化趋势和幅度基本一致，只是变化幅度稍微小一些。

山东地区各地年平均相对湿度为58%～74%。半岛东南部、鲁东南沿海和郯城、微山、曹县、单县等地在70%以上，其中成山头、荣成、文登最大为74%；鲁中南山区和烟台、德州、庆云等地在65%以下，其中济南最小，为58%；其他地区为65%～70%。各季节平均相对湿度也相差较大，1月各地平均相对湿度为54%～70%，4月各地平均相对湿度为48%～74%，7月各地平均相对湿度为73%～94%，10月各地平均相对湿度为60%～75%。

各地相对湿度的年变化幅度比较接近，但是内陆地区相对湿度整体低于沿海地区。以济南代表内陆地区，济南的月平均相对湿度自2月起逐月下降，4月和5月达最低值为48%，6月开始上升，8月达最高值为78%，9

月起逐月下降，最高与最低值相差 30%；以成山头代表沿海地区，成山头的月平均相对湿度自 1 月起逐月上升，7 月达最高值为 94%，11 月和 12 月达最低值为 63%，最高与最低值相差 31%。

潮湿日数指 14 时相对湿度不低于 80%的日数。山东各地年平均潮湿日数为 28.5～131.0 天，由东南沿海向内陆地区骤减。东南沿海各地潮湿日数在 70 天以上，成山头最多为 131.0 天，石岛次之为 106.9 天；济南、淄博、泰安、滨州 4 地区和德州地区东部、济宁地区东北部、临沂地区西北部在 35 天以下，其中莱芜最少为 28.5 天；其他地区为 35～70 天。干燥日数是指定时气候观测中相对湿度不高于 20%的日数。山东各地年平均干燥日数为 3.4～61.0 天。鲁中南山区和鲁西北地区大部在 40 天以上。

2. 古建筑壁画温度湿度变化情况监测

为加强对岱庙天贶殿壁画的保护，工作人员于 1991 年、1992 年连续两年对天贶殿内外的温湿度进行了监测，对监测到的天贶殿殿内外温湿度年变化、1991 年 7 月份殿内外温湿度月变化和 1991 年 7 月 2 日殿内外温湿度日变化数据进行了统计、分析（见表 4-4、表 4-5、表 4-6）。

表 4-4　天贶殿殿外、殿内温湿度年变化

		1 月	2 月	3 月	4 月	5 月	6 月	7 月	8 月	9 月	10 月	11 月	12 月
相对湿度（%）	殿外	61	71	72	61	63	83	90	86	78	59	55	70
	殿内	68	72	71	63	66	78	88	76	75	58	65	76
相对湿度差（%）（殿外－殿内）		－7	－1	1	－2	－3	5	2	10	3	1	－10	－6
温度（℃）	殿外	3.2	3.9	6.7	16.8	21	24	30.8	27.8	24.3	17	11	5.1
	殿内	2.8	4.5	6.5	14	20	23.8	28.8	28.3	24.5	17	13	4.7
温度差（℃）（殿外－殿内）		0.4	－0.6	0.2	2.8	1	0.2	2	－0.5	－0.2	0	－2	0.4

资料来源：林宏、张鹏《天贶殿壁画破损原因及保护措施初探——谈温湿度变化对天贶殿壁画的影响》，载《泰山乡镇企业职工大学学报》2000 年第 1 期。

表 4-5　　1991 年 7 月份天贶殿殿外、殿内温湿度监测数据

		1日	4日	8日	16日	18日	23日	27日	29日	31日
相对湿度（%）	殿外	75	84	96	98	99	93	86	97	90
	殿内	73	83	94	95	99	90	83	89	88
相对湿度差（%）（殿外一殿内）		2	1	2	3	0	3	3	8	2
温度（℃）	殿外	28.7	29.2	27.9	28.7	31.6	29.6	27.6	28.1	28.7
	殿内	27.4	27.7	27	27.4	27.7	30	29	27.5	27.7
温度差（℃）（殿外一殿内）		1.3	1.5	0.9	1.3	3.9	−0.4	−2.4	0.6	1

资料来源：林宏、张鹏《天贶殿壁画破损原因及保护措施初探——谈温湿度变化对天贶殿壁画的影响》，载《泰山乡镇企业职工大学学报》2000 年第 1 期。

表 4-6　　1991 年 7 月 2 日天贶殿殿外、殿内温湿度监测数据

		14时	18时	22时	2时	6时	8时	10时	11时
相对湿度（%）	殿外	56	65	71	80	98	96	84	80
	殿内	45	50	58	59	61	66	84	86
相对湿度差（%）（殿外一殿内）		11	15	13	21	37	30	0	−6
温度（℃）	殿外	32.6	32	26.3	23.5	22.4	25.2	28	29.4
	殿内	28	28.2	24.8	21.6	21	24.7	27.2	28.3
温度差（℃）（殿外一殿内）		4.6	3.8	1.5	1.9	1.4	0.5	0.8	1.1

资料来源：林宏、张鹏《天贶殿壁画破损原因及保护措施初探——谈温湿度变化对天贶殿壁画的影响》，载《泰山乡镇企业职工大学学报》2000 年第 1 期。

通过观测天贶殿内外的温湿度得知：殿外温度的日变化，是早晨日出以前气温最低，日出之后逐渐升高，到 14 时温度达到最高值，以后又逐渐降低到最低值；殿外湿度的日变化是在日出以前相对湿度最高，日出以后逐渐降低，到 14 时相对湿度达到最低值，以后又逐渐升高，到次日日出以前相对湿度又达到最高值。分析殿外温湿度的年变化情况可以看出，一年之中最热的月份在 7 月，冬季和初春这段时间相对湿度最低，相对湿度最高出现在雨季，就是 6～9 月份，这几个月也是殿内外相对湿度差比较大的时间。以上可以看出，殿外温湿度变化在日出前这段时间是殿外温度最高的时候，也就是相对湿度最小的时候，温度和相对湿度成反比。对观测数据的统计分析表明，殿外的温湿度特别是 6～9 月份，已远远超过壁画的最佳保护环境。

殿内温湿度的变化受殿外温湿度的影响。日变化是白天温度高，相对湿度低；夜间温度低，相对湿度高。年变化由于受殿外温湿度的影响，在春夏季节，殿外温度上升较快，殿内温度随之上升，高于保护壁画的最佳数值。在秋冬季节，由于殿外温度急骤下降，殿内温度也随之下降，低于保护壁画的最佳数值。湿度的变化受殿外的影响，并与殿外相一致。

殿内温湿度的变化受殿外的影响，但是殿外温度与湿度对殿内的影响是有差别的，殿外温度对殿内的影响要大于殿外湿度对殿内的影响。这是因为殿外温度对殿内的影响，除了通过殿内的各种缝隙以空气对流的形式把殿外空气的热量传到殿内这个途径以外，热量还可以传导，就是说可以通过殿内的建筑材料把空气的热量传到殿内来，因此殿外温度对殿内的影响比较大。殿外相对湿度对殿内的影响，虽然比温度对殿内影响要轻一些，但是也对壁画制成材料造成破坏。由于殿外湿空气进入殿内，使殿内相对湿度增大，也就是含水蒸气的量大，就是殿内的温湿度变化与殿外的温湿度变化有直接的关系。

在济南市历城区华山镇华阳宫古建筑群壁画保护工程中，工作人员对元君殿的内外环境进行了监测。所用仪器是西安元智系统技术有限责任公司研发的文物保存环境无线实时监测系统（YZ-HJJK-2009），收集的是 2009 年 5 月 1～20 日的殿内外温湿度和露点温度数据，该仪器设置的数据收集频率为是每 10 分钟收集一次数据。

表 4-7 是放置在元君殿室外外檐房梁东内侧的仪器测得的数据。数据显示，殿内温湿度变化较大，温度最高达 32.2℃，湿度最高达 87％，平均气温为 26℃，平均湿度为 50％。

表 4-7　　元君殿室外温度、相对湿度、露点数据

时间点	温度(℃)	相对湿度(%)	露点(℃)
1	28.1	54.7	10.0
2	31.7	63.4	19.8
3	32.2	67.8	19.6
4	31.6	64.5	19.1
5	26.5	76.9	19.5
6	25.8	57.6	12.9
7	27.9	43.9	11.9
8	28.1	58.3	13.8
9	24.2	62.8	14.0
10	24.9	48.8	9.7
11	23.7	47.4	7.8
12	23.5	50.1	9.2
13	26.7	56.9	10.3
14	23.6	56.7	11.2
15	27.2	56.8	13.2
16	13.1	82.1	17.2
17	19.8	87.0	17.2
18	—	—	—
19	18.9	37.7	10.0
20	31.3	42.4	12.6

表 4-8 是放置在元君殿室内西山墙梁架上的仪器测得的数据。数据显示，殿内温湿度变化较小，较稳定，最高温度达 29.5℃，最高湿度达 78%，平均温度为 23℃左右，平均湿度为 45%。

表 4-8　　元君殿室内温度、相对湿度、露点数据

时间点	温度(℃)	相对湿度(%)	露点(℃)
1	25.1	55.4	10.8
2	28.5	68.2	20.1
3	29.5	68.3	19.6
4	29.4	62.2	19.5
5	27.4	68.1	19.4
6	24.7	50.0	13.5
7	24.8	50.9	13.6
8	26.8	56.8	13.9
9	25.6	62.1	13.7
10	24.7	64.5	9.2
11	23.7	41.3	8.8
12	22.6	47.4	10.0
13	24.7	51.1	11.2
14	22.8	53.3	11.9
15	25.5	53.2	13.7
16	24.4	68.2	16.1
17	21.1	78.0	16.9
18	—	—	—
19	26.8	44.0	11.6
20	28.9	46.4	13.0

露点温度越低于周围环境的温度，结露的可能性就越小，也就意味着空气越干燥。从表中得出，元君殿内外的露点温度值远远低于温度值，这是因为外界干燥的气候所造成的。它的变化是随相对湿度的变化而变化的。室内露点温度最高为 20.1℃，最低值为 8.8℃。室外露点温度最高值为 19.8℃，最低值为 7.8℃。湿度越大露点温度和温度值差值越接近。室内外湿度变化规律受外界环境因素的影响，主要是受降雨的影响。由以上两表分析可知，室内环境较室外环境稳定，受到外部环境影响小，较容易控制。

3. 湿度温度变化对古建筑壁画的危害

环境气温长期处于较高、较低或者反复变化的情形下，对壁画都会产生危害，尤其是在温差幅度较大的时候，其危害更加明显。由于壁画各部分制作材料的热膨胀系数不同，甚至相差很大，因此温度会对壁画的制成材料产生不利影响，主要体现在两个方面：一是由温度因素直接产生的“热胀冷缩”破坏作用；二是由于温度改变引起相对湿度的改变而对壁画制成材料的间接破坏作用。直接性破坏主要是组成壁画制成材料的两种和两种以上的材料或者同种载体材料的不同部位由于热膨胀系数不同，材料之间受热膨胀或遇冷收缩时的体积变化不同，变化速度也各异，导致壁画制成材料的细微开裂。以支撑体中的石块为例，在石块裂隙中，常有水分填充，温度下降到0℃以下时会冷冻结冰，水结成冰时体积可增大9%，由于体积的增大对石块裂隙壁可产生压力，达到960～2000千克/平方厘米时，使石块裂隙加宽、加深。当气温回升后冰体融化，水沿着扩大了的裂隙更深地渗入石块内部，继续进行冰冻风化。如果气温变化在0℃上下波动时，填充在石块裂隙中的水分时而冻结、时而融化，石块在这样反复的作用下，裂隙不断扩大、加深，最后崩裂成碎块。同样的，壁画的地仗层和颜料层也会发生相同的风化病害，只是地仗材料、颜料和砖块受温度变化的风化程度不如石块明显。

温度升高可以加快壁画表面或内部的腐蚀和降解等化学反应速度。在相对湿度、光照等其他条件恒定的情况下，温度每升高10℃会使化学变化导致的壁画病害发展速度成倍增加。温度升高还可以促进挥发性物质的加速挥发和有机类加固、封护材料的老化。壁画由多种材质构成，由于各材质热膨胀系数不同，温度升高对壁画尤其是大幅作品会产生不利影响。此外，较温暖条件会给微生物滋生提供有利条件。除化学变化外，升高温度可以使物理过程的速率加决。例如，温度每升高5℃，可以使空气和水在固体中的迁移速度增加1.3倍。迁移速率的增加，会加速环境中有害气体、可溶性盐等对壁画的侵蚀。温度变化会直接导致相对湿度的升高或降低，绝大多数情况下，温度的影响主要表现在其升高对周围环境相对湿度的改变。

相对湿度的变化可导致壁画化学变化、物理变化以及微生物生长等现象，湿度是引起壁画颜料变色的重要因素之一。颜料变色是十分复杂的光化学反应过程，它与颜料自身的化学成分、光辐射、有害气体以及相对湿度等因素密切相关，其中尤以含铅颜料为甚。铅丹在干燥环境下是比较稳定的，而在高湿环境中会发生明显的变色反应，并且随着相对湿度的升高变色的速度加快，程度加深。湿度也是影响铅黄变色的主要因素，铅黄在高湿度的环境下，即便是不受光辐射的影响也会发生明显的变色反应，而且反应的速度和程度会随湿度升高而增加。保存环境中空气的湿度决定着壁画材料中水分的蒸发速度。古代壁画的地仗层材料中含有少量的可溶性盐。当壁画中的水分反复增加、减少时，可溶盐“溶解⇌结晶”过程中的体积变化会在不同地点缓慢地侵蚀壁画，导致壁画颜料层发生脱落、起甲、疱疹以及粉化等病害。

对于大多数壁画而言，保存环境湿度变化成为影响壁画酥碱病害的主要因素。尤其曾发生酥碱病害的壁画，当湿度发生变化时，壁画在“吸湿⇌干燥”过程中，制作材料中残余的可溶盐会反复发生“溶解⇌结晶”的反应，导致酥碱病害进一步发展。此外，潮湿还为各种微生物生长和发展提供有利条件，加速壁画颜料变色，形成污点或霉斑，导致壁画颜料层强度降低，造成画面的剥离脱落。此外，较高湿度还是空气中的有害气体、微生物、粉尘等侵蚀壁画的必要条件。颜料层病害的化学反应都是在较高湿度下进行的。潮湿有利于壁画中有害生物的生长和繁殖。相对湿度75％是霉菌繁殖的临界湿度，一旦高于这个指标，害虫、微生物就有可能顺着壁画的细小裂隙钻进去生长和繁殖，从而加大墙体的裂缝。潮湿使空气中的有害气体、灰尘、烟雾等危害性强的物质吸附在壁画表面，发生化学反应，致使壁画表面受到破坏。

另外，环境过分干燥将会引起壁画材料脱水，引发内聚力降低导致壁画损坏，如白灰层和黄泥层失去内聚强度，胶粘剂老化失去黏结力，动物胶和树胶变得脆弱。环境相对湿度过小，长期保持在30％以下时，易造成壁画制成材料的水分过度蒸发而不能保持正常的含水量，导致地仗层内部纤维结构遭到破坏，使纤维变硬变脆，强度下降。

三、太阳辐射

太阳光是一种电磁波，波长越短，具有的能量越大。当太阳光中波长较短的紫外光照射到某物质时，带有能量的微粒或量子与物质中的电子相撞，将能量转移给电子，引起光化学反应。许多化学键键能及分子的基态与最低激发态之间的能级差都在紫外光具有的能量范围内，因此紫外光能引起许多物质的光化学反应。在紫外光的照射下，壁画的某些颜料容易发生光化学反应，从而导致颜料变色。紫外线辐射强度还与空气湿度大小有关，空气湿度越大，紫外辐照强度越低；空气湿度越小，空气越干燥，紫外辐照强度越高，越容易引起颜料变色。光辐射还会破坏颜料胶结材料、地仗中有机材料和加固材料。

1. 山东地区太阳辐射情况

山东年平均日照时数的分布与云量的分布规律相反，从南往北增多，等值线基本上呈纬向分布，自鲁南向鲁北递增。全省年平均日照时数范围为2200～2800小时。半岛的中东部和鲁北的大部分地区为2600～2800小时；鲁南最少，多数为2200～2400小时；其他地区一般为2400～2600小时。蓬莱以2807小时居全省之首，鲁西南的成武只有2148小时，是全省最少也是唯一不足2200小时的站点。日照时数的变化决定了各地年接受太阳辐射能量的总量，对山东各地1951～1985年平均太阳辐射量（见表4-9）进行分析发现，太阳辐射量也是从南往北增多，全省变化范围为487.0～561.8MJ/m²。

表 4-9　　山东各地 1951～1985 年平均太阳辐射量　　单位：MJ/m²

	1月	2月	3月	4月	5月	6月	7月	8月	9月	10月	11月	12月	全年
济南	26.8	31.4	46.1	54.2	61.6	61.4	53.0	52.3	46.6	38.9	27.0	24.0	523.4
青岛	26.5	30.8	44.6	51.5	58.5	54.1	46.0	50.0	45.0	38.8	26.9	24.6	497.3
淄博	25.7	30.7	45.6	52.9	63.1	61.0	50.5	51.9	46.2	37.9	26.6	22.1	514.1
枣庄	25.7	28.9	42.7	49.0	58.2	57.5	46.8	50.5	42.6	36.2	26.1	22.7	487.0
东营	27.0	32.5	47.7	54.8	64.9	63.4	52.7	52.8	48.0	39.1	27.3	24.2	534.4
烟台	23.2	31.4	44.1	54.9	65.1	62.0	51.9	52.0	47.6	38.7	24.9	20.9	561.8
潍坊	26.7	32.5	45.7	54.0	64.3	61.0	51.4	50.9	46.2	38.5	27.6	24.0	522.8
济宁	25.6	29.4	43.6	50.1	60.2	60.2	49.4	53.0	43.6	36.7	25.9	22.9	500.5
滨州	27.0	32.3	47.2	54.9	65.3	63.2	52.8	53.1	48.0	39.2	27.4	23.8	534.2
德州	26.1	30.8	45.7	53.5	64.1	63.4	52.9	53.1	43.8	39.3	26.7	23.1	522.5
聊城	25.6	30.0	44.7	52.2	62.4	61.7	51.6	52.3	45.6	37.9	26.9	23.1	514.0
菏泽	25.2	29.5	42.2	50.7	60.5	61.1	51.6	51.8	42.7	36.6	26.5	23.4	501.9
临沂	26.8	30.4	43.2	50.5	59.6	58.1	47.1	51.0	43.4	37.1	26.8	24.1	498.1
泰安	26.3	31.2	44.7	53.0	63.7	61.9	50.6	52.5	45.5	38.4	27.2	24.0	518.9
日照	27.2	31.7	44.3	50.5	59.2	54.7	47.3	53.2	45.0	38.6	27.7	24.7	504.1
威海	22.1	30.3	47.2	53.8	63.8	60.5	48.7	51.2	46.4	37.5	24.3	19.9	506.7

资料来源：山东省地方志办公室《山东省情资料库气象库》，http://sd.infobase.gov.cn/bin/mse.exe?seachword=&K=a&A=7&rec=13&run=13，访问于2013年6月18日。

山东地区日照时数的季节变化也是差别很大。冬季各地平均日照时数为466.4～591.5小时。鲁北、半岛地区大部、昌潍地区东南部和济南、日照、莒南等地在550小时以上，半岛东北部沿海、枣庄、济宁东南部和平阴、东平、汶上、朝城、东明等地在500小时以下，其他地区一般为500～550小时。春季各地平均日照时数一般为621.0～799.9小时。德州地区东部、滨州地区和潍坊地区北部、半岛内陆及其西北部沿海在750小时以上，枣庄、微山、鱼台、单县、汶上等地在650小时以下，其他地区一般为650～750小时。夏季各地平均日照时数一般为597.5～797.1小时。德州地区、聊城地区东北部和济南、北镇、羊角沟、龙口、蓬莱等地在750小时以上，半岛东部沿海、青岛、胶南等地在650小时以下，其他地区一般为650～750小时。秋季各地平均日照时数为557.3～681.9小时。德州、滨州地区和潍坊地区北部、半岛大部及济南在650小时以上，临沂地区大部、济宁、枣庄市和菏泽地区大部在600小时以下，其他地区一般为600～650小时。

全省各地日照时数最多月份，菏泽、济宁南部、枣庄和郯城、冠县、朝城等地出现在6月，其他地区出现在5月。日照时数最少月份，半岛地区、鲁中山区、滨州地区东部和德州、宁津、禹城、高唐等地出现在12月，朝城、冠县、东平、梁山、鄄城、汶上、宁阳、临邑等地出现在1月，临沂、济宁、菏泽大部、枣庄市、胶州湾沿岸、马颊河流域和济南等地出现在2月。

2. 古建筑壁画太阳辐射监测

在济南市历城区华山镇华阳宫古建筑群壁画保护工程中，工作人员对四季殿东墙、西墙壁画表面的紫外线强度进行了监测。紫外光辐照对壁画颜料的影响在四季殿的表现较为明显，壁画颜料褪色现象比较严重。在2009年8月15日对四季殿东西墙的紫外强度进行了测量。在每面墙上分别标记了九个点进行测量，图4-3、图4-4、图4-5是8月15日测得的数据。

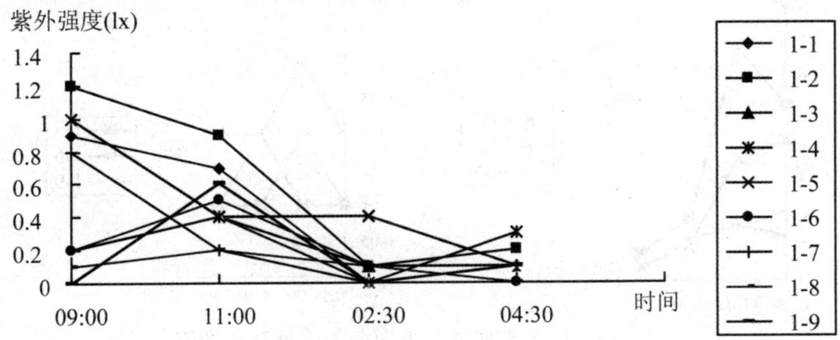

图4-3　四季殿东墙紫外强度变化图

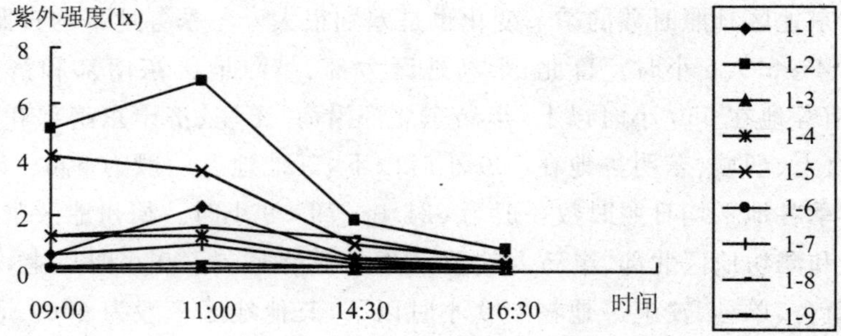

图 4-4　四季殿西墙紫外强度变化图

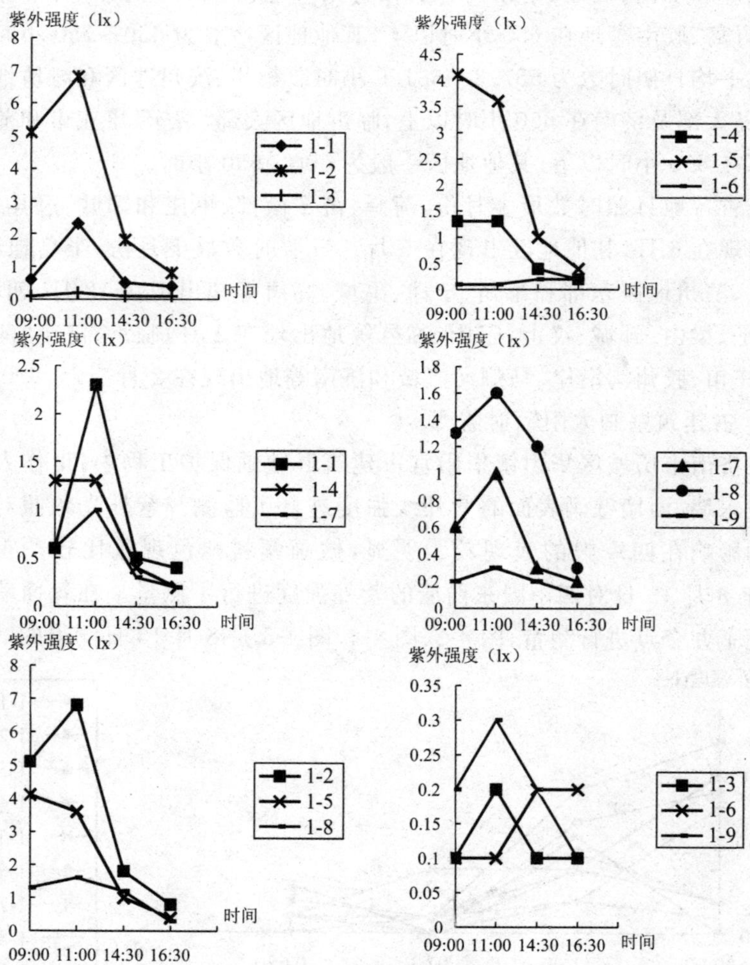

图 4-5　四季殿西墙各方向紫外强度变化图

由于时间较短，集中测量时间为一星期，分析每日的紫外强度值后可知，四季殿东墙的1-1、1-4、1-7三个点由于门窗的遮挡，光线较暗，因而形成靠近门窗的点强度弱的现象。从总体上看，东墙早上9:00左右和下午16:30左右时间段的紫外强度较大，西墙则相反，在11:00和14:30左右紫外强度较大。总体上可以看出，处于壁画中部的1-2、1-5、1-8三个点的紫外强度是最高的。8月15日天阴多云，湿度较大，在14:30左右出现降雨。从图中可以看出，四季殿西墙14:30紫外强度低于16:30时强度，就是因为该段时间有降雨，空气湿度变大，紫外辐照强度降低所致。

从图4-5可以看出，横向三个点的紫外强度是：壁画中部的点＞靠窗的点＞最里面的点。纵向对比可知，紫外强度由低处到高处逐渐减弱。四季殿东西墙壁画表面颜料褪色较明显，壁画中部褪色最为严重，靠窗部分次之，最里面部分褪色较少。该壁画呈现的现象与测量所得结果相吻合，说明壁画表面颜料褪色与紫外强度有关。

3. 太阳辐射对古建筑壁画的危害

光辐射对壁画的破坏作用有两方面：光化学反应导致壁画材料的老化，光的热效应加速壁画病害的物理变化和化学变化的进程，前者是光辐射破坏作用的主要方面。光辐射能破坏其照射到的物体表面，壁画最重要的表面颜料层就是首先被辐射破坏的部位。

光是导致壁画表面颜料变色的重要因素，在壁画红色颜料变色研究中发现，在光辐射和其他条件的作用下铅丹和朱沙都发生变色。铅丹的变色除受光辐射的影响外，湿度也是一个重要的因素。研究证明，铅丹变色的最终产物是棕黑色的二氧化铅，其基本变色过程是先由铅丹转变成白色的碱式碳酸铅，再由碱式碳酸铅转变为二氧化铅。光辐射为反应的进行提供了活化能，在试验中，涂敷于非亲水中性玻璃基质上的铅丹，在高湿条件下经荧光照射一周，就有明显的铅白生成。相同湿度条件下，光照时间越长，铅丹颜料的色差变化越大。与铅丹的变色不同，朱沙变色的主要原因是在光的作用下其晶体状态发生了变化，由橘红色的朱沙变成暗红色的黑辰沙。研究指出，在光照作用下，朱沙生成黑辰沙的速度，在红色波长范围内的变化是一种线性变化关系。光辐射的强度和颜料的受光量是决定朱沙变色程度的主要因素。不同的颜料对光敏感程度不同，在相同条件下，褐锰、孔雀石和铅丹的变色程度较大，群青、石青、土红较小。

光辐射除引起颜料变色外，还会破坏颜料胶结材料。古代壁画的制作过程中，使用动物胶、植物胶、蛋清等材料作为固色剂。例如，敦煌莫高窟和新疆克孜尔石窟壁画都曾使用牛皮胶作为颜料的胶结材料。李实研究认为，不同试样的氨基酸含量的变化很大，反映了残存于壁画颜料中的胶结材料数量的差异。这种差异与壁画颜料的褪色等病害有着直接关系，洞窟环境是导致这一差异的主要因素之一。[①] 李最雄的研究也指出，光照在壁画胶结材料老化过程中可能起到主要的作用。[②]

已加固封护过的壁画表面颜料大多经过加固处理，所用加固材料涉及植物胶、动物蛋胶、合成树脂等，其中一些材料的光敏感度较高，抗光老化能力较差。在长期保存过程中，尤其是在光照剂量较高的保存环境下，表面加固材料由于光老化作用出现变色、剥离现象，对壁画颜料层造成损伤。

光辐射引起壁画表面材料的老化，破坏程度和壁画所受的辐射类型和辐射量密切相关。光辐射能量与其波长有关，辐射光线的波长越短，能量越大，对被辐射材料的破坏程度越大。根据不同波长光辐射的相对损伤度可知，紫外线造成的损伤程度占到各波段损伤度的 95%，在辐射量相同时，紫外辐射对文物材料的破坏作用最大。另外，光化学反应具有累积性，即短时间的强光辐射和长时间的弱光辐射对材料的损坏程度是相同的。

四、自然灾害

历史上，山东地区自然灾害频发，几乎每年都会发生水灾、旱灾，由此带来的虫灾等次生灾害也频繁出现。对晚清时期山东地区 1847～1910 年灾荒统计(见表 4-10)表明，在 64 年中，山东地区遭灾 50 个州县或 5000 个村庄以上的达 42 个年份，遭灾 100 个州县或 10000 个村庄以上者达 24 个年份。灾害的类型包括水灾、旱灾、大风、沙尘、冰雹、害虫、盐碱等，这些灾害对于古建筑以及壁画都会带来直接或间接的损害。因此，就古建筑及其内部壁画的保存条件而言，山东绝不是自然环境适宜的地区。

---

① 参见李实《对敦煌壁画中胶结材料的初步认识》，载《敦煌研究》1993 年第 1 期。

② 参见李最雄《布达拉宫壁画的保护研究》，载《文博》2009 年第 6 期。

表 4-10　　晚清时期山东灾荒统计表(1847～1910 年)

	州县数量	村庄数量	灾害类别
1847	39	6008	水、沙、旱、风、丹、潮
1848	61	6804	水、旱、雹
1850	45	—	水、旱、雹、风、虫
1851	51	10424	水、雹、风、虫
1852	55	17269	水
1854	7	2139	连年水害
1855	100	47619	水、虫
1859	7	2922	水
1862	77	33035	水
1863	64	18824	水、旱、雹、风、虫
1864	69	14655	水、旱、虫
1865	71	5208	兵、水
1870	62	15800	水
1873	68	12660	水
1875	63	—	水、旱、风、沙
1876	12	—	水、旱、风
1877	82	—	水、旱、雹、风、沙
1878	9	—	水、旱、雹、风
1879	57	—	水、旱、风、虫
1880	76	13197	风、虫、碱、沙
1881	79	8157	水、旱、虫、碱、沙
1882	87	10990	水、旱、虫、碱
1883	36	7817	水
1884	77	12239	水、旱、雹、风、虫、碱
1885	41	15928	水、旱、虫
1886	68	12312	水、旱、雹、风、虫

续表

	州县数量	村庄数量	灾害类别
1887	54	12294	水、旱、虫
1888	59	18694	水、旱、雹、风、虫
1889	55	18962	水、旱
1890	64	27921	水、旱
1892	56	14300	水、雹、虫
1893	46	9445	水、旱、雹、风、虫、碱
1894	48	16989	水、旱、虫、碱、沙
1895	82	18625	水、旱、风、碱、沙
1896	52	14681	水、旱、雹、风、虫
1897	55	7497	水、旱、雹、风、虫、碱、沙
1898	61	24131	水、风、虫、碱、沙
1899	48	7572	水、旱、雹、虫、碱、沙
1901	69	13535	旱、雹、虫
1902	49	6797	水、旱
1903	85	—	旱、雹、虫
1904	84	—	水、旱、虫
1905	94	—	水、旱、雹、虫、碱、沙
1906	85	12929	水、旱、雹、风、碱、沙
1907	93	—	水、旱、雹、风、虫、碱、沙
1908	93	—	水
1909	9 府	—	水、旱、雹、风、碱、沙
1910	91	—	风、虫、碱、沙

资料来源：李文治《中国近代农业史资料》第1辑（1840～1911），三联书店1957年版，第733～735、720～722页。原资料据中国科学院经济研究所所藏灾荒表编制。

由于灾害性天气是在短时间内对古建筑壁画的墙壁支撑体产生剧烈的冲击，从保存、使用寿命来看，灾害天气的频发缩短了古建筑的寿命。尤其是在水灾之年，许多建筑可能抵抗不住暴雨或连日阴雨、雨水长时间浸泡墙基的威胁，就会出现屋顶漏雨甚至房梁倒塌的极端损毁情况，这些变化也体现在现在仍然保存下来的古建筑壁画中。例如济南章丘文祖镇三德范村的禹王庙在两年内损毁加剧，整个东山墙由上部的壁画小面积缺失损毁迅速蔓延至东山墙的完全坍塌和最东面一间房顶的完全坍塌。风沙的天气会加剧灰尘对壁画的损毁，这些短时间内的损毁是平常损害速度的许多倍。

第三节　山东地区古建筑壁画被有害物质侵蚀

山东地区古建筑壁画的保存环境中存留着多种多样的有害物质，主要包括堆积在壁画表面的灰尘、大气中各种有害污染物以及在墙壁支撑体及其基础中的可溶性盐分。这些有害物质与壁画的各种制成材料紧密地结合，持续、稳定、长期地侵蚀着壁画的支撑体、地仗层和颜料层，尤其是对暴露于外面的绘画材料危害最大，损坏效果也最为明显。

一、灰尘堆积壁画表面

灰尘是指大气中的固体或液体颗粒状物质，分为一次颗粒物和二次颗粒物。前者是由天然污染源和人为污染源释放到大气中直接造成污染的颗粒物，如土壤粒子、海盐粒子、燃烧烟尘等；后者是指由大气中某些污染气体组分（如二氧化硫、氮氧化物、碳氢化合物）之间或这些组分与大气的正常组分（如氧气）之间，通过光化学氧化反应、催化氧化反应或其他化学反应转化生成的颗粒物，如二氧化硫生成的硫酸盐。

影响山东地区古建筑壁画的灰尘成分中以非水溶性物质居多，且为二氧化硅、碳酸钙等相对稳定的物质，硫酸盐和氯化物等易发生化学反应造成危害的物质很少，故而灰尘对颜色的影响主要是物理堆积和覆盖，灰尘的来源主要是大气中的飘尘、游客焚香烧纸形成的烟尘以及建筑上部坠落的尘土。灰尘对壁画的影响主要是物理性的机械摩擦和吸附大量有害物质引起的次生病害。

降尘颗粒物中的粗颗粒物主要受重力作用沉降在壁画表面，细颗粒物以布朗运动形式沉降在壁画的表面，由于降尘大多为颗粒物，沉降在壁画表面可对颜料层形成物理损伤和化学腐蚀，通过相互摩擦逐渐使壁画表面褪色。由于壁画表面降尘是一个持续过程，在壁画表面形成一层难以去除的外覆层，很适宜微生物的生存和繁殖，增加了微生物的腐蚀作用。

灰尘固体材料被粉碎成粉末后，形状各不相同，多带有棱角，表面积显著增大，因此加大了与周围介质的接触面积，加之其粒子运动的奇特性和无规律性，并不是按气流方向运动，因此灰尘落在壁画表面后，在长期蠕动作用的过程中就很难避免灰尘颗粒对壁画的机械摩擦，长期作用的结果就会导致壁画颜料的脱落，另外表面光滑度也会受到影响。

降尘组分极其复杂，有很强的吸湿性，当相对湿度大于70%时，由于很多悬浮在大气中的盐类开始潮解，而降尘此时能起到水分凝结核的作用，使这些降尘具有一定的吸附性，当它们沉积在壁画表面时可对壁画材料带来各种损害。灰尘的吸附性使得它与壁画材料表面黏结比较牢固，消除这种表面污垢时必须非常小心，否则就会对壁画材料造成机械性破坏。有些粉尘吸附于壁画表面后至今仍无比较完善有效的方法来清除，如油烟熏烤过的壁画。

粉尘的化学成分相当复杂，含有重金属离子、硫酸盐等，在空气中互相碰撞，能起到吸附和富集硫化氢、二氧化硫、氮氧化物等有害气体的容器作用。如燃煤烟尘就是一种良好的吸附剂，当它们沉降在壁画材料表面时所起到的腐蚀和降解作用就可想而知了。粉尘既细又轻，能随着空气的流动而四处飘落，微生物霉菌和细菌是以孢子形式传播的，孢子往往附在粉尘上随水蒸气流动，因此粉尘往往成为真菌传播的媒介。由于粉尘对水蒸气的凝聚能力，也为真菌的生长创造了条件，使其成为真菌繁殖的滋生地，即微生物对壁画材料的侵蚀往往能够通过粉尘来实现。

二、大气中的有害污染物侵蚀

大气环境是壁画保存环境的重要组成部分。大气中的有害污染物按产生过程可分为两大类：一类是排放性污染物，如 SO_2、H_2S、粉尘等；另一类是继发性污染物，是排放性污染物在大气中发生变化的产物，又称“二次污染物”，如光化学烟雾、气溶胶、亚硫酸、酸雨等。从某种程度可以说空气污染物是壁画材料老化变质的化学根源。从我国壁画保护的实践看，以二氧化硫为代表的酸性气体和粉尘危害最大，其次是气溶胶、光化学烟雾、臭氧、二氧化氮。

山东地区的大气污染主要来自能源的燃烧。按其来源主要分为三类：一是工业污染源，即火电厂、冶炼厂、化工厂以及水泥行业等企业在生产过程中和燃料燃烧过程中所排出的烟尘、粉尘及无机或有机物质所造成的大气污染；二是生活污染源，指居民、机关和服务行业由于饮食、取暖等生活需要，燃烧矿物燃料向大气排放烟气造成的低空大气污染；三是交通污染源，主要是城市中的汽车、火车、飞机和船舶等交通工具尾气排放含一氧化碳、氮氧化物、碳氢化合物、铅等所造成的大气污染。从山东省历年统计资料分析，全省煤炭消耗量占能源总量的70%以上，由于煤炭加工利用方式落后，煤炭燃烧技术陈旧，能源转换利用率低等因素导致煤烟型大气污染日趋严重。煤烟废气中所含主要污染物为二氧化硫和烟尘，产生的废气占全省废气排放总量的75%左右，因此，山东省的大气污染以煤烟型污染为主要特征。1981～1995年废气排放情况见表4-11，山东省废气排放总量、二氧化硫排放总量和烟尘排放总量呈现稳定的增加趋势，虽然个别年份有小幅降低。在15年间，山东省废气排放总量增加了2倍多，二氧化硫排放总量增加了近1倍，烟尘排放总量增加了2/3。

表4-11　　1981～1995年山东省废气排放情况统计表

	废气排放总量（亿标立米）	比上年增减（%）	二氧化硫排放总量（万吨）	比上年增减（%）	烟尘排放总量（万吨）	比上年增减（%）
1981	2903.46	—	119.04	—	77.99	—
1982	3491.72	20.29	120.03	0.83	97.30	25.73
1983	3674.47	50.23	121.87	1.53	85.11	−12.53
1984	4273.66	16.31	142.38	16.83	116.90	37.35
1985	4292.05	0.43	159.80	12.23	119.86	2.53
1986	4814.20	12.17	170.79	6.88	129.06	7.68
1987	5511.81	14.49	172.95	1.26	115.67	−10.38
1988	6132.63	11.26	190.92	10.39	127.88	10.56
1989	6411.72	4.55	189.15	−0.93	129.56	1.31
1990	6685.15	4.26	192.96	2.01	121.25	−6.41
1991	7148.00	6.92	203.86	5.65	121.22	−0.02
1992	7975.00	11.57	225.71	10.72	125.35	3.41
1993	8216.00	3.02	227.99	1.01	134.82	7.55
1994	8742.23	6.40	224.69	−1.45	130.01	−3.57
1995	9176.06	4.96	231.92	3.22	130.14	−0.10

资料来源：山东省地方志办公室《山东省情资料库环境保护库》，http://sd.infobase.gov.cn/bin/mse.exe? seachword=&K=a&A=45&rec=69&run=13，访问于2013年6月18日。

孙玉伟为调查济南市冬季大气污染特征和污染事件发生的主要原因，于2009年11月23日至12月7日在山东大学中心校区对济南市冬季供暖期大气污染物进行观测。这一观测结论可以为分析山东省冬季大气污染的整体特征提供参考。观测期间济南市大气颗粒物PM2.5平均质量浓度为171.3微克/立方米，SO_2和NO_x的平均浓度分别为54.3ppb和106.6ppb。其中SO_2浓度与我国环境空气质量标准（GB3095-2012）相当，NO_x和PM2.5浓度分别是我国环境空气质量标准的2.2倍和2.3倍。而在灰霾天气下PM2.5、SO_2和NO_x分别达到222.1微克/立方米、74.4ppb和157.9ppb，为冬季平均值的1.3、1.4和1.5倍，是非灰霾事件污染物浓度的1.8、1.7和1.8倍。在第一次灰霾事件中大气污染物主要来源于交通源排放，SO_2的主要来源为燃煤排放。在第一次灰霾事件中，NO_x主要来源于交通源排放，SO_2主要来源于燃煤排放。PM2.5除了交通源以外，部分PM2.5来源于燃煤排放源。与污染事件相比，在非灰霾天气中各污染物之间的相关性相对较高，说明在灰霾事件中，在复杂的气象条件影响下污染物来源相对复杂。①

二氧化硫是造成壁画损坏的主要原因，二氧化硫对古代壁画制作材料中的碳酸钙具有较强的腐蚀作用。山东地区部分古建筑壁画表面存在的灰色小圆点，经分析为硫酸钙，是壁画颜料中（或颜料下层的白粉层）中的碳酸钙与二氧化硫发生反应生成。原先与颜料结合较好的碳酸钙受到二氧化硫气体的侵蚀后转化为硫酸钙，在这一转化过程中还会造成地仗层的体积膨胀，表面产生膨胀而迸裂，造成颜料脱落，导致对壁画的破坏。二氧化硫还可引发生物腐蚀。例如，硫杆菌是一种对壁画具有侵蚀作用的细菌，而二氧化硫是其营养源。

硫化氢主要来源于有机体腐败和工业生产过程中的污染气体，它是一种酸性还原性气体，溶于水生成氢硫酸，硫化氢易被氧化生成二氧化硫。硫化氢可与金属盐类反应生成重金属硫化物，导致壁画颜料变色。硫化氢气体可以在极短的时间内引起铅白、铅丹、铬黄、石青和石绿等颜料的颜色改变，主要生成黑色的硫化铅或硫化铜，即使在硫化氢含量很低时也可造成危害。另外，壁画红色颜料土红是很稳定的矿物颜料，在硫化氢气体存在时可

---

① 参见孙玉伟《济南市冬季大气污染特征和污染物来源分析》，山东大学环境研究院硕士学位论文，2012年。

生成黑色的硫化铁而变色。

大气中的氮氧化物共计有7种，其主要来源是汽车排放的尾气，系由石油燃料燃烧不完全生成的。在各类氮氧化物中，N_2O_3、N_2O_4、N_2O_5、NO_3在空气中不能长久存在，会分解为较简单的氧化物；N_2O性质很稳定，NO的化学活性不够，一般不对壁画造成影响；NO_2及其后续反应生成的硝酸雾等物质直接对壁画形成威胁。二氧化氮易溶于水形成硝酸，可直接与壁画发生反应促使其制成材料分解。二氧化氮具有较强的氧化性，它受到光辐射后分解成一氧化氮和原子氧，原子氧与空气中的氧气生成臭氧，可与壁画颜料发生氧化反应致其变色。

空气中含有约0.03%的二氧化碳，近年来大气中二氧化碳含量猛增，游览的观众对壁画保存环境中的二氧化碳含量有着直接的影响。二氧化碳能溶于水生成碳酸，也可与碱或碱性氧化物反应生成碳酸盐。当过量的二氧化碳存在时，铅白会变成中性的碳酸铅，碱性较大的石绿变成石青。

臭氧是一种强烈的氧化剂，它可以破坏所有的有机质文物。保存环境中臭氧浓度增高会对壁画颜料带来危害。将铅丹、铅白、铅黄等颜料色板放入臭氧浓度分别控制在610微克/升和15微克/升的实验箱中，发现铅黄和铅丹在放置一段时间后都发生了比较明显的颜色变化，并且铅黄的氧化程度要高于铅丹，而铅白基本没有变化。除以上几种主要有害气体外，空气中的氯、氯化氢、光化学烟雾、气溶胶等继发性污染物以及建筑、装饰材料中散发的甲醛等气体也会对包括壁画在内的各种文物材料造成危害。

酸雨的主要有害成分为硫氧化物、氮氧化物、碳氧化物等能够生成具有酸性物质的成分，因此酸雨对壁画材料的损害具有降水和酸性气体的综合加成作用。从1982～1995年山东省城市降水pH值年平均值的发展趋势（见表4-12）中可以看出，全省范围内的降水的pH值大致呈现稳定的下降趋势，越是工业发达的城市，酸雨程度越重，比如济南、青岛。

表4-12　　山东省1982～1995年城市降水pH值年平均值表

	1982	1983	1984	1985	1986	1987	1988	1989	1990	1991	1992	1993	1994	1995
济南	6.00	5.97	6.84	6.79	7.09	6.63	6.30	5.91	5.72	5.56	5.80	5.53	5.79	5.93
青岛	4.74	4.93	4.79	4.90	5.05	4.97	5.27	4.57	4.98	5.14	5.17	4.92	4.86	4.99
淄博	5.30	6.16	6.24	6.44	6.06	5.93	6.47	5.67	5.68	6.69	7.16	7.02	6.36	7.09
枣庄	5.50	4.92	4.90	6.25	6.97	6.94	6.88	6.96	6.84	6.75	6.58	6.66	6.96	6.83
烟台	5.70	6.67	6.32	6.55	5.96	5.68	6.00	5.21	5.35	5.28	5.56	6.07	6.06	6.56

续表

	1982	1983	1984	1985	1986	1987	1988	1989	1990	1991	1992	1993	1994	1995
潍坊	6.25	6.79	7.46	6.18	6.90	6.68	6.76	6.52	6.68	6.64	6.62	6.20	6.18	5.66
济宁	6.70	6.63	6.74	6.89	5.58	6.01	6.43	5.69	5.85	6.25	5.57	6.72	6.32	6.18
泰安	6.10	6.43	7.32	6.87	6.76	6.67	6.55	6.12	5.76	6.02	6.76	6.76	6.41	6.66
德州	5.10	7.06	6.70	6.65	7.01	6.84	7.02	6.77	6.56	4.85	6.11	6.49	6.46	6.71
滨州	7.40	7.22	7.26	8.86	6.76	6.73	6.67	5.55	6.45	6.58	6.72	6.76	6.90	6.76
菏泽	6.50	6.04	6.41	6.58	7.18	7.37	7.12	5.60	6.62	6.36	6.63	6.86	5.76	7.20
聊城	7.00	7.76	8.26	8.10	7.56	8.42	7.75	7.64	6.25	7.12	7.24	6.99	7.11	7.00
东营	—	—	—	—	—	—	—	—	—	6.87	6.95	6.43	6.54	6.45
威海	—	—	—	—	—	—	—	—	—	6.55	6.43	6.57	6.31	6.33
临沂	—	—	—	—	—	—	—	—	—	6.60	6.75	7.01	6.61	7.00
日照	—	—	—	—	—	—	—	—	—	—	6.96	5.87	6.32	6.72
莱芜	—	—	—	—	—	—	—	—	—	—	—	—	6.91	6.85
平均	—	—	—	—	6.60	6.57	6.61	6.03	6.13	6.25	6.44	6.43	6.34	6.52

资料来源：山东省地方志办公室《山东省情资料库环境保护库》，http://sd.infobase.gov.cn/bin/mse.exe? seachword=&K=a&A=45&rec=29&run=13，访问于2013年6月18日。

以2004～2008年济南市龟山观测站的降水pH值的发展趋势[①]为例来说明山东地区的酸雨形成原因、发生频率和程度。济南市处于鲁中南低山丘陵与鲁西北冲积平原的交接带上，南依泰山，北跨黄河，地势南高北低，地形复杂多样。由于济南市经济发展较为迅速，建筑、市政和拆迁工程造成扬尘污染严重，机动车、燃煤排放大量污染物。受特殊地形和气象条件影响，污染物难于扩散，加重了市区空气污染。主要污染物有一氧化碳、烃类、氮氧化物、二氧化硫、悬浮颗粒等，其中二氧化硫和氮氧化物是酸雨的主要来源。

2004～2008年，济南市降水年平均pH值为4.92～5.61，其中2005年最小，为4.92；2006年最大，为5.61。济南市降水年平均pH值小于5.6，表明济南市酸雨处于恶劣状况下。pH值小于5.6的降雨次数近两年呈增加趋势。2004～2006年，济南降水酸雨出现的百分率为24%～29%，2007～2008年为49%～56%，酸雨呈增加趋势。同时，年降水量越少，酸雨

① 参见蒲章绪等《对济南市龟山酸雨观测站资料的分析》，载《山东气象》2010年第4期。

出现的百分率越高。①

济南平均各月降水 pH 值均值为 4.77～7.13，各个月份降水 pH 均值差异不是太明显。济南市 8～10 月出现 pH 值小于 5.60 的日数较多，酸雨污染问题比较严重。1 月由于降水日数偏少，相应的 pH 值小于 5.60 的日数也较少；其他月份降水 pH 均值相对高，8 月出现次数最多，酸雨污染问题相对不突出。从各个月的酸雨频率变化趋势来看，1～2 月酸雨频率在 35％左右，3 月酸雨频率为 75％，4～7 月酸雨频率均在 25％以下，8～12 月酸雨频率为 50％～66.7％。由此可见，济南市全年的降水 pH 值小于 5.60 的时间主要出现在 3 月、8～12 月。②

三、可溶性盐分解析

壁画制成材料中可溶性盐类的反复溶解和结晶对壁画产生的危害是最为典型和普遍存在的一类病害，反映在宏观现象上就是造成壁画的酥碱、起甲、空鼓、脱落等。对壁画有害的可溶性盐类主要有氯化物、硫酸盐和硝酸盐等，这些可溶性的盐来源于壁画所依托的地质背景、土壤和当初制作壁画时所使用的材料，而盐分的活动既与壁画的制作材料和工艺有关，也与古建筑赋存的环境状况密切相关。盐分引起的壁画病害往往是一种或几种盐共同作用的结果，这些可溶性盐因环境变化所发生的溶解和结晶伴随着一系列复杂的物理化学过程。存在于壁画颜料层和地仗层中的盐分一般呈现梯度分布的状况，即表面的盐分含量最高，随着纵向深度的增加，地仗泥层或接触的支撑砖块、岩石中含盐量呈递减的状况。壁画依附在岩石或土壤上修建的建筑，岩石或土壤中含有较高含量的可溶性盐，是壁画盐分的主要来源。

盐分的活动一定伴随水分的参与，高湿度的空气是水分的一个重要来源，而湿度的高低变化不仅能引起盐分从土壤、砖块和石块向壁画表面的迁移，而且壁画表面和地仗中已有的盐分会优先吸附空气中的水分。由于存在于壁画中的盐分对空气中的水分有优先吸附的作用，且壁画地仗材料中的盐分含量越高吸附空气中水分的平均量也就越多，因此含盐壁画对空气中水分的持续吸附就会造成盐分的潮解。水分中的可溶性盐在壁画材料中结晶的部位取决于可溶性盐的含量及浓度、环境因素、壁画内部的水分含量

① 参见蒲章绪等《对济南市龟山酸雨观测站资料的分析》，载《山东气象》2010 年第 4 期。

② 参见蒲章绪等《对济南市龟山酸雨观测站资料的分析》，载《山东气象》2010 年第 4 期。

及迁移方向、支撑墙体中可溶性盐的含量及浓度。

以 NaCl、Na_2SO_4的"溶解⇌结晶"过程为例，来说明可溶性盐类的解析对壁画的危害。NaCl 溶解度随温度变化较小，如果环境温度变化不是十分剧烈，过饱和度相应较低，此时 NaCl 结晶物质地坚硬，成晶颗粒大，粒度均匀，在壁画盐害表现形式上应以点状疱疹为主。Na_2SO_4结晶物主要以十水硫酸钠($Na_2SO_4 \cdot 10H_2O$)的形式析出，结晶物质地疏松，呈不规则团状分布，易脱水形成粉末状二水硫酸钠($Na_2SO_4 \cdot 2H_2O$)，温度再升高，含水硫酸钠脱水变为白色粉末的无水硫酸钠。反之，当环境湿度较大时，无水硫酸钠又容易水化返潮。因此对于 Na_2SO_4质量分数较高的壁画来说，一方面，壁画盐害的发生和发展主要在 20℃以下的温度区间产生；另一方面，壁画盐害的表现形式应以粉状酥碱为主，且所导致的壁画酥碱病变有一定的渐进性和反复性，更具破坏力。Na_2SO_4的过饱和溶解度非常大，所以它极易规模富集浓缩，富集到一定程度一旦爆发，其结晶区域较大，破坏面积也相应很大。Na_2SO_4的富集需要合适的部位，比较容易在壁画地仗层中浓缩，所以 Na_2SO_4更有可能主要作用于壁画地仗层，而 NaCl 则对地仗层的作用较小。根据这一内在机理，壁画大面积脱落、颜料层大面积的空鼓、地仗层酥碱更大可能与 Na_2SO_4的"溶解⇌结晶"密切联系。

第四节　山东地区古建筑壁画的生物损害

根据持续多年对山东地区古建筑壁画环境中的生物调查，可以发现危害古建筑壁画的生物来源于霉菌类微生物、昆虫类、鸟类、鼠类、爬行动物类以及其他类别的生物，每种生物的危害方式和手段各不相同。这些生物广泛地分布于古建筑壁画的外部自然环境的植被中，因为所在建筑的密封性不强和管理手段的疏忽而对壁画持续、长期地产生不同程度的损害。

一、霉菌类微生物

"霉菌"是生长在营养基质上形成毛绒状、蜘蛛网状或絮状菌丝体真菌的统称，包括在分类学上不相同的许多真菌，如藻状菌纲、子囊菌纲和半知菌类等。危害山东地区古建筑壁画的霉菌类微生物以曲霉属、青霉素、木霉属等种类为主。霉菌具有发达的繁殖能力，因此广泛分布、快速生长于各种有机质或动植物残体上，并具有适应性强、易于变异等特点。

空气中有大量霉菌孢子存在，霉菌的生长需有适宜的湿度和温度。适宜生长温度范围很广，在 7～43℃均可生长，在 20～30℃时生长繁殖最快。各种霉菌生长要求相对湿度在 60%～75%以上，相对湿度上升时，霉菌生长繁殖加快，在相对湿度为 95%左右时极为旺盛。霉菌在 pH 值为 2～9 的宽广范围内均能生存，但最适宜的 pH 值是 5～6。霉菌比一般微生物对苛刻环境具有更强的适应力。壁画制作中在地仗层中添加草、麻、棉等纤维质材料以增加韧性和强度，颜料中添加动植物胶等有机材料，均为霉菌的生长提供了营养源。

微生物以壁画材料为营养物质生长繁殖的过程就是壁画材料发生损坏变质的过程。大致可分为初期霉变、生霉、霉烂三个阶段。初期霉变是微生物与壁画材料建立腐生关系的过程，主要表现为有轻微异味、材料发潮等；生霉阶段是微生物大量繁殖过程，此阶段微生物迅速达到稳定的生长期，受损部位开始形成毛状或线状菌落，颜色逐渐由白色变成绿色；霉烂阶段是壁画材料被严重腐解的过程，造成壁画材料物理强度下降。

霉菌对壁画的污染和侵蚀尤其严重，霉菌生长的同时会产生有机酸和色素，加快了地仗层的疏松和颜料层的脱落、变色，使壁画失去原本蕴含的许多历史信息及美学价值。即使霉菌孢子处于死亡或休眠状态，也会留下难以去除的污痕，影响壁画整体面貌，破坏壁画艺术观赏效果。壁画颜料中的有机黏结剂是霉菌的生长基质之一，霉菌对该类基质的侵蚀直接导致了颜料中胶料的分解和流失，造成颜料间原本已残留不多的黏结力彻底消失，从而导致颜料的脱落。

此外，霉菌在其生长过程中产生的各种代谢产物，部分微生物能分泌出分解壁画材料的酶类(见表 4-13)，也会对壁画造成侵蚀。例如，曲霉属中的黄曲霉、黑曲霉能产生柠檬酸、草酸、苹果酸、葡萄糖酸等；青霉属中的桔青霉产生葡萄糖酸，产黄青霉产生葡萄糖酸、柠檬酸和抗坏血酸等；白曲霉有很强的蛋白质分解能力；葡萄状穗霉含有很强的纤维素酶；枝孢霉和交链孢霉是典型的腐霉等。有机酸能与白粉底色层和白灰地仗层中的碳酸钙发生反应，生成可溶性的碳酸氢钙致使壁画软腐。纤维素酶能分解地仗层中的麦草纤维、麻纤维或棉纤维。黑曲霉还具有很强的蛋白质分解能力，它们可分解颜料层的动植物胶。除此之外，霉菌是丝状菌，菌丝不仅在表面生长，而且已伸入壁画层内，不容易除去。菌丝侵入壁画颜料层内部也是造成颜料剥落的原因之一。

表 4-13　有害微生物产生的主要酶类

酶种类	主要产酶菌
纤维素酶	木霉、毛壳菌、曲霉、芽枝霉、青霉、毛霉、镰刀菌等
淀粉酶	黑曲霉、米根霉、毛霉、枯草杆菌、巨大芽孢杆菌等
蛋白酶	黄曲霉、产黄青霉、总状毛霉、木霉、根霉、链霉菌、枯草杆菌等
果胶酶	木霉、芽枝霉、镰刀霉、米根霉、黄曲霉、黑曲霉、枯草杆菌等

二、昆虫类生物

昆虫损害是壁画上分布最为普遍的生物损害。山东地区危害古建筑壁画的昆虫种类主要有鳞翅目的灯蛾科、夜蛾科、天蛾科、粉蝶等，鞘翅目的七星瓢虫、天牛、皮蠹等，半翅目的蝽科等，双翅目的大蚊、蚊、家蝇、麻蝇、绿丽蝇等，同翅目的蝉科等，膜翅目的胡蜂科、泥蜂科、蜜蜂科、蚁科等，唇足目的蜈蚣科等。这类生物数量和种类极其繁杂，广泛分布于山东地区古建筑内外环境中以及壁画的各种材料上，缓慢而长期、持续地侵蚀着壁画的制成材料。

昆虫对壁画的损坏主要表现为：昆虫在壁画表面爬行或在飞行过程中碰触壁画，容易引起起甲、酥碱严重的壁画脱落；昆虫成虫在活动时，翅上的鳞片脱落黏附在壁画表面，严重污染壁画；昆虫在画面上筑巢直接掩盖画面；昆虫的尸体黏附在壁画的表面，遮盖、黏附壁画颜料；昆虫的排泄物与壁画地仗成分、颜料成分起反应，引起局部壁画颜料褪色、变色，甚至导致颜料层、白粉层翘起、脱落，加速壁画病害的发生。

三、鸟类生物

鸟类生活栖息在山东地区古建筑壁画周围环境中，有较多树木、农作物的场所经常发现有鸟类活动。鸟类有树麻雀、家麻雀、家燕、喜鹊、猫头鹰等，其中以麻雀最为常见。麻雀在古建筑周围的树林以及建筑内栖息生存，尤其在林木、农作物较广的地区经常被发现。鸟类对壁画的损坏主要表现为：对壁画表面造成抓痕；鸟类在壁画所在墙体的上部、梁架处筑巢；鸟类的粪便和尿液严重污染画面。在壁画经常发现数量繁多的孔洞，在济南某处古建筑中一处 1 平方米的壁画上发现多达 50 处的小孔洞，虽然不能完全肯定是鸟类啄食所为，但是很大程度上可能与鸟类活动有关。

四、鼠类生物

鼠类对壁画的损坏发现于较少有人管理的古建筑壁画环境中，那些有严格管理措施的古建筑中也可见部分鼠类生存。鼠类动物主要有啮齿目松鼠科的松鼠、鼯鼠以及仓鼠科田鼠亚科的田鼠等。山东地区的古建筑很多地处农业作物种植地区，周围环境多为农田、杂草和树林，因此鼠类在古建筑以及附近的生活环境中广泛分布，危害十分严重。鼠类生物的损害主要表现为：鼠类具有打洞的生活习性，在壁画支撑体上甚至壁画表面打洞，造成壁画地仗空鼓、壁画残损等严重病害；鼠类活动灵活，时常活动于壁画上，磨损壁画；鼠类的尿液和粪便不仅污染和腐蚀壁画，而且尿液释放的有害气体可与壁画颜料层发生化学反应，对壁画造成严重损坏。鼠类的排泄物可在壁画表面形成一层致密的胶状物，在干燥失水的过程中致使壁画局部张力增大，导致受污染的颜料层与相邻的颜料层之间的缝隙加大，最后致使颜料层、白粉层甚至地仗层脱落。

五、爬行类动物

爬行类动物几乎在山东地区的古建筑上都有发现，主要有壁虎类和蛇类。它们对壁画的主要损害表现为：活动过程中磨损壁画，导致颜料层脱落，甚至在支撑墙体中筑巢；排泄物污染腐蚀壁画，其中的有害物质与壁画颜料发生化学反应。

六、其他类生物

其他种类的生物还发现有蜘蛛、蝙蝠等。它们多隐藏于建筑的暗处，不易被觉察，对壁画的损坏方式与鸟类、昆虫相似，主要表现为抓痕、排泄物。蝙蝠类对其栖息地周围的壁画造成不同程度的抓痕，而排泄物对壁画的损坏方式和危害机理较为复杂，而且不易从外部形貌显现出来。

第五节　山东地区古建筑壁画的人为因素影响

山东地区的古建筑壁画在历史上遭受过许多人为的直接破坏，例如人为地在壁画上刻划、战争期间军队占据古建筑、在古建筑内发生战争等极端的破坏行为。即使是保管措施比较严格的壁画,人们一些无正常活动也会间接给壁画带来缓慢、持续的影响,比如人类的旅游参观、在建筑内焚香烧纸祭拜以及人们无意识的触碰等。除此之外,还有一些保护性活动,比如在日常的清扫除尘、建筑的修缮以及对壁画的修复工作中,由于工作人员的保护理念和保护技术的制约,也会给壁画带来伤害。

一、人为直接损坏

古建筑遭受损害与古建筑的使用人员密切相关。在历史使用过程中,如果古建筑一直为固定的人员使用,壁画也为该建筑的使用人员所服务的,那这些壁画一般就会得到比较严格的保护。在建筑失去固定的人员管理之后,后来的使用人员如果对壁画的内容没有正确的认识,对壁画的文化内涵不知所以,就可能从自己的好恶情感出发,对壁画上的人物形象进行破坏。许多宗教类的壁画上,人物的面部被人为地挖掉,很大程度上就是这些损坏的人不知道壁画内容蕴含的真正含义,对壁画上古人绘制的鬼神用当代的眼光来看从而具有憎恶、惧怕和忌惮的心理。山东地区的古建筑壁画上的人物面部被破坏大部分都是出于这种心理。

有些古建筑在民国时期及以前是作本来的宗教、祭祀、纪念等用途,一般由专门的使用者和管理者从事与建筑原有功能相关或相似的工作,比如许多寺庙有僧人一直在居住和从事宗教活动。但是新中国成立后,由于国家对待宗教政策的改变,原有寺庙的宗教功能被废弃,许多寺庙改作他用,很多被收归集体所有,作为学校、会议室、仓库、居住场所来使用。在作为学校使用的过程中,建造黑板和学生的日常活动对这些壁画带来了程度不等的人为损毁。壁画上被乱涂乱画,留下大小不等的多处孔洞。在用作居住场所的过程中,为了保持建筑内部的整齐干净,使用扫帚、刷子对墙上的壁画用力刷除,使壁画的颜料大部分被清除掉,留下了多道深深的划痕。农村中的很多古建筑被用作仓库,堆放杂物,这些杂物在墙上留下很多划痕。战争期间,一些古建筑被用作军事据点,发生了战争、火灾等极端人为损毁情况,比如岱庙天贶殿的墙上就留下了多处弹孔,就是民国时期军阀混战发生枪战所留下的。“文革”动乱期间,岱庙天贶殿壁画被人为地用铁锨铲划,留下了多道深深的划痕。

二、人类活动影响

山东地区现存的壁画基本上都有了相对比较完整的保管措施，但是人们在从事日常使用和维护建筑的过程中，一些正常的活动也可能无意识地给壁画带来缓慢、持续的影响，这些影响虽然不是剧烈的，但却是长期性地作用于壁画的本体上。大量来古建筑参观的人们的游览活动对壁画的保存也带来了一些不利的影响。由于游人频繁地进出古建筑，建筑内部环境与外界之间的物质交换处于较高的频率，壁画相对密闭稳定的保管条件得不到保证，这一情况以泰安岱庙天贶殿的旅游开发最为典型。在岱庙天贶殿，游人的流量非常大，每天白天涌进来参观的数千人的新陈代谢活动使得天贶殿内的温度和湿度长期处于一个较高的水平，个别游客照相时使用的闪光灯对壁画的颜料也具有其加速的分解作用。外来人员频繁在殿内活动，空气中的灰尘、有害物质长期处于漂浮游移状态，对壁画的物理性碰撞时时刻刻都在较高的频率上。再者，外来人员未加消毒、防护就直接进入殿内，外来的微生物就会停留在殿内，增加了壁画感染微生物的概率。这些旅游参观活动是在古建筑和壁画利用过程中人类的无意识破坏行为，也是很难完全避免的。

有些古建筑曾经和至今一直作为生活场所，在建筑使用过程中也会有些日常活动对壁画产生不利影响。现在许多城市、农村的古建筑为居民占用，建筑的所有权归集体或者个人，在使用过程中，日常生活的做饭、居住都在建筑内，这样壁画的保护就遇到了公共权力难以有效管理私有产权的困境，文物部门的管理措施很多无能为力。这些建筑内保存下来的壁画基本上都是一些在山墙或者建筑上部的部分，虽然使用人对自己使用的建筑也具有私有产权的保护意识，但是自身的日常活动对壁画也产生了污染、刻划、触碰等不利影响。这些情况在济南市市中区白马山街道办事处尹家堂的观音堂、槐荫区刘家庄三教堂、长清区归德镇麒麟村关帝庙等处均可见到。

还有些寺庙古建筑在改革开放后恢复了部分宗教活动，引入了焚香烧纸祭拜活动，对于游人较多的古建筑，焚香烧纸一方面带来了局部环境温度的瞬间升高，如果这些活动是在室内进行，对建筑和壁画的危害是十分明显的。更为严重的是，焚香烧纸产生的烟尘污染会附着在壁画表面，与壁画颜料紧密结合，形成一层致密的污垢层。例如济南历城区华阳宫古建筑群的元君殿、十王殿、三皇殿、三教堂等建筑，市中区党家庄镇西渴马村泰山行宫、长清区五峰山街道办事处东莱园村土地庙和三官庙村三官庙均有这些活动开展。

三、修复效果不佳

针对壁画的保护修复工作和日常维护应该是由专业技术人员来指导的，如果没有保护经验或者是技术力量欠缺，在自行对古建筑和壁画修复的过程中一些保护性活动就可能给壁画带来“保护性的伤害”。比如壁画以及建筑日常的清扫除尘工作、建筑的修缮以及壁画的修复工作，由于技术设备、工艺的不足或工作人员的保护理念和保护技术的制约，给壁画造成了许多不应有的伤害。这种情况在已实施过壁画保护修复工作的泰安岱庙天贶殿壁画比较具有代表性。

泰安岱庙天贶殿壁画在历代的壁画修复中，以修复巡行队伍的表现和人物刻画为主要任务，对于背景并没有给予重视，而且背景部分并不在画面的中心，一般都是在画面的上部和下部，而这些部位正是最容易受到降水和地下水侵蚀的地方，受损最重的是墙体的上部，下部还容易受到人为的损害。在历代对壁画画面的多次修补过程中，对画面的非核心部位不予以重视，最终成为画面变异最大的部分，一些画面的山石树木内容成为西洋画法与中国画相结合的产物。天贶殿壁画作为皇家工程，应该是由著名的画工来创作的，所以画面核心部位每次大的修补也就顺理成章的由当时绘画技术比较出众的画工来修补，而非核心部位的画面的修复则由当地的绘画技术较低的画工修补，这也就是背景上山石树木部分与中心人物部分存在变异的重要原因。历代壁画的修复可以说基本上遵循了宋代“画样”的原貌，但是晚期的画面修补却改变了画面的整体性、一致性，与原画相差很大的绘制技术和不中不西、土洋结合的画法成了岱庙壁画整体风格的极不协调。

民国时期天贶殿壁画遭到严重破坏，画面日渐漫漶。1972 年，管理部门为恢复壁画的原貌，重新对游人开放，决定修补清洗天贶殿壁画。修复人员用国画颜料配以广告色对画面刻痕及缺失部分依照原有的遗痕进行了补绘。如果将清洗修补前后的照片进行对比，可以看到清洗补色的效果是有明显改变的。然而，限于当时的技术条件及修复水平，加之当时的文物修复理念认识不同，以现今的文物修复原则来看，这次的画面修复是不够规范、科学的。无论是绘画颜料的选择、色彩的配制，还是工作人员的艺术水准，都没有完全坚持当时文物保护普遍的修复原则。有些修复过的部位还对壁画本身造成了不应有的新伤害。在当时的绘画修复人员看来，壁画只是一件绘画艺术品，而并没有作为壁画文物来对待，不改变原状、最小干预、忠于文物的原貌、保持文物原有的材料和工艺等文物保护修复的原则没有在这次修复工作中体现出来。如在《启跸图》的禁围画面中，将一位官员的帻头展脚伸到了另一位官员的脸部，而画法又是那样的拙劣，这在原有的画面上是不会存在的。还有在重描人物的轮廓时，随意性太大，所补绘的线条偏离原有的轮廓。从这次的修复过程和修复效果来看，壁画修复的理念以及当时人们对壁画的认识态度存在较大的不足，与同时代山西永乐宫建筑群壁画的揭取、搬迁、重建工程相比，可以说岱庙天贶殿壁画的修复水平还是逊色不少。

小　结

山东地区古建筑壁画之所以存在种类繁多的病害类型，是与壁画本身的结构、材料的内部因素以及壁画所保存的外部自然环境和社会环境密切相连的。壁画的制成材料决定了壁画的可能保存寿命，而保存环境是壁画能够实现其预期寿命的外部保证。

受到建筑自身结构、材料因素的影响，山东地区的古建筑壁画容易发生渗水、漏雨等现象，而且建筑的多种材料混合的结构也会出现墙壁变形等结构失稳的现象，进而连带壁画发生多种病害。壁画材料自身的不稳定性能也是壁画容易发生病害的主要原因，其中尤以土坯、黄泥层和颜料中的黏结剂为最脆弱、容易老化变质的材料，只要这些材料发生病害，壁画整体就可能发生一系列的病害。

壁画的依存环境条件是壁画能够完整保存的重要条件，也是导致壁画病害发生发展的外部条件。影响壁画病害发生的自然气候因素主要有大气降水、温度、湿度、光照、太阳辐射等。降水对建筑的影响多发生在屋顶与墙壁结合的部位，所以古建筑顶部漏雨会连带墙壁上部的壁画出现大面积残缺、水渍、霉斑等多种病害。建筑的梁架、木柱和檩条均为木质，容易产生腐朽的情况，因此承重能力下降，诱发裂缝、空鼓等病害的产生，也会连带壁画地仗发生病害。壁画长期处于潮湿的情况下，不仅有机物会分解变质，同时潮湿还将促使许多化学反应发生，容易滋生霉菌，产生进一步的化学性、生物性损害。温度升高可以加快壁画表面、内部的腐蚀降解等化学反应速度。

保存环境湿度变化成为影响壁画酥碱病害的主要因素。尤其曾发生酥碱病害的壁画，当湿度发生变化时，壁画在“吸湿⇌干燥”过程中，制作材料中残余的可溶盐反复发生“溶解⇌结晶”过程，导致酥碱病害进一步发展。相对湿度的大小及其变化可导致壁画化学、物理变化以及微生物生长等，湿度是引起壁画颜料变色的重要因素之一。环境气温长期处于较高、较低或者反复波动的情形下，都会对壁画产生危害，尤其是在温差幅度较大的时候，其危害更加明显。光辐射对壁画的破坏作用主要体现在光化学反应导致壁画材料的老化和光的热效应加速壁画病害的物理、化学变化的进程，前者是光辐射破坏作用的主要方面。光辐射能破坏其照射到的物体表面，壁画最重要的表面颜料层就是首先被辐射破坏的部位。由于灾害性天气是在短时间内对古建筑壁画的墙壁支撑体产生剧烈的冲击，从保存、使用寿命来看，灾害天气的频发缩短了古建筑及其内部壁画的寿命。

山东地区古建筑壁画的保存环境中存留着多种多样的有害物质，主要包括堆积在壁画表面的灰尘、大气中各种有害污染物以及在墙壁支撑体及其基础中的可溶性盐分。这些有害物质与壁画的各种制成材料紧密地结合，持续、稳定、长期地侵蚀着壁画的支撑体、地仗层和颜料层，尤其是对暴露于外面的绘画材料危害最大，损坏效果也为明显。

对山东地区古建筑壁画环境中的生物调查结果表明，危害古建筑壁画的生物来源于霉菌类微生物、昆虫类、鸟类、鼠类、爬行动物类以及其他类别的生物，每种生物的危害方式和手段各不相同。这些生物广泛地分布于古建筑壁画的外部自然环境中，因为所在建筑的密封性不强和管理手段的疏忽而对壁画持续、长期地产生不同程度的损害。

山东地区的古建筑壁画在历史上遭受过许多人为的直接破坏，例如人为地在壁画上刻划、战争期间军队占用古建筑等极端的破坏行为。即使是保管措施比较严格的壁画，人们正常活动也会间接、无意识地给壁画带来缓慢、持续的影响，比如人类的旅游参观活动、在建筑内焚香烧纸祭拜活动以及人们无意识的触碰等。除此之外还有一些保护性活动，比如在日常的清扫除尘工作、建筑的修缮以及对壁画自身的修复工作中，由于工作人员的保护理念和保护技术的制约，也会给壁画带来伤害。

第五章 山东地区古建筑壁画的调查记录

山东地区古建筑壁画保存现状的全面调查是针对山东地区古建筑壁画采取具体保护措施之前进行的必要的前提性、铺垫性、基础性工作。没有全面调查工作的开展，就无法掌握山东地区古建筑壁画的保存状态和病害发展趋势，也不能有针对性地准确判断山东地区古建筑壁画的保护需求，也就无法整合有限的保护资源最大效率地为保护工作所使用，因此山东地区古建筑壁画保护工作的首要任务必须从全面调查开始，其中涉及壁画病害的调查是整个调查工作最重要、主要的内容。指导原则和适用标准是山东地区古建筑壁画保存现状调查工作中必须坚持的宏观方向和技术规范，而记录内容和调查方式则体现出调查过程中的操作细节。

第一节 古建筑壁画调查的原则标准

为了准确掌握山东地区古建筑壁画的保存现状、损毁程度和发展趋势，避免由于人为原因产生的调查记录误差，调查工作中必须坚持客观、规范的指导原则。在调查过程中必须遵循一定的技术标准规范，目前国家文物行政部门发布了关于壁画保护的两个行业标准，这些技术标准可以作为山东地区古建筑壁画调查的指导性适用标准。

一、古建筑壁画调查的指导思想

在山东地区古建筑壁画调查过程中要坚持准确真实、客观全面、科学规范、严格时效、安全可靠的指导思想。

1. 准确真实性。所收集整理的壁画调查资料必须准确、真实、可靠，不可夸大病害发生的程度和趋势，也不能对壁画上出现的损毁情况和潜在的威胁视而不见或疏忽遗漏。调查过程中发现的所有病害类型及病害发生面积、发生部位应当是可以复核验证的。如果壁画调查资料失去了准确真实性，那么它的价值及参考意义就会大打折扣，最终影响对壁画保存现状的判断。

2. 客观全面性。客观全面性在于不以调查人员自身的好恶随意地取舍壁画上出现的病害或简单得出表面的结论，而必须根据足够的和可靠的历史资料或现象观察作为记录素材。壁画调查记录工作旨在建立全面、完善的壁画保存现状调查资料，它可以有一定的标准和格式，但不应限制篇幅，同时，应允许增补新的资料。

3. 科学规范性。表现在科学的语言、规范化的表达、统一的标准。壁画调查工作不仅涉及考古、历史、艺术等社会科学知识，更兼及化学、物理、生物、环境等自然科学方面的知识，属典型的综合多学科知识应用。记录用语应使用专业术语，尚未规范化或首次出现的，优先使用一次文献所采用的用语。对壁画的现状描述记录应规范化，壁画的各部分名称、颜色、图案、部位等和所依附建筑的名称、形制、结构等专有术语，在记录资料中应规范化并保持一致性。记录资料用的纸张、绘图、照片等尽量使用同一规格、格式，以便于整理、归类。

4. 严格时效性。壁画调查的时间应当尽可能前提，调查时间越及时，壁画保存的状态越好。在壁画调查过程中产生的信息资料需要及时地加以收集整理，这样做可以确保调查资料的准确性及完整性，避免长时间的信息积压而无从查证，还可以提高资料的利用率，及时地为壁画保护修复工作及其他管理工作提供信息。当壁画发生新的损害或有变化时，应及时订正、增补壁画调查资料，以确保及时地将最新和最准确的资料记录在壁画保护资料中。

5. 安全可靠性。同其他资料一样，威胁壁画调查资料的因素有物理、化学、生物和盗窃等。保证纸质资料的安全，要选用化学成分稳定的纸张和墨水记录，照片、底片和录像带、光盘、硬盘等存储载体应妥善保管，不可混乱放置，应该有序存放在安全的地方，防止光线、有害气体、潮湿和有害昆虫对它们的侵害。同时，这些资料还应妥善管理，制定相应的目录索引，便于资料的查阅、使用。尤其是数字形式的图像、视频记录，更应该做好资料的异质备份和安全保障工作。

二、古建筑壁画调查的技术原则

山东地区古建筑壁画保存现状调查可以采取全面调查与专题调查相结合、本体信息与环境信息相结合、载体材料信息与社会环境信息相结合、传统调查方法与新技术应用相结合的技术指导原则，确定山东地区古建筑壁画病害调查的具体技术路线。

山东地区古建筑壁画保存现状调查过程中之所以采取全面调查与专题调查相结合的技术指导原则，是因为山东地区的古建筑壁画有近百处之多，根据不同的研究目标和工作目的，在对壁画保存现状调查的前期可以有针对性、有重点地制定调查方案。根据调查的目的，山东地区古建筑壁画的全面调查需要比较长久的时间、相当多的经费支持、多学科的调查人员等外部条件作保障，因此全面调查是综合性强、耗时长、难度大的调查工作，在实际工作中一般仅仅对比较珍贵的壁画做全面的修复之前需要实施全面的保存现状调查工作。专题调查仅仅针对某些壁画类型进行深入的调查，体现出调查的针对性、翔实性和专一性，因此专题调查是学科性强、人员结构相对简单的调查工作，在实际工作中一般需要了解部分古建筑及壁画的保存现状、病害发生和发展情况时来实施，比如古建筑整体损害情况、壁画颜料脱落情况、壁画支撑墙体保存情况等。

山东地区古建筑壁画在保存现状调查中坚持本体信息与环境信息相结合来综合获取的技术指导原则，可以最大限度地还原壁画病害的发生原因和变化过程，推断壁画病害的形成机理。通过推测壁画本体材料制成之后长时间保存到现在的变化情况，寻找环境因素在材料变化中的原始驱动力，判定各种环境因素在壁画病害形成中的决定作用，为预防壁画病害的加剧发展、有针对性地提出保护壁画的措施提供环境依据。

坚持载体材料信息与社会环境信息相结合的指导原则，有利于分析山东地区社会历史变迁过程中的各种社会活动对古建筑以及壁画的损害或保护等人为因素方面的原因。壁画病害发生过程中，壁画自身的载体材料是决定性的因素，外部环境的侵蚀是关键性的条件，而社会环境的各种事件能够对壁画在短时间或者是瞬间造成极其严重的损坏，因此对壁画保存现状调查过程中，必须重视古建筑壁画所在区域的社会环境的各种信息，尤其是社会历史活动中影响古建筑保存的战争、火灾、水灾、人为故意损害、群体性聚集等剧烈事件。

在山东地区古建筑壁画保存现状调查过程中除了运用传统的文物调查方法之外，还应充分应用现代的分析测绘新技术。传统的壁画调查方法如建筑测绘、环境测量、人工实地绘制病害图等方法，适合于在现场对壁画病害进行描述性的工作。而现代的摄影摄像技术如数码照相、红外照相、紫外照相、三维激光扫描、多光谱摄影技术等可以实现对传统照相技术中不易觉察部位的清晰再现，适合于壁画地仗、原修复部位的影像记录。在分析壁画制成材料的过程中，应用现代的拉曼光谱、X荧光光谱仪、X射线衍射仪、扫描电镜及能谱仪，可以对壁画颜料、地仗材料的种类进行辨别。这些现代的分析测试技术，为准确地判断壁画的制成材料和病害类型提供了快速便捷的工具。因此，壁画保存现状全面调查的过程也是应用现代新技术在古建筑壁画保护修复中的尝试和检验过程。

三、古建筑壁画调查的适用标准

迄今为止，有关壁画保护的相关行业标准有三个文物保护国家标准和三个文物保护行业推荐标准，分别为：国家标准《古代壁画保护修复档案规范》(GB/T 30235-2013)、《古代壁画保护修复方案编制规范》(GB/T 30236-2013)、《古代壁画病害与图示》(GB/T 30237-2013)，文物保护行业推荐标准《古代壁画地仗层可溶盐分析的取样与测定》(WW/T 0032-2010)、《古代壁画脱盐技术规范》(WW/T 0031-2010)、《古代壁画现状调查规范》(WW/T 0006-2007)。

2008年2月29日，国家文物局发布了文物保护行业推荐标准《古代壁画病害与图示》(WW/T 0001-2007)和《古代壁画现状调查规范》(WW/T 0006-2007)。作为文物保护的行业标准，两个标准规定了古代壁画保护过程中的相关病害和保护现状调查的一些具体要求。2013年12月31日，《古代壁画病害与图示》升级为文物保护国家标准(GB/T 30237-2013)，由国家质量监督检验检疫总局和中国国家标准化管理委员会发布，自2014年12月1日起实施。这两个标准为山东地区古建筑壁画病害的调查提供了具体的指导性操作规范。

《古代壁画病害与图示》对古代壁画病害进行定义并给出壁画病害的图示符号，是规范壁画保护修复工作标准化的重要内容。标准规定了古代壁画相关术语和病害的定义以及病害相对应的图示符号。标准适用于我国古文化遗址、古墓葬、古建筑、石窟寺、近现代建(构)筑物的壁画以及馆藏壁画的病害调查和壁画保护修复工程。标准规定了古代壁画相关基础术语,包括支撑体、地仗层、粗泥层、细泥层、底色层、颜料层、表面涂层、壁画结构、地仗胶结材料、地仗加筋材料、重层壁画。标准规定了古代壁画病害术语的定义,包括起甲、泡状起甲、粉化、颜料层脱落、点状脱落、疱疹、疱疹状脱落、裂隙、龟裂、划痕、覆盖、涂写、烟熏、盐霜、酥碱、空鼓、地仗脱落、褪色、变色、水渍、泥渍、植物损害、动物损害、微生物损害。标准规定了古代壁画病害图示符号,进行壁画病害现状调查时,应按照要求、规定对古代壁画的病害或现状做记录。标准列出了 21 种壁画病害的图示符号,符号为黑色图形,白色衬底,符号清晰,线条宽度以 0.3 毫米为宜,符号的疏密程度可以反映壁画病害存在的状况,符号或线条之间的距离间隔应适度。标准最后列出了手工绘制的古代壁画现状调查图示例。

《古代壁画现状调查规范》规定了古代壁画现状调查的工作内容、工作程序、工作方法和现状调查报告的相关格式。标准适用于我国古文化遗址、古墓葬、古建筑、石窟寺、近现代建(构)筑物的壁画以及馆藏壁画的病害调查和壁画保护修复工程。标准规定了古代壁画的现状调查、价值评估的术语定义。在现状调查的内容中规定了壁画价值评估调查中调查方法、历史价值、艺术价值和科学价值,前期调查,环境调查,测绘,摄影,壁画病害调查的目的、调查方式、计算机绘制壁画病害图、手工绘制壁画病害图和壁画病害详细调查图的标注内容,壁画制作材料及工艺分析的分析取样、取样原则、样品分析和壁画色度监测,现状调查报告的编写格式。标准附录列出了壁画现状调查使用的气象环境监测记录表、洞窟测绘图示例、摄影调查记录表、壁画病害现状调查图示例、取样记录表和壁画现状调查报告封面。

第二节　古建筑壁画调查的记录内容

在对山东地区古建筑壁画病害调查的过程中,以古建筑壁画的价值评估为开端,以古建筑壁画的保护历史、保存环境为依据,调查壁画的制成材料和工艺,最终以调查古建筑壁画的病害为重点,涵盖涉及古建筑壁画病害的发生原因、发展历史和发展趋势预测,并且为后期保护古建筑壁画提供综合性保护状态的评估结果。

一、古建筑壁画价值的评估调查

古建筑壁画价值的评估调查应该包括壁画历史价值、艺术价值和科学价值的评估。评估壁画的价值是为了从价值的角度来选择相对珍贵的壁画首先投入保护资源来预防壁画威胁,修复壁画病害。

作为人类历史上创造的物质文化遗存,历史价值是壁画的基本价值,体现了壁画创作、使用时的时代特征,蕴含着该时代各方面的信息。壁画伴生于人类社会的某一特定阶段,是参与人类社会发展演进的特色历史文化遗产,并且记录了历史时期的实际发展进程。壁画历史价值评估的内容包括:因某种重要历史原因而绘制,并真实地反映了这种历史实际事件;真实反映某些重要事件或重要人物活动的壁画;反映了某一历史时期的物质生产、生活方式、思想观念、风俗习惯、宗教信仰等;可以证实、订正、补充文献的史实;年代和类型独特珍稀,或在同一类型中具有典型代表性;能够反映出壁画历史的发展变化特点。

壁画作为特色的艺术载体,其艺术价值植根于人类历史的杰出创作,并且能够满足人们某种需要的效用属性。壁画的艺术价值表现在艺术造型、艺术表现力、艺术表现手法、色彩运用、情感表达方式,以及所营造的情景思想、阐发的宗教教义等方面。壁画艺术价值评估的内容包括:绘画风格独特,具有鲜明的地域性、阶段性、民族性等个性特征,或在同一类型中具有代表性;具有被当前或以往或是部分区域内民众的审美要求和审美倾向所认可的审美效果;在年代、类型、题材、形式、工艺等方面具有创意的构思和表现手法。

壁画的科学价值是指其内涵或直接记录的知识、科学和技术信息。各时代的壁画从不同的角度反映了它所处时代的生产力水平和科学技术水平。壁画科学价值评估内容专指在科学史和技术史方面的价值,体现在壁画中表现或记录了重要的科学技术资料,壁画结构、材料、工艺以及它们所代表的当时科学技术水平,或科学技术发展过程中的重要环节。

二、古建筑壁画的保护历史调查

古建筑壁画的保护修复历史是指由古建筑壁画制作形成之后至最近一次保护修复、日常维护工作期间所经历各种事件后所产生信息的整体。古建筑壁画自制作形成之日起就经历着自然环境和社会环境的综合影响,其间古建筑损毁后多次被重建、修缮，壁画被重绘或覆盖后重绘。壁画的保护历史调查，就是要研究壁画存留的历史形态、病害发生的部位和类型、保护修复的历史工艺、历史施工内容以及历史保护修复过程中产生的新问题。

古建筑壁画的保护修复历史调查内容包括修复前状态、修复具体过程、修复后的效果维护方式等。壁画修复前状态的调查记录内容包括修复前壁画的损毁部位、损毁程度、病害种类、病害的发生原因以及趋势，壁画所依附建筑的结构、地理位置，画面损毁部位、损毁程度，壁画的保护方案制定和调整等。壁画修复具体过程的调查记录内容包括修复方案设计人员、施工人员、管理人员、修复时间、修复原因、具体修复区域、修复面积、修复工艺、修复使用材料和工具等信息。壁画修复后的效果以及维护方式的调查记录内容包括支撑体、画面修复后状态，较修复前壁画材料结构的变化，建筑物的结构变化，壁画后期利用过程中的日常除尘、清扫、安全维护措施以及参观利用的人员、目的等。

三、古建筑壁画的保存环境调查

古建筑壁画的病害类型和发生程度与所处环境有害因素之间关系极为密切。壁画保存环境的调查对查找壁画病害的发生原因、判定壁画病害的发展趋势具有重要的凭据意义，而保存环境的调节控制研究为壁画日常保护行为的选择提供了技术依据。

保存环境的调查可以采取收集文献资料、现场调查或监测的方式，采集与古建筑壁画密切相关的气候、水文、地质环境等信息或数据。壁画依托的建筑物所处宏观环境气象数据调查采集项目内容包括温度、相对湿度、降水量、风速、风向、光照度等，有些特殊的环境还要进行空气质量指数或其他有害气体的监测，如悬浮颗粒物、二氧化硫、氮氧化物、二氧化碳等项目。地质环境调查项目包括地层、地层岩性、地质结构构造、土壤结构性质、不良地质现象、地下水环境、地表水环境等。壁画依存的室内微观环境气象数据采集项目内容包括温度、相对湿度、降尘、壁画支撑体水汽状况、土壤结构性质、有害气体、光照度等。影响壁画保存的生物环境调查项目内容包括生物的种类、危害方式、危害时间，现有预防措施等。

四、古建筑壁画的结构材料调查

古建筑壁画结构材料调查的目的是从保护修复工作者的视角解读壁画

艺术品，揭示壁画的原始风貌和价值内涵，为推断壁画的原始使用材料和制作工艺提供重要依据，也为选择壁画修复材料工艺、维护壁画的"原真性"提供科学参照依据。对壁画原始制作材料和结构的分析是深入了解认知壁画的重要内容，主要指对地仗层、白粉层、颜料层和胶结材料及其叠压关系的分析。

壁画底色层和颜料层的分析调查内容应包括解析壁画底色层、颜料层的结构和组成。壁画地仗层的分析调查内容应解析地仗层结构，并根据地仗层结构材料、病害发生状况的不同有选择地进行地仗层物理力学性质测试（如密度、颗粒密度、粒径、加筋材料含量、孔隙率、含水量、界限含水量、收缩性、膨胀性、力学强度等）、化学分析（如化学成分全分析，可溶盐的种类、含量及分布等）。壁画支撑体的调查分析应根据支撑体的不同有选择地进行支撑体的物理力学性质测试（如密度、颗粒密度、粒径、孔隙率、含水量、界限含水量、收缩性、膨胀性、力学强度等）、化学分析（如化学全分析、岩相分析，可溶盐的种类、含量及分布等）。壁画色度监测调查内容宜对壁画画面中主要颜色的色度进行测定。

五、古建筑壁画的病害现状调查

古建筑壁画病害现状的调查以壁画本体调查结果为基础，可为壁画病害提供全面科学诊断，是壁画保护调查内容的核心部分，其目的是调查壁画病害种类和分布状况等，是后期开展病害机理、合理修复、预防性保护等研究的前提条件。病害调查的内容包括病害辨别、病因分析、病害记录、病害评估。

壁画历经数百年历史的沧桑，现今均呈现出错综复杂的损毁表现形式，常常是一片区域出现多种病害的重叠。因此，对古建筑壁画病害的辨别、分类和命名是调查病害的基础工作。参照《古代壁画病害与图示》收录的 21 种壁画病害的类型和特征，可以对古建筑壁画进行病害的辨别及标示。在实际调查过程中，每个地区的古建筑壁画并不相同，山东地区古建筑壁画出现的病害涵盖了《古代壁画病害与图示》中所有类型的病害，此外还有 10 多种特有的病害类型，主要有白灰覆盖、黄泥覆盖、胶污染、磨损、油漆污染、凿痕、粘纸、铁钉、黑板和孔洞等。

古建筑壁画病害的病因分析是对造成或引起古建筑壁画出现病害的原因进行初步的判断，明确引发壁画病因的条件。结合壁画历史与保存现状调查结果，可以探索壁画病害的初步形成原因。但是，具体的病害形成机理还需要开展后续深入研究和模拟试验。

古建筑壁画病害的记录分为传统手工记录、计算机绘制两种。以计算机绘制、手工绘制壁画病害的方法，在国家文物局颁布的《古代壁画现状调查规范》中已有详细介绍。此外还有一些新的技术来记录病害的内容。壁画病害详细调查图中要标注调查单位、项目名称、图名、图例、线段比例尺、调查人员、制图人员、校核人员、审定人员、图纸编号、调查日期等项目。字号、字体、字的编排以清晰明了为原则。壁画详细调查应根据情况附有能反映出壁画病害特征的、清晰的图片。图片应配有比例尺、色标卡。

古建筑壁画病害的数据统计、分析、评估是在对壁画画面信息进行准确翔实记录的基础上，利用数理统计和多元统计方法，对病害的种类、分布和严重程度进行科学统计分析，找寻壁画病害之间的关系和联系，为文物保护修复工作者探寻壁画的病因和后期保护处理提供不可或缺的参考信息。

第三节　古建筑壁画调查的记录手段

在对山东地区古建筑壁画的保存现状实施调查过程中，采用的基本调查方法有文献调查综述法、人员访谈法和实地调查法。在实地调查过程中，需要对壁画的制成材料和病害物质进行分析取样，取样的原则和操作过程按照《古代壁画现状调查规范》的要求来实施。对古建筑壁画的保存现状信息提取分析的内容包括壁画保存现状的测绘和摄影、手工绘制壁画保存图、计算机绘制壁画保存图和调查数据的统计分析。古建筑壁画保存现状调查信息所采用的主要记录形式包括文字记录、图示记录和摄影摄像记录。

一、调查基本方法

山东地区古建筑壁画保存现状调查使用的一些传统的基本方法仍然是文物调查中最基本、最常见的调查手段，主要有文献调查综述获得原始信息，对参与古建筑及其壁画保护、管理的工作人员访谈获知文献上未记载的口传信息，实地调查获知壁画最直接、最新出现的信息。

1. 文献调查获得原始信息

查找历史上的相关文献、出版物、历史记载和档案记录等，如建筑修缮或重建、壁画重绘的记载来对古建筑及其壁画的建造、绘制或修缮、重绘的历史进行比较详细确切的了解，对古建筑壁画的历史背景、艺术价值、保存环境等内容进行汇总，包含文字档案资料、历史照片、考古资料、研究论文、著作、家谱、史志、方志、绘图、草图、视频、音频等，通过对这些历史资料的分析、研究和归纳，对山东地区古建筑壁画会有更加深入的认识。

一般来说，时代较早的古建筑和壁画的历史资料都相对比较缺乏，可以利用的原始记录很少，碑刻和方志是其中主要的文献类型。古建筑在建造初始，一般会有记事碑刻在建筑邻近区域竖立或镶嵌于建筑的墙体上，比如醮社碑刻，来记载修建古建筑的缘起、修建工匠、修建内容、经费捐献人员及金额等。在重修和重建的活动中，一般也会有重修、重建的原因、修缮的内容、修缮人员、经费出资捐献人员及金额等方面的记载。这些存留至今的碑刻是了解古建筑及其壁画历史的最原始、最详细、最确切、最权威的原始凭证。另外，在历代编撰的方志中一般也会记载有关于古建筑以及壁画的内容，相对来看只是记载内容并不详细，但是其中会有些价值较高的关于当地社会文化、经济、政治、战争情况的记载，可以为明确了解历史上当地影响古建筑壁画保存的社会因素提供丰富的内容。

历史较短的古建筑或者是当代的一些记载资料中，可以利用的文献数量相对较多，内容记载也比较详细，不仅仅是文字内容丰富，而且出现了照片、图片、视频、音频的记载形式，因此对了解近时代的壁画情况更为翔实。这些记载文献的类型表现为论文、档案、图书、纪录片、电子文件等，保存这些资料的部门分布于古建筑及其壁画的管理部门、修缮部门、地质测绘部门、历史和艺术研究机构、宗教部门、档案部门、基层村镇组织、家族谱牒等与古建筑相联系的各种事业机构和个人。

2. 人员访谈获知口传信息

虽然有相当数量的古建筑及其壁画在历史上会有记载，但是很多价值相对不高、地处偏远地区的古建筑并没有任何文字的材料留存下来。这些地方的民众通过口耳相传的传承形式留下了诸多关于古建筑及其壁画的传说故事、历史名人、建筑的维修变迁、壁画的内容记录等口传信息。这些信息在一般的调查过程中，如果没有详细的在民间查访的经历，很难查证到详细、准确、有用的历史资料。

在访谈过程中，一般要寻找一直在当地连续居住、年龄较大、文化程度相对较高、身体健康、记忆清晰的老人作为访谈对象，尤其是那些对当地文化和宗教活动热心研究的知识分子，比如新中国成立时在当地教书的教师和当时的村干部等。这些访谈对象一般能够清晰回忆出村中留存古建筑的整体布局形制、古建筑的用料、古建筑的损毁情形、古建筑的大致维修时间、古建筑的用途、关于古建筑的历史典故和传说等信息资料，而关于壁画的内容则可以大致回忆出壁画历年重绘前后的画面内容、画面人物故事内容、画面的颜色种类、画面历年的损毁情况等历史变迁情况。

对历次参与壁画修复的工作人员和管理人员的访谈也是了解历史上壁画保护、管理工作经历的重要渠道，因为历史上的壁画修复工作并不能完全流传下来非常具体、详细的档案资料，因此这些访谈得到的口传信息可以作为较为直接、权威的补充资料。寻找采访历史上参与过古建筑及其壁画保护、管理的工作人员，访谈获知档案文献上未记载的口传信息，对于没有任何文字记载的壁画的保护工作尤为重要。

由于初期的壁画保护修复工作人员对保护修复记录工作并不重视，多年后由于人员变动，信息收集愈加困难。通过采访当年参与壁画保护、修复、管理的老同志，整理出完整宝贵的资料，可以在当今探知壁画的修复历史、修复材料、修复人员、修复区域等信息。即使在当代修复过的古建筑壁画中，能够完整记载壁画修复过程和病害情况的档案资料也是不能完整重现修复前后壁画保存的变化情况，因此，也有必要对当时参与古建筑修缮和壁画修复管理的工作人员进行深入的访谈，以获取文献资料以外的更多古建筑和壁画的损毁情况和修复工作的信息。

3. 实地调查获知直接信息

要获得山东地区古建筑壁画的最新、最原始和最直接的保存现状信息，实地调查是最权威的做法，历史文献记载和非专业人员的叙述都有可能对古建筑壁画的保存历史情况产生一些个人的理解偏差或错误的看法。历史上的文献记载可以对古建筑壁画的历史病害和发生经过有所详述，但是即使时间很近的保存现状信息，哪怕是一年前的保存现状记录，也有可能与当前古建筑壁画的保存现状有所不同，在短时间内壁画可能会由于连续降水、人为因素出现屋顶塌漏、墙体坍落、人为毁坏等严重的危害情况，因此在调查过程中必须实地对山东地区的古建筑壁画的保存现状、灾害天气的影响、病害发生情况和发展趋势进行详细调查。

在对山东地区古建筑壁画实地调查过程中，壁画的制成材料、画面内容、现存病害的表现特征是最容易观察、测绘、记录到的宏观信息，古建筑壁画的内部环境和外部周围环境也能通过实地调查直接获得某一时间段或短时间内的信息，这些关于古建筑壁画保存现状的信息往往能迅速、准确、直观的获知。另外，还有很多重要的壁画保存状态信息并不能在壁画的现场直接获得，需要通过在现场的长时间监测或者获取样品后再进行分析测试才能获得，这些信息内容包括古建筑壁画保存环境中长时间段的温度、相对湿度、降水、光照的变化情况，壁画画面的颜料种类和组成比例，壁画材料中的可溶性盐种类和含量，古建筑环境中微生物和生物分布等信息。

在实际的古建筑壁画调查中，调查人员未必能完全获得壁画保存现状和保护经历信息，因此壁画的调查档案记录整理要列出预留项目，以便今后研究进展中一旦取得相关信息可以及时补充完善档案资料。

二、分析取样手段

山东地区古建筑壁画实地调查过程中，需要对壁画的制成材料和产生病害的物质进行分析取样以确定壁画的材料种类、工艺和病害的性质特征，为推断壁画本体的制成材料、推演壁画病害的形成机理、探索壁画病害的防治措施提供依据。

壁画制成材料和病害物质的取样原则应该是根据保护修复工作的需要确定取样的位置，再根据可能采用的分析方法来确定取样量，取样的量一般是越少越好。取样应选择壁画画面的破损或不重要的部位，也可以在壁画下方地面上获取壁画上脱落的材料。尽可能采用无损分析方法来对壁画及其病害进行分析测试。壁画制成材料和病害物质的取样应该根据不同的研究目标决定不同的方法，可取块状、粉末状样品。对壁画支撑体和地仗层可以采用钻孔取样的方法。取样前根据壁画的保存现状，可采用适当的方法对壁画表面进行清理，以避免外界的灰尘和有害物质对壁画的本体产生污染，影响分析结果。

壁画样品的编号可以使用英文、拼音字母加序号来反映壁画对象、样品种类等信息。样品应做好相应的记录，内容包括项目名称、取样目的、取样人员、取样时间、样品编号、取样位置、样品描述、取样方法、分析方法等，应配有必要的取样位置照片，其中照片应附有比例尺和色标卡。取样位置和编号应在数字文件或打印纸质版的壁画图中标示出来。

在对样品分析的过程中，一般首先要分析壁画的底色层和颜料层，应解析壁画底色层、颜料层的结构和组成。在分析壁画地仗层的过程中，应解析地仗层结构，并根据地仗层存在状况的不同有选择地进行地仗层物理力学性质测试和化学分析。在分析壁画支撑体的过程中，根据支撑体的不同有选择地进行支撑体的物理力学性质测试及化学分析。同时对壁画进行色度监测，应该对画面中主要颜色的色度进行测定。

以地仗层中可溶性盐的取样为例来说明壁画调查过程中样品提取、测定的要求。2010 年 7 月 1 日发布、2010 年 9 月 1 日实施的文物保护行业标准《古代壁画地仗层可溶性盐分析的取样与测定》(WW/T 0032-2010)中规定了古代壁画地仗层可溶性盐的取样和分析项目、分析方法，适用于古代壁画地仗层可溶性盐分析的取样与测定。壁画地仗层可溶性盐分析取样应选择无颜料层的壁画地仗部位。壁画地仗层可溶性盐分析的取样分为两种：(1)块状样品，掉落的、重量大于 100g 的残块，或者是在不破坏壁画前提下能够收集到的大于 100 克的样品。(2)微岩芯样品。为了解壁画地仗不同深度盐分种类及分布情况，可以借用地质勘探钻取岩芯的方法取样，钻孔直径以 0.5 厘米为宜，根据壁画地仗层的厚度差异，从壁画表层至底层分为四个层位，每层的厚度由表及里分别为 0～2 毫米、2～5 毫米、5～10 毫米和 10 毫米以上，如果壁画地仗层厚度较小，可以减少取样层位数量。微岩芯样品分析项目为 K^+、Na^+、Ca^{2+}、Mg^{2+}、Al^{3+}、Cl^-、$SO_4{}^{2-}$、$NO_3{}^-$，微岩芯样品总盐量以各离子总和表示。块状样品分析除分析上述项目外，还要分析 $CO_3{}^{2-}$、$HCO_3{}^-$、可溶性盐总量和中溶性盐 $CaSO_4$。

三、信息提取手段

1. 壁画的测绘

应该明确壁画测绘图的种类，对被调查对象壁画所依托的建(构)筑物进行平、剖(纵、横)面图测绘以及壁画所在的各墙壁展开图进行测绘。条件允许时也可进行平面投影图测绘。

壁画测绘图的比例根据被保护对象所依托的建筑体量的大小，平、剖(纵、横)面图和各壁面展开图比例尺一般选择 1∶5～1∶200 范围。平、剖(纵、横)面测绘图幅面的大小不应小于 A4 纸幅面，各壁面展开图不宜小于 A4 纸幅面。对于测量的精度，不同比例尺的测绘图其测量精度应满足表 5-1 所示的要求。

表 5-1　　不同比例尺测绘图的测量精度要求

比　例	1∶5	1∶10	1∶20	1∶50	1∶50	1∶100	1∶200
精度(%)	≤0.1	≤0.2	≤0.25	≤0.3	≤0.4	≤0.5	≤0.6

所使用的测绘设备根据条件和现场状况，可以选择小平板仪、全站仪、三维扫描仪、近景数字摄影等方式进行单独或组合测量，应尽量选择精度好、自动化程度高的工具设备。各测绘图应采用字号合适的宋体字标明该图的名称，有方向指示(平面图)、线段比例尺。图注框中应有测量单位、图名、项目名称、测绘人员、校核人员、审定人员、图纸编号、测绘时间、数字比例尺等内容。字号、字体、字的编排应统一规范，以清晰明了为原则。

2. 壁画的摄影

对壁画以及画面细微处、病害细部、新发现的画面内容使用普通的摄影方法进行记录时，要使用数码照相机全景摄影方式记录壁画的原始状况。相机镜头宜采用35毫米或50毫米标准镜头。至于拍摄的精度，拍摄对象的实际分辨率不应低于75dpi。对于光源的要求，拍摄区域布光应均匀，拍摄光应使用恒定色温光源，色温值不低于5000K，宜在5500K左右。拍摄时应保持相机的水平或与拍照壁面垂直。当壁画壁面较大，一幅照片拍摄不能满足精度要求时，应对壁面分区域并编号，按照一定的顺序依次拍照。摄影过程应采用规范的记录格式。应建立调查对象摄影记录档案。记录档案中还应有按照规范程序进行的、配置色标卡和标尺的壁画照片。

某些病害发生现象复杂的壁画可以使用高清晰摄影结合三维激光扫描来进行壁画基础信息的获取。其记录的首要任务是获取壁画的数字正射影像图，这种类型的图像是对图片进行数字微分纠正和镶嵌，按一定图幅范围裁剪生成的数字正射影像集同时具有地图几何精度和影像特征。由于少数壁画的地仗层、颜料层会发生空鼓、起翘、弯曲或变形，二维图片难以表达三维的病害情况。此时可选用三维激光立体扫描获取壁画的数字正射影像图。三维激光立体扫描技术已开始在壁画保护领域获得应用，这一记录方法的优势在于：第一，通常它比传统记录方法可获取更多也更为真实精准的信息；第二，为下阶段调查病害种类、分布提供图像记录和准确的数据；第三，可在计算机上进行虚拟修复，比较多种修复效果，为现场修复提供借鉴。

在古建筑壁画的调查过程中应用多光谱摄影技术也可以为发现壁画的下层痕迹和修复历史提供帮助。多光谱摄影技术是近年在欧美国家博物馆文物保护修复中广泛用于油画、彩绘和壁画分析的信息记录手段。多光谱影像是利用不同波段的光谱对同一目标产生不同的反射率从而得到各波段对应的照片。通过多光谱摄影技术可反映本体材料及修复材料在壁画表面的残存状况，可辨别绘画创作者的原始创意和构思。奥地利艺术学院科学技术系曾经采用紫外光、红外光和X射线照相技术对需要修复的油画、壁画等进行信息档案记录，并且揭示绘画者在创作阶段底稿的大致轮廓和创意不断变化过程。内蒙古呼和浩特大召寺壁画亦采用近红外光和偏蓝光摄影，与可见光彩色影像进行对比后，可辨析壁画底稿的标记和人物轮廓的修正痕迹。

3. 手工绘制壁画图

在对壁画摄影的基础上，打印出需要进行壁画保存现状调查的整幅壁画图片，打印纸张不宜小于A4规格纸张的大小。将透明的硬质薄膜纸覆盖于已划分好网格的壁画图片上，在薄膜纸上框画出所要调查的壁画的四周以固定薄膜纸的位置。按照《古代壁画病害与图示》(GB/T 30237-2013)中规定的图例在薄膜纸上标出壁画病害。如果壁画的壁面面积较大，可以将壁面测绘展开图按适合拍照的区域进行划分、编号，对各区域拍照后打印出来，打印照片也不宜小于A4规格纸张的大小，再将透明的硬质薄膜纸覆盖于打印出的照片上，按照上面的要求进行壁画详细调查。手工绘制壁画病害时，可以根据壁画病害情况，以清晰明了为原则，有选择地绘制几种病害于一张图上。如果壁画的病害类型比较多，病害发生程度比较严重，则可以多绘制几张图纸，每张图纸绘制3～5种病害即可，不必在一张图纸上画出所有的病害示例。

4. 计算机绘制壁画图

使用计算机绘制壁画图时，宜采用AutoCAD、CorelDraw等通行适用的软件作为病害标识数字化的工具，以壁画整幅数码相机拍照的、没有变形的图片作为底图，嵌入相应的壁面测绘展开图中。对壁面测绘展开图建立平面直角坐标系，原点位置的确定取决于是否较易测量和计算，一般以壁面左下角为原点，与地面交界线为X轴。通过现场调查，按照《古代壁画病害与图示》(GB/T 30237-2013)中规定的图例辅以计算机绘制的方式完成不同病害标注。每一种病害单独作为一个图层。若壁画面积较大，可以对壁面进行等距离网格划分并编号，分区域进行计算机绘制壁画病害。由于每一图层只有一种病害，所以可以根据工作和研究需要分别提取相应图层记载的病害信息，有针对性地选择特定的壁画病害。

5. 数据的统计分析

根据传统的方法进行古建筑壁画的数据统计和分析不仅仅要花费更多的精力，而且得到的结果一般也是误差较大，现在可以结合得到的计算机绘制壁画图和摄影测量手段做到精确、精细地测量壁画的各项数据，方便快捷的实现多重数据的一次性获取。

传统壁画调查方法主要有透明方格法和CAD法。透明方格法，即用边长为1mm的透明方格计算纸蒙在欲测面积的壁画上，统计出壁画内完整的方格数，再将壁画内不完整的方格数两格折算成一格，两者相加乘以每个小方格所代表的面积即得图上面积。CAD方法是在计算机上利用AutoCAD绘图软件绘制壁画区域和计算壁画面积，然后利用Excel电子表格进行分类统计汇总。

以往对馆藏壁画调查一般是通过实地测量长度和宽度，估算壁画长度和面积等方法实现的，这些方法不仅误差较大，而且需要直接接触到壁画进行数据测量，稍有不慎就会对壁画造成伤害。其次，壁画的破坏主要是由于自然力和非正常因素引起的，所以受损的部分往往是不规则的，进而受损面积估算难度加大。由于以上原因，传统的壁画调查方法受到了诸多限制，不仅效率低，而且准确性差，难以完整、精细地呈现壁画的所有病害特征。

利用地理信息系统记录壁画保存现状是一项近年来发展起来的新技术。正射影像是虚拟的壁画原型，壁画上保存状态的不规则分布具有类似地图的可测量性。将地理信息系统技术用于壁画的调查能够解决这一问题。这样，在数据获取过程中以及后期的保存现状调查中都不会对壁画造成破坏，而且能够提高测量的精度。利用三维激光和近景摄影测量手段可以实现对壁画画面信息进行准确翔实的记录，并采用地理信息系统技术实现壁画模块管理，对病害的种类、分布和严重程度进行科学统计分析。此外，地理信息系统的另一优势是可查询提取局部某单一病害的特征信息加以利用，为文物保护修复工作者探寻壁画的病因和后期保护处理提供不可或缺的参考信息。

在古建筑壁画的地理信息管理系统中设置的功能模块中，根据不同的需要可以实现多种功能的快速获取。在“病害提取”模块中，选择需要创建病害的属性表结构和填充的病害符号，选定病害提取的区域进行病害检测，得到检测后的病害图，绘制病害边线，获得指定类型的病害图。在“病害量算”模块中，只要选中所需的病害区域，系统就量算出所选病害的面积或长度，精度达到 10^{-6} 级别。将量算后的病害面积或长度等属性信息存入属性表中，完成所有病害的提取和量算，就完成了病害数据空间数据库的内容。在“病害查询与统计”模块中，对壁画病害空间数据库，可以进行选择查询和统计功能，也可以生成相关专题图。在“病害的空间分析”模块中，可以实现壁画的空间分析功能，主要包括叠置分析，得到每幅壁画上所有病害的种类和数量，还能实现缓冲区分析，得到病害扩展一定距离后壁画新的病害表面状况。

四、信息记录形式

古建筑壁画是多重信息的复合物质载体，而且古建筑壁画保存现状调查工作本身要针对具体某一处古建筑壁画制定有差异性的修复方案，因此在古建筑壁画保存现状调查工作过程中要记录的内容亦是多方面的，古建筑壁画调查档案的表现形式也呈现出复杂性、多样性和唯一性。古建筑壁画调查信息所采用的主要记录形式包括文字记录、图示记录和摄影摄像记录。

古建筑壁画调查文字记录是最为常用的记录形式，也是需要详细记载的内容。文字记录包括较广泛、全面的内容，主要有：古建筑壁画现状、古建筑壁画特征描述、艺术价值评估、画面内容描述，古建筑壁画修复历史及方法记录，有关该处古建筑及其壁画的简报、报告、论文等文字材料，古建筑壁画保存现状的记录，古建筑壁画调查过程由始至终的工作日志，古建筑壁画调查报告等。

古建筑壁画调查图示记录是能够详细直观显示古建筑及其壁画状态的记录方式，能够详细显示壁画保护过程的关键性要素。图示记录包括：第一类图示包括古建筑壁画保存状态图、壁画制作工艺图、壁画颜料及地仗的成分分析图、手工或计算机绘制图、样品采样位置图、历史修复痕迹图；第二类图示包括古建筑壁画图案纹饰图、古建筑及壁画位置图、手工或计算机绘制的图案复原图等；第三类图示包括壁画调查过程中操作方法及过程的图解、图表、表格等。

古建筑壁画调查摄影摄像记录能够连续详细记载壁画的整体与局部的外观面貌，具有形象性、直观性和连续性，是当今信息记载方式的必要手段。摄影摄像记录包括：古建筑壁画保存现状特征，古建筑壁画病变位置和特征，古建筑壁画各结构的微区形貌，样品采集位置及邻近区域情况，调查过程中的仪器使用方式、人员操作方法，调查过程中的样品分析测试各步骤，调查过程中新发现的考古、艺术、工艺、制作材料和其他重要的信息等。

小　结

为了避免由于人为原因产生的调查记录误差，山东地区古建筑壁画调查工作中必须坚持客观、规范的指导原则。在调查过程中，关于壁画保护的文物保护国家标准《古代壁画病害与图示》(GB/T 30237-2013)和文物保护行业标准《古代壁画现状调查规范》(WW/T 0006-2007)可以作为山东地区古建筑壁画病害调查的指导性适用标准。

山东地区古建筑壁画保存现状调查的内容不仅仅只针对古建筑壁画本身当前的保存状态，还要涉及古建筑壁画的价值评估，古建筑壁画的保护历史、保存环境，壁画的制成材料和工艺。调查古建筑壁画的保存现状是其中的重点和主要内容，涵盖古建筑壁画病害的发生原因、发展历史和发展趋势，以为后期综合性保护古建筑壁画提供现存状态的评估结果。

山东地区古建筑壁画调查采用的基本方法有文献调查综述法、人员访谈法和实地调查法。在实地调查过程中，需要对壁画的制成材料和病害物质进行分析取样，取样的原则和操作过程按照《古代壁画现状调查规范》的要求来实施。古建筑壁画信息提取分析的内容包括壁画测绘和摄影、手工绘制壁画图、计算机绘制壁画图和数据的统计分析。古建筑壁画调查信息所采用的主要记录形式包括文字记录、图示记录和摄影摄像记录。

第六章 山东地区古建筑壁画的预防保护手段

古建筑壁画的预防保护措施是针对壁画的环境调节控制所做的管理工作，这些工作并不涉及壁画的地仗层和颜料层本体材料，所施行的管理措施从壁画的外围环境来隔绝有害因素对壁画材料的影响。这些预防性的管理手段包括对古建筑墙体的预防处理、对古建筑内部环境的调节控制、对古建筑周围环境的净化防护、对壁画自身的日常维护，还有一些对壁画的特殊保护手段。

第一节 古建筑壁画的预防保护原则

古建筑壁画是人类珍贵的历史文化遗存，在制定保护方案和实施任何预防性、抢救性保护修复措施前要遵循一定的依据和原则。根据《国际古迹保护与修复宪章》、《中华人民共和国文物保护法》、《中华人民共和国文物保护法实施办法》、《中国文物古迹保护准则》，结合国内外一些通行的文物保护修复理念、方法、规范，在文物保护国家标准和文物保护行业标准关于壁画保护的精神内涵指导下，山东地区古建筑壁画在预防病害发生的过程中所使用的预防手段要遵循下面一些具体的保护原则和理念。

1. 不改变原状原则

在施行预防性保护措施过程中，保留壁画的原始历史信息，保持古建筑及其壁画的原有形制、结构、材料和工艺做法，决不允许采取任何导致改变建筑及其壁画主体结构、材质和颜色的新建、拆除或改动的手段。允许使用现代的化学保护材料，但是材料的性质、施工工艺、预期效果要经过预先试验确认对壁画无不良影响时才能使用，而且不能改变壁画的外观颜色和内部结构。

2. 尽量少干预原则

凡是近期没有危险的，应尽量少干预；必须干预时，只对有害部分进行尽可能少的干预。一般较完整、老化变质不严重的壁画，都把工作重点放在改善其所处的建筑内部环境和周围环境上。当壁画地仗层、画面层材料老化变质程度已经很严重，且速度很快，如不对它进行保护已无法保存下来时，才采用修复材料对其进行直接干预。

3. 预防为主的原则

量变引起质变是事物发展的普遍规律。一切事物的变化都是先从量的变化开始的，但量变开始时不影响事物的根本性质和面貌，因此这种量变在文物的病害发生过程中常常被忽视。但这种量变对壁画材料来说有着很大的潜在威胁，所以在保护工作中应未雨绸缪，防患于未然。引起壁画材料的不明显有害因素包括不适宜的温度、空气湿度、墙体基础中的水分、紫外线、有害气体、微生物等。对脆弱的壁画材料应采取科学管理的态度，预防为主的原则非常重要。

4. 安全性原则

所使用的保护材料和保护手段应该是安全有效的，对于壁画材料和施工管理人员应是无害的。施行的所有预防性保护措施都不可对壁画材料造成进一步损害，不可引入新的危害因素。在保护措施实施后不得在壁画材料中残留或挥发出有害物质，残留的壁画保护材料对环境、人员安全。

5. 保护材料可操作性原则

所用保护试剂材料符合文物保护修复过程中可逆性操作的条件，原则上应当具有完整的可逆性和可再处理性。所有保护材料不破坏壁画的历史、艺术、科技的信息。应选择无色、透明、无光泽，防水性能好，具备适当的黏结力和渗透力，对画面的颜料层和地仗层无任何损害，并且具有可逆性的材料。

所有材料可在需要的时候去除，其分解物不致破坏画面原有的结构和材料。加固剂、封护剂和防霉试剂应具有较长时间的老化期，老化分解后的产物不会对壁画的材料和结构产生损害。使用的溶剂类材料能够在处理完毕完全挥发，不会对壁画材料和保存环境产生次生损害。古建筑以及壁画使用的传统材料和工艺应该优先使用，在不能或不允许使用传统材料和工艺的程序中才能使用现代的材料和工艺。

第二节　古建筑墙体的预防处理

古建筑的墙体是壁画存在的根本和基础，因此首先对墙体进行预防处理是从根本上保护壁画、预防壁画病害发生发展的前提。对于古建筑壁画墙体的预防处理，可以采取加固修缮受损的墙体、对墙体施行阻隔水分的技术防护以及对墙体施行密闭处理的手段。

一、古建筑的加固修缮

古建筑的坚固程度和稳定性能是影响附属其上的壁画存在的根本和决定性因素，尤其是建筑自身结构材料的机械强度决定了壁画的总体强度。如果建筑自身不稳，所依存的壁画都有受到损毁的危险。针对古建筑墙体的病害表现特征，预防壁画最常见的病害可以采用加固承重木柱、顶撑倾斜墙体、修缮漏雨部位等抢救手段来加固壁画所在的基础墙体。

保存壁画的山东地区古建筑多为木结构梁柱与砖石相结合的结构，建筑上部梁架和建筑顶部的整体重量主要靠木柱来支撑，木柱中间填筑的砖石只是起到密封、分割建筑空间的作用，很少有承载上部重量的用途。壁画支撑体、地仗层病害的发生多与建筑的整体发生改变相关，因此根本上解决壁画的病害加剧态势，必须对古建筑的墙体进行加固修缮，以恢复古建筑的原有结构，增强墙体的原有强度，保持建筑的整体稳定性。

对于腐朽失去承载能力的木柱、梁架，可以在修缮古建筑的过程中更换新的柱架；局部朽坏的木柱，可以将腐坏部分进行更换后与原有木柱插接加固后继续使用；轻微的腐朽、开裂木柱，可以采用环氧树脂加固、碳纤维黏结捆扎加固等方法进行整体加固。

对于已经倾斜的墙体，如果建筑进行局部落架修缮，则可以对墙体做矫正加固；如果古建筑暂时不进行修缮，则要对倾斜墙体从倾斜的角度做暂时性顶撑加固，待大修时还是进行矫正加固处理；对于倾斜不严重的墙体，可以在墙体的下部和墙基部分通过垒砌加固台来进行加固。如果墙体部分坍塌，只要建筑的完整性尚存，则可以对坍塌的墙体局部进行恢复。

漏雨是古建筑中常见、危害也非常严重的损害，漏雨渗水不但威胁建筑的顶部，还对建筑的墙体和内部的所有壁画产生次生的危害。因此在修缮建筑的过程中，对于古建筑的顶部和墙体的上部，治理雨水的侵蚀是最常见和最重要的修缮工作。古建筑的屋顶修缮可以每年在雨季来临前进行日常的维护，比如清扫树叶、清理瓦垄、清除杂草等。局部坍塌、漏雨严重的建筑则要进行揭瓦修缮，对于水蚀严重的墙体同时进行加固。顶部完全坍塌的古建筑若要进行修缮则必须进行屋顶的重新铺设。

二、古建筑墙体的水分阻隔

水分是危害山东地区古建筑壁画的最大外部因素，加之古建筑壁画自身材料的不耐水性，因此隔绝水患是保护古建筑墙壁，进而保护依附于其上的壁画的根本措施。

在对古建筑墙体隔绝水分的处理过程中，首先对严重吸潮、水分活动频繁的建筑外墙的墙基、墙根进行防潮防渗处理，以隔断土壤中地下水的毛细上升作用；其次对严重吸附毛细水的墙体进行避潮层的施工处理，防止地下水通过墙体缝隙继续上升；最后对外墙受雨水侵蚀部分进行墙面防水憎水处理，以隔绝大气降水和空气中的水分侵蚀进入墙体。

古建筑墙基、墙根进行防潮防渗处理的具体操作程序为：首先在水蚀墙体外部刨开地基的沟槽，露出全部墙根并清洁干净墙体的砖块、石块以及黏结的白灰层、土壤和植物根系；其次以防腐修复砂浆填补墙体中孔洞和缝隙并在墙体表面涂刷三遍防腐修复砂浆；然后用白灰和生土以 3∶7 充分混合后，填充沟槽底部并夯实，上部预留一定深度；随后待灰土夯实后，上层铺一层水泥、黄沙、细石子搅拌而成的混凝土，待混凝土凝固后在其表面反复涂刷防腐修复砂浆和墙体表面形成一体；最后在其上铺设细沙，细沙上面铺覆上原有的青砖与原有地面成一整体。

古建筑墙壁避潮层施工处理的具体流程为：待对古建筑墙基、墙根进行防潮防渗处理后，在水蚀严重的墙体外离地面高 0.5～1.0 米的水平方向做弹线标记，沿弹线每隔 0.6 米无振动钻孔。孔洞方向为垂直于墙面水平向下约 40°，深度为墙体厚度的约 2/3。孔内灌注白灰砂浆至满，待固化后二次钻孔，加压灌防水砂浆（加微膨胀剂），让其充分渗透填充至墙体的缝隙中，强度应高于原砖，孔洞口留深度 1 厘米左右以便于做旧。在两孔的中间重新打孔重复灌注白灰砂浆、加压灌防水砂浆的过程，最后留修复口用青砖修复砂浆进行洞口修复。

古建筑墙壁外墙面防水憎水的处理流程为：清洁墙体的砖块、石块以及黏结的白灰层，剔除疏粉老化的砖块、白灰；使用高温高压水蒸气清理表面的地衣、苔藓、白灰等污物，悬浮粒子喷射清理墙体表面的水垢沉积；使用纸糨糊敷法对墙体进行脱盐除盐处理；使用防霉杀菌试剂对墙体喷雾进行防霉杀菌处理；防腐修复砂浆填补墙体中孔洞和缝隙；使用修复砖粉补配缺失青砖；墙面用防水憎水材料进行喷涂憎水处理；墙体表面整体做旧处理。

经过墙基墙根的防潮防渗处理、墙体的避潮层施工处理以及外墙面的防水憎水处理，整个古建筑墙壁已经基本能够完全隔绝土壤中地下水与盐类、大气降水、空气中水分对建筑墙体、壁画地仗层从下部和背部对壁画长期持久的侵蚀。

三、古建筑墙体的密闭处理

许多古建筑自身在建造过程中，由于建造结构和使用材料的先天不足，古建筑并不能完全做到密闭处理，因此壁画受到外界自然环境的影响一般都是比较明显、直接、严重的。山东地区的古建筑多为木、砖、石结合的建筑结构，而且建筑基本上均设置有门窗，建筑的整体密闭性较差，不能完全做到通过密闭来控制内部环境的目的。对于壁画的保存，相对密闭稳定的环境更有利于保持壁画的长期稳定性，构筑密闭的保存环境首先从古建筑的墙体做起，可以从封闭古建筑墙体的裂缝、改造门窗、完善建筑结构等方面来实施。

在加固修缮墙体的基础上，针对古建筑墙体上出现的各种裂缝也要进行封闭修缮，可以采用灌浆、修复砂浆封闭的方法进行密闭处理，这些密闭工作可以结合着建筑本身的修缮、水分阻隔等工作同时进行。一般情况下，墙体上的裂缝要从建筑的外侧进行施工，以最大限度地避免对壁画本体的接触。对于内部的壁画，壁画地仗层裂缝的灌浆和修补同样也达到了密闭墙体的作用。

山东地区古建筑的门窗一般为木质材料，很多建筑的正面、背面全部为大面积的木质门板和窗户，木质材料本身由于受到水分潮湿的作用，容易产生变形，因此木质门窗之间的密闭性能很差，各个部位的连接处经常出现裂缝。对这些裂缝，如果不能在短时间内更换变形的门窗，可以采用一些色调协调的材料来封堵，减缓外界空气与建筑内环境之间的交换。变形严重的门窗应该及时修理或更换，多使用不易变形的材料制作门窗，遵循原制作材料基本不变的原则，不能将木质材料更换为现代的金属门窗。木质建筑结构中很多建筑构件容易损毁导致建筑密封性能较差，这些建筑构件包括靠近屋檐的椽子、望板、斗拱等，这些构件如果发生了损毁，就使得建筑的结构密闭性能局部发生缺失，因此如果有损坏就要及时修复、更换构件。

第三节　古建筑内部环境的调节控制

山东地区古建筑的内部环境一般会程度不同地受到外部自然环境的影响，保存在内部的壁画也同时被外部环境的有害因素侵蚀，而且壁画直接受制于内部环境中的各种因素，这些环境条件对壁画的保存直接、稳定、长期地产生作用，因此必须创造适宜于壁画保存的内部环境来实现壁画的长久保存。根据对壁画影响的环境因素类型和壁画病害的形成机理分析，要实现壁画所在古建筑内部环境的调节控制，必须考虑以下几个方面：首先控制环境中的温度、相对湿度和水分保持在适宜的范围，其次对环境的光线、光照和尘土进行减小控制，最后对进入建筑内部的空气进行净化处理。

一、控制温度湿度

由于温度与湿度相互关联，因此在控制湿度时必然要考虑温度因素的影响，往往可以通过控制温度来间接控制相对湿度。对于室外环境的温湿度调节控制，可以采取宏观措施，但是调控效果微乎其微，并非人为通过某些设备在短期内就能解决，而对于特定建筑内部的环境，则可以人为采取一些措施，如机械性或非机械性的方法，使内部环境温湿度的变化趋于缓和。

理想的控制标准是在全年的每一天之中都维持壁画保管环境中的温度和相对湿度恒定不变，但是实践中这是无法做到的。通常温湿度控制就是让温度和相对湿度的变化振幅尽量减小，不至于危害到壁画的地仗层、绘画材料。一般来说，温度较低时，材料的各种化学反应过程缓慢，对壁画的保存相对有利。根据已有的研究结论，结合壁画保管、利用展览的外部条件，壁画的保管温度设定为20℃左右，上下温度变化幅度为±2℃。当相对湿度较高大于70%时，壁画材料容易发霉或生虫或产生粉化现象；过于干燥时，画面的颜料层会发生龟裂、颜料褪色。因此，壁画保管环境的相对湿度不宜过高或过低，一般设定为40%～50%。

温湿度的机械性控制是指在建筑内部环境中使用一些机械性温湿度调

控设备来实现环境中温度、相对湿度向符合壁画保存标准的方向改变，以利于壁画的长期保存。控制设备包括增湿器、除湿器、恒湿器和中央空调系统等。其中最佳的温湿度控制方法是中央空调设备，在维持环境中相对恒定的温湿度的同时，还可以实现消除粉尘、吸收有害物质、净化空气的作用。但是由于山东地区古建筑壁画的保存环境中难以架设大功率电力设施并安装中央空调，所以这些现代的温湿度控制设备很难有适宜的使用场所。

温湿度的非机械性控制是指运用某些物质的物理吸湿性能，来达到调节温度、湿度的目的。通常使用的调湿材料有两种：(1)某些盐和盐的饱和溶液，包括硫酸钾、氯化钠、硝酸镁等；(2)对湿度起缓冲作用的调湿剂，包括木炭、硅胶、无水氯化钙、高分子调湿剂、复合调湿剂等。目前应用调湿剂控制湿度取得了较大的进展，通过调湿剂对小范围内的保管微环境进行调节是应用这种技术的成功范例。以一种进口的博物馆文物保护专用“超级调湿剂”为例，其化学成分为二氧化硅和三氧化二铝，不含氯化锂，其成分不会通过灰尘或人员的触摸传递金属离子给壁画；比其他调湿材料产生更少的尘埃，其挥发损耗率仅为 0.05%；比其他同类产品体积更小，1 千克仅需要 1.5 升的容量；在 2～5 年的时间里可以保持其绝大部分性能，同时间段内其他调湿剂已丧失其绝大部分性能；当温度发生变化时，湿气将不会(或极少)会在有机物和“超级调湿剂”之间进行交换，在温度波动时，这种特性使得建筑中的木质物体和其他有机材料免于膨胀或收缩；湿度可以预先设定，湿度设定值有 30%、35%、40%、45%、50%、55%和 60%，而这些设定值涵盖了壁画的适宜保存湿度。

二、预防光照辐射

光照辐射在壁画材料保存和使用中的危害是时时刻刻存在的，壁画保管过程中的主要任务之一就是将这种光危害降低到最低程度。从光辐射对壁画危害的角度出发，壁画应避光保存，但壁画又不可避免地要进行各种利用展览活动，如果不利用就失去了壁画存在的意义。因此，壁画在保存、利用过程中要实施一系列的防光措施。例如规定照度标准，但仅仅规定照度标准是不够的，因为相同照度下不同光源对同一物质材料的破坏作用是不同的。光辐射对物质材料相对损伤度的差别，主要与光源辐射的紫外线、红外线含量有关。其中危害较大的是紫外线，因此防光的基本出发点是对全部紫外线进行滤除。但由于部分可见光也能对文物产生危害作用，如果像对待紫外线辐射一样，滤除可见光中的有害成分，必然导致画面呈现的颜色失真，所以对可见光辐射只能采取控制其照度的方法。

防自然光是古建筑的壁画保管中的防光重点。古建筑的门、窗户上方安装遮阳设施，内部悬挂深色窗帘，采用内外遮阳措施达到防光效果。建筑的南面应该确保阳光透过时不能直射到壁画表面上，可以有效地减少阳光的破坏作用。除此之外，还可以在窗户上安装滤光的毛玻璃、有色玻璃及氧化钴玻璃，能阻挡大部分紫外线和部分可见光。同时加强建筑相邻环境的绿化，阻挡阳光的直射作用。如果日光照射不可避免，可封闭建筑上不必要的窗户，尽量使用人工光源作为照明光源。

人工光源尽量使用无紫外线和红外线的照明设备。白炽灯中所含的紫外线较荧光灯少，因此建筑内应使用白炽灯作为主要的人工照明光源，不宜使用日光灯。当保存环境的紫外线密度超过 75μW/lm 时，就必须采取措施滤除紫外线。通常控制紫外线的方法有：(1)锌白、钛白颜料。该颜料对可见光有良好的反射性能，同时对紫外线又具有良好的吸收作用，该颜料可涂刷于建筑的门窗玻璃上。(2)特种玻璃，包括铅玻璃、氧化铈玻璃等，但是只能吸收波长 350 纳米以下的紫外线；(3)有机材料紫外线吸收剂，包括紫外吸收剂涂料、紫外线吸收薄膜和吸收紫外线有机玻璃等。紫外线吸收剂从其化学结构特征来看，有水杨酸酯类、二苯甲酮类、苯并三唑类。荧光灯管上用丙烯酸粉制成的紫外线过滤套可以滤掉荧光灯所产生的约 95%的有害紫外线辐射。中国科学院化学研究所研制的 KH-1 型紫外线涂料和薄膜滤光效果较好，透光性也较好。有关的紫外线涂料试验结果表明，KH-1 涂料透光率达 99%，紫外光线滤光率为 99%以上。当室外紫外线含量为 500μW/lm 时，过滤前室内紫外线含量为 300～400μW/lm，涂布 KH-1 型涂料后室内紫外线含量就降至 50μW/lm。

在尽量消除紫外线影响的同时，也要合理控制建筑内的光照强度。对光照十分敏感的壁画颜料来说，不管光照的照度大小，光照时间越少越好，应严格控制光照对壁画的影响。根据国家文物局编制的《馆藏文物保存环境试行规范》，壁画属于对光特别敏感的藏品，其光照标准为不大于 50lx。根据国家标准《博物馆照明设计规范》(GBT 23863-2009)，陈列和收藏文物的场所应使用无紫外线光源，应减少灯光和天然光中的紫外辐射，使光源的紫外线相对含量小于 20μW/lm。壁画作为对光特别敏感的藏品，其年曝光量不应大于 50000lx・h/年。

三、空气净化防尘

对进入古建筑内的有害气体有必要进行除尘、净化处理，古建筑内部环境的洁净度应采用中等净化标准，在通风系统的适当部位设置过滤器，吸附空气中的灰尘和有害气体。在古建筑内放置吸附材料能有效净化降低污染物的浓度，可放置在壁画的邻近部位，同时应注意定期更换。

比较适合古建筑使用的空气过滤设备是金属网格过滤器和纤维过滤器。金属网格过滤器由近 20 层金属波状网叠置而成，每层网格孔径由外向里逐渐减小，使用时先在 10 号或 20 号机油中浸泡一段时间。当粉尘随空气作惯性运动碰到滤网时即被具有黏性的机油黏附，起到过滤作用，滤尘效率可达 25%。纤维过滤器是一种常用的空气过滤器。它的过滤层由直径小于 18 微米的玻璃纤维丝组成，厚为 18 毫米，每 5 个单位体为一组，滤速 0.14 米/秒，滤尘效率可达 60%。此外，泡沫塑料过滤器也属于这种类型，它用聚酯型泡沫作过滤层，厚度为 10 毫米，但滤尘效率比纤维过滤器低。

用于净化空气、吸附污染物的材料有碱性液体和固体吸附材料。适宜的碱性液体通过与有害气体发生化学反应能够吸收分离有害气体净化空气，使用的试剂有氢氧化钠、碳酸钠、氢氧化钙及氨水等溶液，所用的设备主要是吸收塔。一般是在古建筑的空调运转系统中再附加个喷水器，并让进入古建筑内部的空气全部通过喷水器，由于进入喷水器的空气与碱性液体充分接触后发生反应，可有效排除大气污染物中的酸性气体，如二氧化硫、二氧化氮等气体。早在 20 世纪 60 年代，国外的一些博物馆就使用这种方法减小博物馆内部的二氧化硫浓度。根据测定结果，室内过滤后的空气中二氧化硫的浓度是室外的 1/10，甚至更低。如果让水呈碱性，则喷水器吸收酸性气体的效率还会有显著提高；反之，如果喷水器所使用的水呈酸性，则会影响它的效率。但水呈碱性时，其喷嘴可能被腐蚀或发生堵塞现象，因此一般都使用易挥发性的碱。此外，喷水器对于臭氧几乎没有吸收作用。

固体吸附法利用固体吸附剂粗糙多孔的性质形成与空气巨大的接触面积来吸附大量有害气体，是物理方式的净化空气措施。常用的固体吸附剂有活性炭、浸渍活性炭、活性氧化铝、硅胶及分子筛等，将这些固体吸附剂置于特定的吸附器中，对通过的空气进行吸附滞尘，从而得到净化的空气。活性炭过滤器可以像颗粒过滤器那样堆放在气流中，由于它具有大量的极细小的孔隙，显著增加了与空气的接触面。高质量的活性炭表面积可达 700

平方米/克，甚至可以提高到1100平方米/克。在正常情况下，1克活性炭（约2立方厘米），如果表面积达到1000平方米/克，则吸附物质可达自重的15%～20%。这样活性炭就提供了面积非常大的吸附面，那些最易被压缩的气体先被吸附，二氧化硫在－10℃时浓缩，二氧化氮在－21℃时浓缩，所以二者都被有效地吸附。有关实验证明，一个表面积为700平方米/克的活性炭过滤器对二氧化硫的吸收效率是95%，对二氧化氮的吸收效率是90%，并且对硫化氢气体的吸收效率也很高。另外，活性炭过滤器对排除臭氧也是比较有效的，但不是吸附，而是将臭氧诱捕到少量的有机物上给予彻底清除。相对于空气净化过滤器和液体吸附剂，综合考虑净化空气的效果，从对电力设施的要求和古建筑自身的防护安全来看，固体吸附剂既不需要外来电力的接入，又没有火灾的隐患，因此固体吸附剂更符合古建筑内的净化空气要求，更适用于古建筑内的空气净化功能。

古建筑内新添置的木质设施，应在外部通风处充分散发其挥发污染物后再移入使用。应在空气质量良好的季节和时间加强对建筑内空气的自然换气处理，净化建筑内部空气质量；如条件许可则应在通风设备的进风口安装净化过滤设施，同时加强对进风口位置和通风管道密封性的检查。古建筑的入口处可以使用走道式风浴防尘设备，防止外来人员、物品上附带的有害物质进入。古建筑的地面应进行防尘处理；门窗的密闭性能要好，并加用外观协调的胶条密封或者在现有的门窗内安装双层门窗提高门窗的密闭性；建筑地面要采用不易起尘的砖石材料，保持地面的整洁、光滑。

第四节　古建筑周围环境的净化防护

如何在古建筑的宏观环境制造适宜于壁画保存的外部条件，是从更大的范围内对壁画的保存环境进行调节控制的关键性基础工作。古建筑周围环境中的害虫、微生物、霉菌以及有害气体污染是威胁古建筑及其内部壁画的主要来源，所以必须对古建筑的周围环境进行净化防护。只要更大面积、更广范围内的空气质量和有害生物得到了调节、限制，古建筑和内部壁画也就能够在适宜的宏观环境中长久保留。虽然这些外围的净化防护工作并不能直接触及壁画本身，但是如果防护工作不能完全发挥作用，害虫、霉菌的滋生就有可能迅速地蔓延到壁画本体之上。

一、预防杀灭害虫

根据山东地区古建筑壁画受微生物、害虫损害的数量、比例和程度以及保存环境的外部情况，可以使用的微生物、害虫防治技术有物理防治技术、化学防治杀灭技术和生物天敌的自然捕杀。

物理防治是用物理作用改变害虫的正常生长环境条件或破坏害虫的生理机能和虫体结构，使其死亡或抑制其生长发育和危害。这些技术包括高温和低温杀灭技术、冷冻真空干燥灭菌技术、微波灭杀技术、γ射线灭杀技术、缺氧防治技术、真空或气调杀灭技术等。其优点是效果好、无毒，不污染环境，对人畜无害，缺点是价格高，只适用于小面积壁画的处理，不适用于大面积不可移动壁画的处理，因此在古建筑壁画害虫的防治过程中，一般情况下使用物理防治技术的机会很少。

化学防治杀灭技术是利用有毒的化学物质直接或间接地毒杀微生物、害虫的方法。化学防治的最大优点是杀灭力强，防治效果好，缺点是对人及周围环境有害，会给壁画材料带来不同程度的污染，以及引起害虫抗药性。无论如何，化学防治在目前仍不失为有效防治方法之一。目前，用于防治壁画害虫的化学药剂主要有驱避剂和熏蒸剂两类，但是在使用化学药剂时存在诸如破坏臭氧层、产生温室效应等副作用，同时药物对周围环境会产生损害。因此，壁画害虫的防治工作应尽量采取综合治理的方法，定期开展壁画的检查和微生物、害虫受损调查工作，在防治方法上不应仅仅通过使用喷施杀虫剂等手段加以解决，还应当同时积极地使用人工除虫等手段在古建筑内部进行除虫工作。

生物防治壁画害虫技术是以害虫的生物天敌为杀虫工具，通过天敌动物的觅食活动来自然除去对壁画有害的害虫。利用天敌昆虫防治害虫称为“以虫治虫”，其中包括益螨的利用。利用天敌昆虫是生物防治应用最广、最多的方法，包括捕食性天敌和寄生性天敌。以菌治虫就是利用害虫的病原微生物，如真菌、细菌、病毒等防治害虫，其中以细菌和真菌应用最广，具有繁殖快，用量少，无残留，无公害，与少量化学农药混合使用可以增效等优点，近十几年来使用量日益增大。此外，还有利用其他有益动物防治害虫的方法，如鸟类、蛙类、家禽及其他动物对控制害虫数量的发展也有很大作用。由于生物天敌也有可能对壁画材料产生威胁，有些生物天敌，如捕食性天敌中的蜂类、菌类天敌等生物本身就会对壁画带来损害，所以生物防治壁画害虫技术在古建筑壁画害虫的防治过程中受到了很大的限制。

随着防治害虫技术对环境保护要求的提高，以具有天然杀虫灭菌功能植物为原材料的植物源杀虫剂由于对环境友好、顺应保护环境的潮流，符合绿色可持续发展的要求而得到更加广泛的应用。由于壁画的价值珍贵性，普通的杀虫剂不能完全满足壁画有害生物的防治要求，而且壁画所在的保存环境也要求杀虫剂的使用不同于一般的杀虫剂。大多数杀虫剂同时具有杀灭霉菌的作用，因此植物源杀虫剂也同时可以起到灭菌抑菌的效力。按照杀虫防虫、灭菌抑菌作用于生物机体上系统的不同，植物源杀虫剂防治有害生物的作用方式可以分为胃毒毒杀作用、接触毒杀作用、忌避拒食作用、抑制生长发育作用、麻醉作用、植物光活化毒素作用等。不同种类植物的杀虫活性成分存在差异，因此，杀虫活性物质的作用机理也各不相同。

1. 胃毒毒杀方式

大多数植物源杀虫剂都具有胃毒作用，但它们的作用机理并不完全相同。胃毒毒杀作用是指杀虫剂通过消化系统作用于害虫，通常是生物取食一定量杀虫剂后，中肠食物残渣滞留结块，并伴有拉稀，体表大量脱水，最后中肠穿孔破裂，食物漏出，腐烂而死。从苦楝、川楝中提取的川楝素对菜青虫等具有很强的胃毒作用，可以破坏中肠组织，阻断神经传导而导致害虫麻痹、昏迷、死亡。苦皮藤根粉对黏虫、稻苞虫、棉小造桥虫、棉大卷叶螟和菜青虫等幼虫具有胃毒和麻醉作用，其活性物质是苦皮藤素，主要是破坏中肠肠壁细胞膜及细胞器膜，而对消化酶系的活性没有影响。还有一种具有内吸毒杀活性的植物源杀虫剂，在生产上多用于土壤、种子处理或涂茎、滴心等，通过植物的生长和新陈代谢输送到茎、叶，使植物整体都具有抗虫性。苦楝、川楝、苦皮藤、黄杜鹃等植物的提取物都对水稻三化螟具有较强的内吸毒作用。

植物源杀虫剂需要被有害生物取食后才能发挥胃毒毒杀作用，而且每种胃毒活性物质都针对特定的消化器官。壁画制成材料的稀缺性不能允许有害生物的继续取食，因此杀虫剂的胃毒毒杀作用不能直接作用于壁画的制成材料上面。在壁画的保存环境中，可以在有害生物的活动范围或者途经路线上投放拌有植物源杀虫剂的饵料，在有害生物未接触到壁画本体前就诱使其优先取食饵料而中毒。胃毒毒杀类别的杀虫剂一般需要加入到生物喜食的饵料中，因此如果杀虫剂挥发将尽，要及时更换新的饵料以避免饵料自身的老化变质。

2. 接触毒杀方式

接触毒杀作用是指有害生物通过接触杀虫剂而发挥效用，神经中枢系统被麻痹，从而中毒死亡。目前具有触杀作用的植物源杀虫物质报道不多，主要有除虫菊、鱼藤、烟草、苦参等。鱼藤根粉的丙酮、苯和乙醇提取物对菜青虫、萝蚜、桃蚜、橘蚜及柑橘红蜘蛛等表现出很高的触杀作用，有效成分鱼藤酮主要作用于呼吸链中的电子转移复合体。烟碱是烟草的主要杀虫成分，对蚜虫具有较强的触杀活性，作用于乙酰胆碱受体。除虫菊中的除虫菊素作用于害虫的神经系统，但其具体作用机理比较复杂。肉桂油、齿叶黄皮油和八角茴香油等植物精油对赤拟谷盗和黄粉甲等具有优良的熏杀和触杀效果。

有害生物需要接触到杀虫剂后才能发挥接触毒杀作用，因此可以在壁画保存环境中的有害生物的活动区域或者停留区域喷洒投放杀虫剂，采用此种投放方式可以在距离壁画更远的范围内防御有害生物的侵蚀。在有害生物密度较高、侵蚀壁画严重的部位，必要时可以在壁画的边缘或者附近投放杀虫剂，在有害生物未接触壁画时就先接触到杀虫剂而死亡。

3. 忌避拒食方式

许多植物源杀虫剂都可干扰昆虫的正常行为，表现为忌避、拒食作用，主要是利用某些药剂散发出的特殊气味使昆虫感觉器官难以忍受而不靠近，影响其栖息或产卵场所的选择；或者是抑制生物的味觉功能而表现出拒食效应。楝科植物对三化螟、菜青虫、黏虫、斜纹夜蛾等具有明显的拒食作用。植物蛋白酶抑制剂与昆虫肠道内的蛋白酶结合并抑制其活力，影响昆虫的消化功能。印楝素是目前世界上公认的活性最强的拒食剂，印楝素及印楝制剂对昆虫具有拒食、忌避、产卵忌避、生长调节、绝育等多种作用。由于有效成分的组成和使用剂量的不同，印楝素对昆虫可以表现出不同的生物活性。有研究对200余种昆虫进行室内外试验的结果显示，对不同制剂及印楝素纯品都有拒食效应，但不同昆虫类群敏感程度差异明显，鳞翅目幼虫最敏感。鞘翅目、半翅目、同翅目及等翅目昆虫敏感程度较差，而直翅目昆虫个体间敏感程度存在差异。

某些植物分泌出的精油也有忌避、拒食作用。人类早就发现香料既能避邪、升天、通灵，又能驱虫、清新空气，视香料为神圣的珍品，成为宗教仪典、祭祀敬神的供奉佳品。例如佛家用兰汤淋浴、焚蒿熏衣，民间端午节用香艾、菖蒲沐身的习俗和用香料植物作为古建筑雕刻的原料，都是取其消毒、杀菌、防腐和防虫的功效。由于芸香具有较好的防虫效果，古代藏书家往往在藏书房周围种植芸香，既能防虫又可美化环境。据化学分析，芸香中含有的茅香油和菌茅碱，苦楝含有的苦楝素、生物碱、山茶酚和皂角中含有的皂素均有防虫作用，在古代都曾用于防虫。另外，古代还使用烟草、菊花、马钱子、闹羊花、樟脑、雄黄等置于书中或书柜内外防虫的。这种防虫方法大约从汉晋以来直到现在，仍然是一个有效防虫的通用方法。

作为历史上常用的预防有害生物的方法，利用植物源杀虫剂的忌避、拒食作用是经常使用的传统防虫方式，因此植物源杀虫剂忌避、拒食作用在预防壁画有害生物时可以借鉴使用历史上各种传统的方法。由于杀虫剂的挥发范围很广，而且以挥发性气体的方式普遍作用于有害生物，因此不但可以应用于壁画附近，也可以直接喷洒于壁画的制成材料上。在壁画附近，可以直接喷洒杀虫剂，也可以涂布于吸附性较强的材料如棉布、宣纸等上面，不但可以增加杀虫剂与空气的接触面积，还可以增强杀虫剂在空气中的有效浓度，进而提高防虫效率。由于植物源杀虫剂在挥发完毕后就不再具备防虫作用，反而容易遭到蛀食，所以实际使用时应注意随时更换涂布材料。

4. 抑制生长发育方式

许多植物源杀虫剂可以干扰有害生物的生长发育，致使生物出现卵不能正常孵化、幼虫不能正常化蛹、延长羽化时间、出现畸形或蜕皮时死亡等，从而降低特定生物的群体数量。植物源杀虫剂对昆虫生长发育的影响，目前普遍认为是干扰了昆虫正常的内分泌系统，导致生长发育出现异常。虽然对当代或当年的害虫影响不明显，但它们可以持续地控制害虫下一代甚至翌年的发生，符合保护环境的可持续发展要求。印楝素可影响昆虫的交配及卵子的发育，抵抗昆虫蜕皮激素的分泌，干扰昆虫蜕皮，导致昆虫产生形态上的缺陷。印楝素对斜纹夜蛾幼虫生长发育的影响，主要是阻碍和抑制相关的重要激素如促前胸腺激素、蜕皮甾素的合成、分泌和输送至靶标，导致生长发育受阻。鱼藤酮及其类似物影响昆虫旧表皮的分解和新表皮的合成，使虫体发生畸变。印楝素杀虫剂对昆虫生殖也会产生影响，其机制还未完全阐明，已有的研究表明可能存在下列途径：影响内分泌系统，干扰卵成熟发育的激素调控，影响卵成熟发育；抑制细胞分裂，损伤生殖系统组织，干扰精子、卵子产生；影响生殖系统蛋白质、氨基酸及交配因子物质组成和含量。许多植物精油具有保幼激素的活性，菖蒲油能抑制昆虫性腺的发育，欧洲菖蒲油能明显地阻碍大马利筋长蝽卵巢的发育和成熟。

植物源杀虫剂抑制有害生物生长发育的效力的实现需要与生物机体的直接接触，而且杀虫效果的最终实现是以特定种群生物的持续性繁殖生存为主要防治手段，因此如果只是局限于防治壁画载体材料上面的有害生物，就不能完全断绝某些种群的有害生物对壁画的现实的和潜在的损害。此类植物源杀虫剂应以应用在壁画周围甚至古建筑附近的保存环境为主要播撒方式，在壁画的附近或者有害生物的密集活动区域也可以施用少量此类植物源杀虫剂。杀虫剂的施药方式以在有害生物的密集区域喷洒为主，还可以对壁画环境的整体进行喷洒防治。

5. 麻醉方式

某些植物源杀虫剂中的活性物质对有害生物具有特殊的麻醉作用，从而致其死亡。苦皮藤根皮粉或提取物可作用于黏虫、菜粉蝶、稻苞虫和棉造桥虫幼虫的神经—肌肉接头处，抑制兴奋性接点电位，传导被阻断，由神经—肌肉控制的运动（呼吸、心脏搏动等）受到影响，起到麻醉效果，昆虫体内解毒的酶系统相应受到影响，如中肠及血淋巴中的酯酶同工酶受到抑制；外源毒物在昆虫体内无法及时解除，导致昆虫中毒。鱼藤酮可抑制昆虫体内呼吸作用的电子传递链位点，导致呼吸减弱、行为迟滞。烟碱又名“尼古丁”，是烟草生物碱的主要成分，可有效防治同翅目、鞘翅目、双翅目和鳞翅目等害虫。烟碱类杀虫剂的作用机制主要是通过选择性控制昆虫神经系统烟碱型乙酰胆碱酯酶受体，阻断昆虫中枢神经系统的正常传导，从而导致害虫出现麻痹进而死亡。

植物源杀虫剂通过与有害生物机体的直接接触进入生物体内，破坏其神经系统，从而实现其麻醉杀灭作用。杀虫剂的直接接触是发挥效用的必要条件，因此杀虫剂的投放必须以较大剂量的杀虫剂有效成分作用于有害生物的机体上。这一种类的植物源杀虫剂在使用时，既可以在壁画的周围区域或者有害生物的密集活动区域少量喷洒，还可以对壁画所在的建筑内部甚至附近的保存环境整体进行喷洒防治。

6. 植物光活化毒素方式

植物光活化毒素是一类在光照条件下对害虫的毒杀效果急剧提高的植物次生物质。人们很早就发现，接触某些植物（如芸香科）汁液，在光照条件下会导致皮炎，家畜在采食某些植物后，在光照条件下会发生皮肤病变。徐汉虹等首次报道了猪毛蒿精油中的茵陈二炔有光活化杀虫毒性。[①] 除了用于杀虫外，光活化农药也用于杀病毒、病菌、线虫等。田永清和徐汉虹以白纹伊蚊4龄幼虫为试虫，在近紫外光照射条件下测试了采自广西和甘肃的84种植物甲醇粗提物的杀虫活性，试验发现，经500微克/毫升黄缨菊粗提物处理的试虫，光照组在光照结束后24小时的校正死亡率达到100%，而避光组仍无死亡，由此可见黄缨菊具有光活化杀虫活性，而杀虫活性成分主要存在于根中。[②]

光活化毒素的作用机理包括光动力学原理和光诱导毒性机理两种。前者以噻吩类、醌的衍生物为代表；后者则包括呋喃香豆素、呋喃喹啉碱、呋喃色酮等。由于其来源于植物次生代谢物，高效低毒，对非靶标生物安全、无残留，而且作用机理独特，不易产生抗药性，开发这一类杀虫剂不仅可以有效地控制有害生物的危害，而且能缓解大量化学合成农药带来的环境压力，因而作为新型无公害杀虫剂将具有很大的开发潜力。

植物源杀虫剂的光活化毒素的作用需要有外部光线的充分照射，而有害生物的生存环境和壁画的保存环境中大部分并不能够提供充分的光源，因此在壁画附近如果要喷洒光活化毒素类的植物源杀虫剂，必须辅之以足够强度的光线照射。此外，为了尽可能不对壁画产生外来光线的次生损害，应该尽量避免强光的照射，所以在壁画的保存环境中不直接接触到光线的地方，可以在不对壁画直接照射的空间内实施杀虫作业。对于室外环境中的有害生物，可以在阳光充足的时候实施杀虫作业。

7. 其他方式

除上述几种作用方式外，植物源杀虫剂还有其他的生物活性，如引诱、熏杀和驱避等。有些植物精油或其组分具有昆虫性外激素的作用，弹粉兰属的植物花中含有12种单萜的混合物，对长舌蜂雄虫具有吸引力，使其表现出性兴奋行为；植物精油中的(E)-6-壬烯乙酸能引诱瓜大实蝇的成虫来产卵，又能阻止卵孵化，甚至把卵杀死，具有“诱而杀之”的效果。

大多数的植物源杀虫剂不仅表现出单一的杀虫作用，而是多种杀灭机理并存，也不仅仅针对某一种群的生物，而是具有相当广泛的杀虫范围，能

---

① 参见徐汉虹、赵善欢《猪毛蒿精油的杀虫作用研究》，载《华南农业大学学报》1993年第1期。

② 参见田永清、徐汉虹《84种植物光活化杀虫活性的筛选》，载《华南农业大学学报》2006年第6期。

够从各个角度综合作用于有害生物上，实现使用较少杀虫剂达到较大杀虫范围、数量的效力。苦皮藤中的苦皮藤素及苦皮藤酯为二氢沉香呋喃酯类化合物，从中已分离到1个拒食成分、6个毒杀成分、11个麻醉成分，均属双环类倍半萜，对许多鳞翅目害虫具有毒杀、麻醉、拒食和忌避作用。印楝素作为印楝中主要的杀虫活性物质，已证明对8目（鳞翅目、同翅目、双翅目、鞘翅目、缨翅目、膜翅目、直翅目、蜱螨目）近400种农林、仓储、卫生害虫具有拒食、忌避、毒杀、干扰生长发育（生长调节）、影响产卵（降低生殖力）等生物活性。据分析，印楝生物农药至少含有10种杀虫活性成分。如此复杂而多样的成分，有利于延迟抗药性的产生。印楝生物农药具有优良的杀虫活性，在较低浓度下便可有效地防治危害农作物和储藏产品的100多种害虫，其杀虫谱广，对400多种农林害虫、仓储害虫和卫生害虫都有效。此外，印楝生物农药还能防治许多植物病原真菌、细菌、病毒和寄生线虫。

作为多种有害生物的有效防治试剂，鉴于壁画文物价值的珍贵性、载体材料的稀缺性，综合杀虫、防虫性能较高的杀虫剂在防治壁画有害生物上的应用将能够提高对壁画载体材料的最小干涉，符合文物保护的最小干预性原则，最大限度地避免对壁画材料的直接接触。在防治山东地区古建筑壁画有害生物的过程中，要在综合提前考虑山东地区古建筑及其所在区域的自然气候和植被覆盖情况、壁画所在建筑的结构特征、壁画的保存环境、壁画的制作材料特征等影响因素的基础上，确定所使用植物源杀虫剂的种类以及对有害生物的毒杀作用方式。鉴于壁画文物价值的珍贵性、壁画制成材料的稀缺性，植物源杀虫剂应该尽量抵抗有害生物于壁画的本体范围之外，杀虫剂的有效范围应最大可能地覆盖壁画本体范围，因此壁画的施用范围和作用方式要具体针对壁画的特点来选择确定。在壁画的本体上，植物源杀虫剂杀虫作用应该尽量选择忌避拒食作用方式，以抵抗有害生物的靠近接触；在壁画附近区域，可以选择接触毒杀作用、抑制生长发育作用、麻醉作用等方式；而在壁画的保存环境中，几乎可以使用所有的杀虫作用方式。

二、杀菌防霉

对于古建筑及其周围环境中的微生物和霉菌的预防和治理，可以从外围环境中来减少微生物和霉菌对山东地区古建筑壁画的侵害，从根本上减少霉菌接触壁画的机会。壁画的杀菌防霉一般可以采用物理预防和化学预防的手段。

物理预防主要指采用低温保存和缺氧保存的方法达到预防有害微生物侵蚀的目的，所以物理预防也可视为环境预防的范畴。由于古建筑和内部的壁画属于不可移动的文物，因此，低温保存和缺氧保存的手段一般很难在大体量壁画上实现这种预防目的。不过，对于已经揭取回库房的小体量壁画可以采用这种方式在库房内保存。

化学预防是指将有防霉作用的化学药剂经一定的工艺喷施于古建筑及其壁画周围环境以防微生物霉变的发生。能用于化学防霉的药剂很多，在文物保护中应用较多的主要是香叶醇徐放剂、麝香草酚、五氯苯酚钠等防霉剂。杀灭微生物的杀菌剂一般是指用极少量的化学药剂就能引起有害微生物发育生长机能严重破坏直至死亡的药剂。作为文物保护中所使用的杀菌剂，要毒性小，效率高，操作简单，有效期长，无残留，不引起文物材料的变化，并能一剂可杀死多种有害微生物。常用的化学药剂有：(1)粉剂，由一种或多种药剂加填充料混合而成的粉状物；(2)湿性粉剂，由一种或多种药剂、填充料和湿润剂混合的粉状物，它可被水湿润而悬浮于水中；(3)水溶剂，由一种或多种药剂溶解在水中的杀菌剂；(4)烟剂，由一种或多种药剂和发烟剂、助燃剂组成的混合物，用火点燃后可发烟，药剂微粒随烟散布于空气中；(5)乳剂，由一种或多种药剂溶于溶剂中加乳化剂而成；(6)熏蒸剂，在室温下可以汽化或通过化学方法放出杀菌毒气的药剂。这些化学防霉杀菌剂一般都是传统的化学药剂，对环境和施工人员还是多少有药物残留的副作用。

上文提到的在古建筑周围环境中可以使用的植物源杀虫剂，其中的大多数不仅仅具有较强的杀虫防虫功能，还能够同时具有杀灭霉菌的作用，因此植物源杀虫剂也同时可以起到灭菌抑菌的效力。杀虫植物中的生物碱、蒽醌化合物、香豆精类、挥发油等类有效成分均有抗菌生物活性，尤其是挥发油多有微弱或缓和的消毒作用，有些则有显著的杀菌、抑菌功效。

三、植物净化

净化古建筑及其周围环境的空气是从外围环境中来减少外界环境因素对古建筑壁画侵害的有效方法，通过种植具有净化空气功效的植物来提高古建筑周围的空气质量，可以收到美化环境、净化空气、调节区域气候的多重功效。

对古建筑及其周围环境进行绿化，通过减小大气污染物浓度的途径来防止污染物对壁画的侵蚀。植物是天然的空气过滤器和吸尘器，有着阻挡、吸附和黏着灰尘、大气污染物的作用，可以对空气进行一定程度的净化。月季能吸收空气中的硫化氢、乙苯酚、苯、氟化氢、乙醚等有害气体，对二氧化氮、二氧化硫具有抵抗能力。杜鹃是抗二氧化硫等污染较理想的花木，如石岩杜鹃即使在二氧化硫污染源 300 米的区域也能萌芽抽枝。木槿能吸收二氧化硫、氯气、氯化氢、氧化锌等有害气体，距氟污染源 150 米的区域能正常生长。紫薇对二氧化硫、氯气、氯化氢、氟化氢等有毒气体抵抗性较强，每千克紫薇干叶能吸收 10 克左右的硫。山茶花能抗御二氧化硫、氯化氢、铬酸和硝酸烟雾等有害物质的侵害，对大气有明显的净化作用。米兰能吸收大气中的二氧化硫和氯气，在含 0.001%氯气的空气中熏 4 小时，1 千克米兰叶吸氯量为 0.0048 克。桂花对化学烟雾有特殊的抵抗能力，对氯化氢、硫化氢、苯酚、汞蒸气等污染物有不同程度的抵抗性，在氯污染区种植 48 天后，1 千克叶片可吸收氯 4.8 克。梅花对环境中二氧化硫、硫化氢、氟化氢、苯、乙烯、醛等物质的污染，具有很强的监测能力，一旦出现硫化物污染，叶片上就会出现斑纹，甚至枯黄脱落。桃树对污染环境的硫化物、氯化物等物质特别敏感。石榴树抗污染面较广，能吸收二氧化硫、二氧化氮、氯气、氯化氢、臭氧、水杨酸、硫化氢等多种有害气体。据测量，草地空气含尘量比城市街道少 1/3～2/3，铺草足球场上空含尘量比未铺草坪的少 2/3～5/6。1 亩杉树每年可吸收 720 千克的二氧化硫。生长在距污染源 400～500 米的杨槐、银桦树木每棵每年可吸收 80 千克的氯气。同时，成片的植物通过蒸腾和光合作用能吸收大量的太阳辐射热，具有一定的降温作用，能够调节古建筑周围的温度和湿度。因此，在古建筑及其周围环境进行绿化对改造古建筑周边的气候环境以利于壁画的保存是非常有益的。

第五节　古建筑壁画的日常管理

在日常管理工作中，对古建筑壁画的维护是保护壁画不受累积破坏的经常性工作，是维持现存壁画稳定状态的长久性、持续性因素。在山东地区古建筑壁画日常管理工作中，日常性的维护工作有：短时间内的建筑环境卫生清扫，防止新的污染物对壁画造成污染等工作；对于壁画的安全维护工作有防止外来人员的接触涂写刻划，壁画文物的安全防盗等；在开发利用过程中，要适当控制参观的人数，合理安排参观时间，在古建筑的用途可能发生必要改变时，应该最大限度地保持壁画的用途和现存状态。

一、日常维护

古建筑和壁画的日常除尘在壁画日常的维护工作中是经常性、持久性的工作，因此必须严格掌握壁画及其建筑内清扫卫生的除尘方法，不能在建筑内搞“搬家”式的除尘工作，要把壁画表面及保存环境中的尘土尽量清除干净而离开建筑内部环境。尽量使用吸尘装置清洁卫生，建筑内打扫卫生尽量使用湿打扫方式，建筑要经常封闭以减少灰尘进入，并降低壁画所在区域的灰尘降落概率。对古建筑内部的物品和地面要定期进行清扫，制定严格的日常卫生清理制度，应先清除门窗、地面缝隙内的尘土，再清除保护壁画的装置、设备上的灰尘，最后清洁壁画附近部位及表面的尘土，达到除尘的目的。

为了预防古建筑内部环境中的微生物、害虫，在具体的日常管理工作中应制定详细的微生物、害虫综合治理方案。为防止建筑外部的生物侵害，阻断微生物、害虫的入侵路径，同样应该对古建筑内的日常清扫工作给予重视，这种利用微生物、害虫自身的生理特点进行针对性的预防和驱除工作在综合治理方案的总工作量中应占到80％以上。

在对壁画进行管理的过程中，不管是参观的游客还是管理人员、研究人员和技术人员，都不能长时间使用高强度的人工光源来照射壁画。应该尽量使用冷光源和符合壁画保护要求的光源来照射、观察、拍摄壁画，不到必要时不使用强光和阳光照射壁画。同时，古建筑周边不适宜通行机动车辆等大型交通设备，因为外来机械振动会对壁画产生机械性共振破坏而使壁画材料出现松散的状态甚至整体出现裂缝、脱落等损害。

在古建筑内外必须严格配备消防措施，尤其是作为木结构为主的古建筑中更是应当注意防火，而脆弱的壁画材料如有火灾发生，也必然会受到致命的威胁。在文物保护部门的防火工作中应该注意：第一，在选择灭火器时应综合考虑各种因素，把灭火器可能造成的污染降到最低；第二，应做好工作人员或游客的防火宣传工作，从根本上杜绝火灾的发生。灭火器中的灭火材料一般采用三种物质，即水、二氧化碳和氯代甲烷。高压水能摧毁壁画的画面内容，毁掉壁画脆弱的颜料层和地仗层。二氧化碳本身虽对壁画无害，但灭火器中的二氧化碳在气化时要吸收大量的热，致使周围温度骤然下降，可能会造成壁画颜料层的起甲。氯代甲烷在450℃时会产生少量的盐酸，能破坏大部分文物材料，尤其是金属。综合这三种灭火材料的特征和对壁画的副作用，针对壁画以及古建筑的灭火应该优先选用二氧化碳气体源的灭火器，同时配置定量的水源消防栓。

二、安全维护

古建筑壁画在管理和利用过程中应避免有意、无意的人为破坏和极端条件下的人为盗窃。同时在管理过程中，人们的保护活动也不应对壁画产生负面的损害。

一些游客观众在对某事物发生浓厚兴趣的心理活动驱使下或不良习惯作用下，常会对壁画的画面颜料以及这些精美的画面和人物产生好奇心理并做出一些不当行为，对这些画面触摸、磨蹭，甚至有些旅游参观者会在壁画的画面或周围随意涂写一些“到此一游”之类的涂鸦，造成不应有的破坏。对这些破坏行为需要制定一套严格的管理制度来预防，做一些必要的标志牌、拦挡物和限制进入的区域。比如，在墙壁 1 米的位置并与建筑内部空间相适应，安置高约 1 米的栅栏，可以阻挡无意识的人为破坏，对保护壁画会产生有效的作用。岱庙天贶殿壁画的安全维护就是在离墙壁大约 2 米距离处设置高约 2 米的铁栅栏方法来阻止人为的无意识靠近、触碰。天桥区筐市街关帝庙的壁画则使用了完全隔离人群接触的做法，使用铁板在距离墙壁约 10 厘米的空间对绘制壁画的整面墙壁进行拦挡，一般人基本上就不能接触到壁画了。

对于极端的盗窃活动，需要从技术防范和人员保卫两方面来预防。技术防范主要是在古建筑的各个关键部位安装监控设备，从影像、声音和振动等角度对壁画和其他文物实施监控保卫工作。而对于地处偏远地区的古建筑以及壁画，如果价值珍贵，就需要安装远程的摄像、振动监控装置。保卫人员的安全防范主要是从保卫人员的配备、设备的配置、巡防制度的完善、突发事件的预警处置等方面来防范对古建筑壁画的偷盗破坏行为。

另外，在壁画的日常维护和管理当中需要引起关注的问题是防止工作人员的无意识破坏。例如，研究人员、修复人员、技术人员为了获取所需的记录资料，常常需要直接接触壁画进行资料采集工作，或者为了清除墙壁表面灰尘而靠近、接触壁画。这就需要在完成壁画的表面封护工作之后，必须尽可能地收集所有记录资料，尽量减少在日常检查、信息采集、效果监测过程中直接接触壁画的概率。在壁画的日常维护和管理中要格外当心，并采取适当措施避免对壁画的破坏，例如工作人员尽量少接触或不直接碰触壁画，使用的设备不接触壁画表面，古建筑内使用的电器设备不长时间运行等。

三、开发利用的管理

古建筑及其内部壁画的开发利用涉及古建筑的功能、本体的使用，在此过程中，它们会被动地受到更多人为因素的影响，接触到外来人员的各种未知威胁。因此在对古建筑及其内部壁画开发利用的过程中，对壁画的管理工作应做到不损害壁画的保存环境，不加重病害的发生趋势，不为壁画带来新的致损因素等。

一般情况下，山东地区由国家所有的古建筑及其内部壁画的开发利用多是开辟为旅游参观场所、宗教活动场所和文化活动场所，比如泰安岱庙天贶殿、济南华阳宫古建筑群、天桥区筐市街关帝庙、青岛崂山关帝庙等，这些也符合国家文物最大限度地为多数人所使用的原则。然而在开发利用的过程中，一些比较著名的景点游客人数一般保持在较高的水平。古建筑内的游客人数较多，由此带来的建筑内温度和相对湿度都保持在较高的状态，因此对于游客人数较多的存有壁画的古建筑，在利用过程中应当控制游客总数、参观频率在合理的范围，在游客人数较多时暂停游客进入建筑内，采取提前预约、合理安排游客参观路线和参观时间等方式来缓解参观人员过多对壁画带来的危害。

对于一些由集体或个人所有的古建筑，由于这些建筑年代久远，建筑的居住功能较差，目前很多处于非经常使用的状态。这些建筑有些已经废弃，有些是作为存放杂物的仓库，因此古建筑的使用情况非常复杂。这些建筑在开发利用的过程中，对于作为仓库的古建筑，可以对建筑中的杂物作以清理，避免尖锐的物品划坏壁画。已经废弃原使用功能的建筑，应该及时做好清理修缮工作，保存住壁画不继续损毁，以提供给村庄集体中的居民和外来的研究者使用。

还有一些古建筑是依然具有宗教用途的，即使是文物保护单位的古建筑，很多也还有烧香祭拜的宗教礼仪纪念活动，而在一些边远地区村庄中的寺庙、道观中也还有经常性的烧香焚纸的活动。对于这些活动，如果由国家相关部门管理的古建筑，可以通过制定比较严格的制度、人员管理来对祭拜活动进行调控，如指定祭拜的地点、时间以确保对古建筑以及内部壁画无伤害行为。而边远地区由集体或个人管理的古建筑，则很难保证这样的祭拜活动不对壁画产生烟熏、刻划的损害，因此集体管理者应该制定建筑及壁画的使用规定，并且指定专人看管，以对古建筑以及壁画提供最大限度的安全保障。

第六节　古建筑壁画的特殊保护

山东地区的现存古建筑有许多不具备严格的文物保护环境和保管条件，不可能将所有的古建筑壁画严格按照文物保护的要求来保管。为了最大限度地保留仅有的散存在全省各地的壁画，可以对偏僻地区、保存条件不佳的壁画揭取后集中于博物馆内保护。同时，对于所有的古建筑壁画，可以在保留壁画原物的基础上，以数字记录存储技术为手段，对壁画的内容和现状数字化记录后将数字信息存储、管理、传播、利用，既能保留壁画原貌，又可避免对壁画原物的反复接触性利用。

一、揭取异地集中保护

按照文物保护的原则，古建筑壁画应原址保存，但因现场的环境条件无法安全地保护壁画，同时恶劣的自然环境条件通过人工方式无法改变，这种情况下，为了抢救和保护壁画，可以将壁画搬迁到保存条件较好的室内环境中保存。由于山东地区的多处古建筑壁画所在地区偏僻，保存条件差，支撑体、地仗层的现状已经不允许壁画长时间稳定地保留下来，各种病害迅速发生、发展，使壁画无法继续保存下来，同时各种保护措施也无法实施，因此，可以对保存条件极差的古建筑壁画进行揭取后搬迁到博物馆中进行室内保存。另外，当古建筑的局部维修或落架大修需要涉及壁画部分时，也需要暂时对壁画进行揭取，待建筑修缮完好后再安装回原位置。另外，由于经济建设的需要，一些保存较差的古建筑需要全部拆除，此时尚有艺术价值的古建筑壁画也应该揭取后保留下来。

古建筑壁画揭取的大致程序包括以下几个基本步骤：

1. 壁画的现场调查记录

在揭取壁画前，先对壁画保存现状、病害进行现场调查，主要内容包括壁画保存现状文字记录、保存现状摄影摄像记录、保存现状测绘图。由于这些古建筑壁画长期处于极易致损的环境中，壁画的墙体、地仗和颜料层均已出现了多种多样的病害，因此记录病害的产生原因和环境因素是其中重要的关键性工作。

2. 画面清理

由于这些古建筑壁画的地仗层和画面层一般都严重变质，颜料层很容易剥落，因此清除画面灰尘时，须用软毛排笔小心地将画面上的灰尘清除干净。酥碱、起甲、起翘特别严重的部位，颜料层容易脱落，实在无法清除时就不要清除灰尘。

3. 画面加固封护

包括空鼓加固、残缺部位修补、酥碱和粉化加固。用质量分数为3%的Primal AC-33乳液（或聚乙酸乙烯乳液）加固壁画颜料层起甲、粉化部位。起甲部位采用注射器渗透、回贴方法加固，粉化部位采用喷雾方法加固。

待局部加固完成后，用质量分数为2%的Parloid B72丙酮溶液整体封护画面，以增加壁画颜料层和地仗层的整体强度。封护方法依据颜料层保存状况而定，如果颜料层保存状况较好可采用软毛刷涂刷，如果颜料层保存状况较差可采用（空气压缩机）喷雾方法。

4. 壁画整体暂时加固

为了增强被揭取壁画的整体性，以防揭取施工过程中将壁画震裂、震碎，要对揭取壁画的画面进行暂时性的加固。加固所用的黏结剂可以用调制到适当浓度的桃胶或用精粉（小麦粉）制作的糨糊，暂时加固剂必须具有可逆性，即壁画揭取后，可将暂时加固剂和补填材料取下。选用韧性好、平整柔软的皮纸，将皮纸裁剪成约20厘米×25厘米大小，用质量分数为10%的桃胶贴纸。纸与纸之间压边1厘米左右，要求平整、紧贴无气泡。贴纸完成后，用与贴纸相同的胶再贴一层棉布，进一步增强被揭取壁画的整体强度。贴布尽量使用稀疏的棉纱布，便于贴胶渗透入布中。贴布规格应大于欲切割壁画尺寸10～15厘米，以便揭取和修复时固定和搬动，有时壁画上部贴布需要预留20～30厘米，以便卷起用于固定壁画的木条。

5. 分块开缝

按照设计的尺寸大小，将壁画分块，由于壁画附着的墙体不平整，加之壁画的地仗层本身强度也不高，因此分块不能太大，最大块面积不超过1平方米。将分块画好锯线的画块编号，做测绘记录和照片记录。锯缝一般选择在画面的不重要部分、已有的裂缝处和空白处，尽量避开人物形象，实在无法避开时也要避免在人物的面部开缝。依照锯缝小心、缓慢地使用大锯对欲揭取壁画切割，切割顺序为先上后下，先切割损毁严重的后切割保存较好的。每次切割只针对欲揭取的一块，不能把所有块都切割了再行揭取，要切割一块揭取一块。

6. 安装托板

依据壁画分割块面积，制作稍大于揭取壁画尺寸的夹板。一幅壁画需制作两块大小相同的夹板，夹板正面(与壁画接触面)先铺一层宣纸，然后再铺垫用聚氯乙烯塑料薄膜包裹的厚度为1～1.5厘米的海绵，边缘打钉固定。其中一块夹板低端需安装角钢，以便揭取时承托壁画。将装有角钢的一端向下，插下锯缝，托起壁画，同时将托板支撑牢固。

7. 揭取壁画

建筑壁画揭取时的施工工艺相对较为容易，因为壁画的白灰地仗层与黄泥地仗层之间的连接强度较小，容易分离开。地仗层整体与墙体之间的连接情况也相对较差，揭取时也可以整体从古建筑墙壁上完全脱离下来。也可以在壁画表面装上托板后拆除壁画后面的墙体，壁画就自然被揭取下来。一般的操作方法是将托板稍微上下前后晃动，即可使白灰地仗层与黄泥地仗层分离开，或者是在两者之间插入薄的锯片然后缓慢地在缝隙间滑动，也能达到分离的目的。

如果壁画泥层与墙壁之间黏结较紧密、连接强度较大时，可以采取先在锯缝中用冲击钻开孔，再插入钢钎震动的方法。其操作程序是:用装有冲击钻在锯缝上每隔20厘米开孔，深度以达到墙体位置为宜，然后再在另外一侧的锯缝上同样开孔。再插入钢钎用铁锤缓慢敲打，这样局部的黄泥地仗层被震碎，结果壁画白灰地仗层就从黄泥地仗层上脱落下来。

8. 清理地仗

壁画揭取后要进行壁画地仗的清理和加固。先将已经揭取下的壁画放置在工作台上，白灰地仗层连接黄泥层的一面向上。先将连在地仗层上的残余黄泥层用修复铲清理掉，然后减薄地仗。减薄地仗时要特别小心，一薄层一薄层地慢慢铲下，绝不能用力过大，每次铲取的量也不能太多，以免过度铲取损伤画面。一般情况下减薄至1～1.5厘米为宜。

9. 地仗加固

减薄后的壁画要对依托壁画的白灰地仗层进行加固。由于黄泥地仗层强度较弱，所以一般揭取后的壁画不再保留原黄泥地仗层。加固的次序是:先用吸尘器清除残留的黄泥地仗浮土，再在已经清理干净的白灰地仗后表面喷涂一遍3%的聚乙酸乙烯酯乳液。待喷涂的聚乙酸乙烯酯乳液干燥后需要修补地仗残缺的部分，修补材料为用白灰和长约 1.5 厘米短麻刀加入适量聚乙酸乙烯酯乳液搅拌而成的细白灰泥。修补地仗后进行壁画整体加固。整体加固一般采用强度好的轻质材料作框架，如高强度的塑料制作的框架，或铝合金、小角钢制作的框架。用小角钢做成方格为 30 厘米×30 厘米规格的、与壁画同样大小的框架。将框架平放在加固好的壁画地仗上，在方格角钢与地仗接角处开 0.7 厘米深的四槽，把角钢框架放在开好的四槽中，框架要放平、靠实，否则要修整四槽。然后取下角钢框架，用吸尘器清除干净四槽中的灰尘、浮土。最后用 3%的聚乙酸乙烯酯乳喷涂加固。在加固过的地仗四槽内抹一遍前面修补地仗调制的细白灰泥，然后将角钢框架放入槽内压实，再用麻布条抹上白灰泥，粘连框架和地仗，麻条要做成十字交叉状逐格粘贴。

框架安放后，用长草泥压抹麻条。抹泥时注意，一定要使白灰泥和麻条、框架及地仗黏结密实，这一技术环节对壁画加固效果影响很大。白灰泥抹至角钢留出 0.5 厘米为宜，再在草泥上面抹一遍细白灰泥，这一层要将角钢框架完全埋在下面。待加固的泥层干到 70%时，抹平、压实。

由于在地仗加固中用了大量的泥，壁画非常潮湿，要注意防止壁画与托板接触的画面发霉而污染壁画。因此加固好的壁画要立放在干燥通风处慢慢晾干至少 24 小时。加固后的壁画一定在通风干燥处晾干，不可直接在太阳下晒干，否则会引起加固泥层因迅速干燥而收缩开裂及颜料层剥落。

10. 揭取纱布和贴纸

待加固后的壁画完全干燥后，就要揭取暂时粘贴在画面上的纱布和贴纸。如果揭取的壁画需重新在古建筑中复原归位，揭取纱布的工作待壁画回贴复原后进行。如果揭取后的壁画不再回贴复原，待加固后的壁画完全干燥后就可揭取暂时粘贴在画面上的纱布和皮纸。揭取纱布的工序是先将加固干燥后的壁画平放在工作台上，画面向上。用喷雾器将 30℃左右的温水喷在画面上，片刻后，待胶结剂溶解软化后，慢慢从壁画的一边揭取纱布。如果局部糨糊还未软化，就要继续喷温水，等糨糊完全软化后再揭取纱布，否则，会粘下贴纸及壁画上的颜料。纱布揭取后，在画面上继续喷温水，用柔软的棉纸或干净的毛巾蘸下残留在壁面上的糨糊。一般情况下这种操作不会粘下壁画上的颜料，因壁画揭取前已用有机加固剂对画面进行过加固。揭取纱布的过程一定要细心，慢慢按程序操作，太急也会损伤画面的颜料。揭取纱布完成后再使用同样的程序揭取靠近壁画颜料层的贴纸，特别要注意不可使贴纸将颜料粘连下来。

11. 修复画面

纱布揭取后，待画面完全干燥后，就要进行最后一道工序——修复画面。先用前面修补地仗调制的细白灰泥修补壁画地仗残缺的部分。如果壁画要回贴复原在墙体或洞窟的壁面上，还要用细白灰泥修补壁画揭取时的锯缝。修补部位完全干后，填补颜色。填色是为了增强壁画整体色调的协调效果，揭取时人工锯缝时损伤的画面填色要与原画面完全一致，但早已残缺的画面不再重绘，只进行适当补色，使补的颜色大体协调，但细看要有区别，能看出是修补的部位。

经过以上工序揭取、加固、修补后的壁画，如果不在古建筑回贴复位，就可以在博物馆展陈或保存在文物库房中。

二、数字化保护

古建筑壁画的数字化主要是通过数字化技术处理将古建筑壁画的现存状态和画面内容转移为数字虚拟信息。通过对山东地区古建筑壁画的数字化，可使其保存现状和画面内容的有关信息得到转移，防止因壁画本体材料的损毁而造成画面内容的丢失，可最大限度地弥补古建筑壁画因不可抗拒老化衰变或消失所造成的信息消亡；数字化成果还有利于古建筑壁画的画面内容广泛共享和传播，便于更大范围的利用；利用虚拟现实、图像处理和人工智能等技术可实现古建筑壁画的虚拟展示、复原和演变模拟等，可提高和改善古建筑壁画保护研究的效率和效果；通过数字化技术的应用，可在不接触古建筑壁画原件的情况下提供数字化信息的利用，减少古建筑壁画利用和展览中遭到损坏的风险，可以使古建筑壁画原件得到有效的保护。

数字化的古建筑壁画是通过信息技术，对古建筑壁画的原生性载体进行数字化抽象和表达。随着计算机图形学和数字图像处理技术的发展，许多国家已将信息技术应用于文物的收集、保存、虚拟展示、复原、辅助考古研究、旅游宣传等方面。古建筑壁画与数字化技术相结合，产生了诸多崭新的技术成果，如数字记录、数字处理、虚拟遗产、数字再现、虚拟展示、数字修复、数字保存、数字集成、数字管理、数字出版、数字传播等。

1. 数字记录。数字化技术为山东地区古建筑壁画的保护提供了许多采集记录手段，包括三维扫描、断层扫描、全息摄影、数字摄影等。数字记录可以在壁画调查的阶段结合保存现状的信息采集来进行，而且要贯穿于古建筑壁画的所有保护管理活动过程中。数字记录不仅仅保存在硬盘、磁带、光盘等介质中，还可以利用多媒体网络数据库来存储和管理，使它们完整有序、便于检索并能够快速地通过网络提供全方位的内容管理和服务。

2. 数字处理。数字处理是对数字信息记录的进一步加工，以便于更好地挖掘、保护、展示和利用。具体包括数字编录、格式转换、编码压缩、图像处理、特征提取、数字建模、数字创作等。经过数字处理后，古建筑壁画的数字化价值得以进一步提升。

3. 虚拟遗产。虚拟遗产是利用先进的虚拟现实技术对古建筑壁画进行数字重建和数字展示，其强调的是表达出古建筑壁画的现实状态，在计算机中模拟现实的古建筑壁画，直观地反映人类在发展过程中对科学与艺术创造性的努力和不断提升的知识。

4. 数字再现。数字再现是依据考古发现、历史文献记载和研究结论，采用 2D、3D 数字动画技术，恢复、再现解读某一历史现象、场景、事件或过程。古建筑壁画的数字再现是以各种数字化方式制作、保存并展示古建筑壁画，实现与原物完全一样的恢复和复原，以便于尽可能多的利用者不接触原件而通过使用数字化成果来了解山东地区的古建筑壁画，尤其是适合应用于已经或濒临消失的古建筑壁画的再现。

5. 虚拟展示。虚拟展示通过虚拟现实、图文声像等多媒体表现形式，将古建筑壁画在计算机虚拟世界中进行展示，展示对象是数字遗产，也可以是虚拟场景与古建筑壁画图像信息的有机结合，以平面显示、全景显示或立体空间成像的方式，将光、电产生的效果全方位、多视角地呈现在观众面前。

6. 数字修复。古建筑壁画由于时间的流逝，被外界的自然环境所侵蚀，或遭受人为损毁而濒临危险时，数字修复提供了古建筑壁画保护的新渠道。计算机图形学、数字图像处理技术和人工智能等技术和设备日渐成熟，为古建筑壁画的保护、修复提供了先进的手段和方法。例如基于知识、基于语义的二维图像修复技术可以消除数字图像中的裂痕，将图像中缺失部分的两端以平缓的方式利用层次线连接起来，之后按照给定的填充线自动填满空洞，恢复图像、文字记录的原始面貌。

7. 数字保存。数字保存是利用数字技术，为古建筑壁画数字化后的信息进行全方位和多形式的数字资料成果存储，数字成果保存通常是信息中心、数字图书馆、数字博物馆等数字内容的主要保存手段。通过数据库、磁盘阵列、光盘塔、硬盘、光纤和网络链接以及一系列相关规定、协议，实现数字成果信息的资源共享，进行科学、高效管理。

8. 数字管理。通过网络、数据库等技术对数量较大的古建筑壁画数字化信息进行精确地信息化和网络化的管理。通过对古建筑壁画数字化信息进行处理，将各种结构化、非结构化的古建筑壁画数字资源建设成为档案、索引、标引、著录等数字记录，并集成为古建筑壁画信息系统。数字管理可以为实际应用系统提供广泛的数据来源，从多维度对数字化记录搜索、查询、共享和交流。

9. 数字出版。数字出版具有以计算机技术为核心的特点，有别于传统的印刷出版，并且伴随着数字技术的不断进步而不断深化。古建筑壁画的数字化信息从桌面出版、电子出版、网络出版到数字出版，一次比一次更加接近于数字出版的实质，具有出版速度快、成本较低的特点，是古建筑壁画数字化产品推介向社会必不可少的形式。

10. 数字传播。数字传播是以数字化技术、多媒体技术和网络传输为标志的新型传播形态，可以通过电信、无线通信、互联网、有线电视和各种数字电视网络进行传播，代表着信息社会的媒体传播的新形式。古建筑壁画的数字化信息以主动传播、互动传递等方式向各种各样的用户传输古建筑壁画的图像内容以替代原件实现其便利使用。

11. 数字集成。数字化集成是数字化的系统工程，是古建筑壁画数字化、信息化和网络化应用的高级阶段，是针对古建筑壁画进行集数字记录、数字处理、数字再现、数字修复、数字保存与保护、数字管理等多项技术为一体的综合性应用，具有较大的复杂性，其典型性的应用有数字图书馆、数字博物馆。

目前，对于将古建筑壁画纸质文件转移为数字化虚拟信息使用的主要设备以扫描仪为主。扫描仪使用感光设备来捕获纸张或胶片等介质上的图像或其他物品影像，并将图像转变成可以被光学字符识别软件和图形软件所操作的数字信号。它是将图像信息输入计算机的重要工具，无论是图片、照片、胶片，还是各类图纸图形以及各类文稿资料，都可以通过扫描仪输入到计算机中进而实现对图像信息的处理、管理、使用、存贮、输出等。

以壁画的数字模拟修复为例来说明古建筑壁画数字化处理的一般内容。古建筑壁画地仗层起翘、弯曲或变形，二维图片难以表达三维的病害情况，此时可选用三维激光扫描获取壁画的数字正射影像图。三维激光扫描技术在壁画保护修复中的应用优势：其一，与其他记录方式比较，可获取更多精准的图像记录和准确数据;其二,可进行计算机模拟修复,并比较修复效果,指导现场修复。基于数字化的模拟修复技术是以三维数字化图形文献方式真实记录壁画的损坏状态,能定量体现壁画现状,以及局部变形、开裂、脱落、起翘等损坏,实现了定量测量、记录和分析。作为原始的精确记录,为今后保护研究、日常监测和跟踪对比提供了基础数据。古建筑壁画的缝隙修补,主要包含壁画人工切缝、裂隙和划痕等,这些地方色彩缺失、细小裂缝或者图案简单的地方采用周围的颜色来补充,大面积缺失修补时存在一定困难,模拟修复时可以参考图案的趋势和对称性等因素。壁画的污染物清除主要包括残留胶、泥渍及磨损等,它们会引起壁画表面色彩改变或者几何变形。修复时需参照周围正常壁画色彩调整完成。多幅壁画的块间拼接是指小面积的壁画逐块模拟修复完毕后,需将多块壁画拼接,对接完毕后,可按照裂缝类修补方法对缝隙模拟修补。以往的修复缺少参考资料,在一些比较严重的病害区域,如人工锯缝容易拼接错位。模拟修复可以减少主观判断失误,再现壁画原貌。同时,可以将壁画画面的模拟修复结果作为参考依据,指导壁画实体的实际修复工作。

小　结

山东地区古建筑壁画在预防病害发生的过程中所施行的预防手段要遵循不改变原状、尽量少干预、预防为主、安全性、保护材料可操作性的原则。在具体的施工过程中,首先从预防古建筑墙体病害也就是壁画支撑墙体做起,可以对损毁的墙体进行加固修缮,阻隔侵蚀古建筑墙体的水分,对古建筑墙体进行密闭处理。在对古建筑内部环境实施调节控制措施中,从控制环境温湿度、防光照辐射、防尘和空气净化等方面进行处理。对于古建筑周围环境的净化防护,可以对环境中壁画害虫使用植物性杀虫剂进行防治,对霉菌和微生物进行综合防治,多栽种净化空气的植物来改善古建筑周围的环境质量。在古建筑壁画的日常管理工作中,注重日常维护、安全维护和开发利用中的管理工作。另外,还有一些特别情况下需要对古建筑壁画使用一些特殊的保护手段,比如把壁画揭取后异地放置在博物馆库房中集中保护,对山东地区的古建筑壁画实施全面的数字化保护工作等。

第七章 山东地区古建筑壁画的治理保护对策

山东地区古建筑壁画的治理和修复是在从外部对壁画保存环境进行预防调控的基础上，实施的针对壁画本体材料的干涉性保护行为。这些治理修复对策要涉及壁画的本体材料，施加的修复材料和操作过程直接与壁画材料接触，因此在古建筑壁画病害的治理过程中，必须坚持壁画治理保护的最低干预、保持原状和可再处理性的原则，强调使用材料的可逆性、兼容性和可辨识性，综合应用多学科知识来全面治理壁画病害。

从山东地区古建筑壁画的治理保护范围来看，除了壁画支撑墙体已经做过相应的预防保护措施之外，壁画的地仗层和颜料层是病害发生的重要部位，也是要重点治理修复的对象，主要包括对地仗层的加固修补，对画面污染进行清理，加固封护颜料层，最后要对画面整体实施美学修复来恢复壁画的艺术价值。

第一节 古建筑壁画的治理保护原则

根据《文物保护法》、《中国文物古迹保护准则》及国内外较为先进的文物保护修复理念、方法、规范和文物保护国家标准《古代壁画病害与图示》(GB/T 30237-2013)、《古代壁画保护修复档案规范》(GB/T 30235-2013)和《古代壁画保护修复方案编制规范》(GB/T 30236-2013)以及文物保护行业标准《古代壁画脱盐技术规范》(WW/T 0031-2010)和《古代壁画现状调查规范》(WW/T 0006-2007)，山东地区古建筑壁画病害的治理在遵循中国传统文物保护修复理念的同时，应该适当消化吸收西方尤其是意大利在文物保护方面的修复理念，将现代文物修复理念应用于传统的文物修复中。

意大利在文化遗产保护尤其壁画保护修复方面的经验一直影响着包括联合国教科文组织在内的整个国际社会，许多国际公约的制定也都以意大利文化遗产保护理念为依据。文物保护、修复的现代理论即是从意大利学者、美学家、修复理论家切萨莱·布朗迪在其著作《修复理论》中所提到的诸原则出发的。该理论已成为当今世界文物保护学的经典和理论基础，至今仍然保持着它的权威性和指导性。其理论核心是：修复是根据历史学、自然科学、美学、材料学的特征来认识艺术品、修复艺术品的方法论。也就是说，在文物修复实践过程中不排斥对文物主体的干涉，他强调材料的可逆性、兼容性和可辨识性，充分认识科学发展的时代局限性，提倡给未来留下可工作的空间。同时，强调有效的文物修复不可能仅凭对文物的艺术和历史研究而获得足够的支持，还需要一系列的技术分析和研究，其中现代科学可以提供极其重要的手段。

根据山东地区的自然气候、社会环境和古建筑壁画的保存现状、病害发展状态，以中国历史上的传统文物修复的理念原则为主要原则，结合国际公约以及西方尤其是意大利在文化遗产方面的修复原则理念，本研究认为山东地区古建筑壁画在治理病害过程中应坚持以下原则：

一、多学科知识的综合应用

古建筑壁画病害的治理和修复是社会科学与自然科学相结合的一门边缘科学，是与历史学、考古学、美学、物理、化学、环境学、生物学等多学科密切相关联的综合性学科。古建筑壁画修复工作是一个比较复杂的系统工程，是根据历史学、自然科学、美学、材料学的特征来认识和发现壁画材料、修复壁画病害的，从壁画价值的评估、病害类型的检测、保存环境的监测、制成材料的分析到壁画保存环境的调控、壁画病害的治理修复，需要多学科互相合作、共同配合。山东地区古建筑壁画病害的预防治理工作中，壁画颜料、地仗组成成分的检测、分析就有 X 射线荧光分析仪、X 射线衍射、拉曼光谱、扫描电子显微镜等现代大型仪器、设备和人员的配合，壁画的清洗可以使用物理、化学的方法和试剂进行操作，壁画的修复和加固则使用 Primal B60A、AC-33、Paraloid B72 以及植物性杀虫剂等新型材料。

二、最低干预原则

最低干预是当今国际、国内文物保护界公认的原则理念。山东地区古建筑壁画病害治理修复的基本原则是：凡是近期没有危险的，应尽量少干预壁画的本体；必须干预壁画本体时，只对有害部分、危险部位进行尽可能少的干预。当壁画材料老化变质程度已经很严重，且发展速度很快，如不对它进行保护已无法保存下来时，才采用修复材料对其进行直接干预。对于影响壁画内容解读的表面污染物，只要清理工作能够使壁画的画面内容大致显现出来就达到了清理目的，不必追求画面内容完全、彻底、清晰地暴露。对于那些损坏面积较大或残缺不全者，则原则上不予修补或改动，而是尽可能维持壁画这种残缺的原始面貌，给参观者以真实感受。因为壁画画面的残缺本身也是一种历史信息，也是值得展示的一部分，比如壁画表面自上而下渐次严重的叠压现象，有流水的痕迹、害虫的破坏、烟熏的痕迹等。这些历史上遗留下来的不同时期的历史信息，只要不破坏画面的内容和稳定性，就可以不完全清除掉这些历史上的病害，将这些信息长久地保留下来并延续传承给子孙后代，是当代文物保护工作者的责任，过多的干预可能使这些历史信息遭到破坏。对于画面内容的残缺，因为现代保留的资料也不能确定原图案是什么样的内容、风格，当代修复过程中在壁画上面所做的任何添加都只是推测或想象，是对壁画历史原貌的损伤、对文物艺术价值和历史价值的否定，因此绝对禁止在没有根据的残缺壁画上面重新绘画。当代所做的壁画修复工作仅仅限于壁画的制成材料，而不是重绘壁画画面的人物、内容形象。

三、真实性、原生性原则

在治理修复山东地区古建筑壁画病害的过程中，必须保留壁画的真实、原始历史信息，不改变壁画材料、工艺、内容和结构的原有信息，保持原有形制、结构、材料和工艺做法，不允许任何导致改变主体和颜色关系的新建、拆除或改动的修复。作为文物修复的最基本原则，不管是“修旧如旧”的原则还是不改变原状原则，都是山东地区古建筑壁画病害治理修复过程要严格坚持的基础性理念。

在补配壁画地仗层、补绘颜料层过程中，必须严格遵循壁画的真实性和原生性的原则，尽量使用与原壁画相同的制作材料和制作工艺，如果不需要添加现代的化学材料则不能添加。除非是在没有原壁画材料的情况下，在对现代化学材料严格评估的基础上，确定对壁画材料没有副作用时才可以添加。在补绘壁画画面的过程中，在壁画形象缺损较小或无须对作品进行再解释和冒风险的地方，采用“影线”技术绘出颜色和线条，即画出一系列细微的彩色线条；但是在缺损严重的地方，在那些修复有造假风险的地方，则采用降低视觉色彩的手段，即在补全的画面上适当做旧，使色调稍微协调一下，这样对画面整体形象欣赏的干扰就减少到最低程度。

四、修复材料的可操作性原则

山东地区古建筑壁画病害的治理修复材料应该具有安全性、可逆性、可再处理性，修复过程中的操作具有实施的可行性。所有试剂材料不破坏壁画的历史、艺术、科技的信息。应选择无色、透明、无光泽，防水性能好，具备适当的黏结力和渗透力，对画面的颜料层和地仗层无任何损害，并且具有可逆性的材料。所有材料可在以后需要再次修复的时候能够尽可能地去除，材料本身及其老化分解的产物不致破坏、削弱壁画原有的结构、材料和机械强度。加固剂、封护剂和清洗试剂应具有较长时间的有效期和老化期，老化后分解后的产物不会对壁画的材料和结构产生损害。

壁画病害的治理修复过程不会对壁画材料造成进一步损害，不会引入新的危害因素，也不对邻近文物造成危害，修复以后不在壁画中残留或挥发出有害物质，修复后对人员、环境安全。修复使用的化学试剂、仪器设备不能对壁画以及操作人员产生危害，使用的修复材料应该经过局部试验后在取得安全有效的修复效果的前提下才能全面使用。

壁画修复是一种可供他人评定、判断的对壁画材料的干涉行为，这种修复的评判行为是没有完结的，也是没有确切结果的。人类对客观世界和科学的认识始终在进步和发展中，对文化遗产保护的认识和保护技术的提高同样也处于不断发展的过程中，这样由于受认识和保护修复材料的限制，今天所实施的保护措施并不一定是最科学严谨的，并无完全的把握使文化遗产一劳永逸地留存下去。所以要求病害治理修复过程和材料可逆，为今后修复和保护提供一个可以操作的空间，使今后壁画有可能选择最佳的保护修复材料和方法，使壁画恢复到修复干预前的状态。

五、可识别性原则

对于壁画文物修复，西方在修复中遵循真实性、可辨识原则。《威尼斯宪章》中规定："缺失部分的修补必须与整体保持和谐，但同时须区别于原作。"对于修复处的表面效果，中国传统修复方法从注重文物的美学价值出发进行"补全"，甚至在很大程度上复原补配大面积缺失画面的内容。中国传统的修复理念追求"天衣无缝，浑然一体"，以"完好如初，无法辨别"为最好效果，但这种传统的文物修复理念并不符合现代修复理念，也不利于文物的保护和研究，因此应加以修正。国际上通行的做法是对文物缺失处的修复采取"远看一致，近看有别"的修复方法，即补全部分同原件在颜色和层次上稍有区别。"远看一致"使观众在视觉上和艺术效果上得到统一；"近看有别"使研究者能够区分哪些是原件部分，哪些是补配部分。这既体现了壁画画面整体的和谐与美观，也满足了展览和研究要求。

对于山东地区古建筑壁画病害的治理修复来说，壁画的本体材料上任何不可避免的增加必须与该壁画的外观有所区别，并且要有能够辨认的现代标志。地仗层在补配过程中，新做地仗层与原地仗层有表面颜色、高度上的区别。画面的颜料层如果需要补绘，颜料的颜色、材质不能与原画面混合不能分辨，应该达到特别相近但是又有所区别的效果。博物馆中展览陈列的器物修复大多采取只补全外表，表面并不做出与原器物外表一致的效果，因此在外观和内部均可识别。古代书画修复和某些特殊文物虽然在外观上可以做到无法辨识，但在现代科学工具的帮助下，还是可辨识的。山东地区古建筑壁画病害的治理修复过程中，应坚持相似而不相同的画面效果修复，就是既要保持中国传统的文物修复理念，又可以借鉴西方文物修复中真实性、可辨识性的原则。

第二节　古建筑壁画地仗层的加固修补

山东地区古建筑壁画地仗层的病害类型主要有地仗层的缺失、空鼓、裂缝和酥碱，其中地仗层的裂缝与缺失、空鼓相联系，因此在治理和修复壁画地仗层病害的过程中，针对这些病害类型可以从缺失地仗层的修补和空鼓、酥碱地仗层的加固修复等方面来进行。由于壁画的地仗层是承载壁画颜料层的直接载体，因此在治理壁画病害过程中，只要壁画支撑墙体已经治理保持稳定或控制了支撑体的病害，就可以实施壁画地仗层病害的治理了。

一、缺失地仗层的修补

针对山东地区古建筑壁画地仗层特点，在国内已有研究成果基础上，选择适当的修补材料，进行不同比例的添加胶结材料加入壁画原地仗材料中以改进新修补地仗性能的前期试验。

山东地区古建筑壁画的黄粗泥地仗层基本上以所在区域的生土、当地出产的麦秸和麦糠为原料制作而成，因此可以继续使用这些当地的材料来制作缺失部位的新地仗层。当然，有些地方粗泥中可能还有一些杂草、头发、碎麻等少量的连接材料，根据对壁画黄粗泥地仗层的材料分析，选择这些材料分别加入新的地仗层材料中。为了增强粗黄泥地仗层与墙体之间的连接力，增大黄粗泥地仗层与外层白灰层地仗之间的连接性能，可以在其中加入质量分数为1%的聚乙酸乙烯酯乳液。

在黄粗泥地仗层外面的白灰层地仗材料以石灰、沙子和麻刀为主，不同地区使用的各种材料用量有所不同，有些还在里面加入棉花、头发等强度更高的材料来提高白灰地仗层的连接强度。为了选取更加适合山东地区古建筑壁画的白灰地仗材料，选用石灰、沙子、麻刀混合，并添加一定量的AC-33或聚乙酸乙烯酯乳液制成的石灰泥作为修补壁画地仗的材料。

修补白灰地仗前对使用原材料的比例实施模拟实验，以确定最佳的原材料组成。实验样品选用发酵至少半年的饱水熟石灰、沙子(粒径范围为0.25～0.1毫米，淘洗干净并晾干)、AC-33乳液、聚乙酸乙烯酯乳液。将沙子与石灰分别以1∶4、1∶2、1∶1和2∶1的比例混合，总质量各约为1千克。每种比例制作3件样品，分别为纯石灰样、质量分数为1%的AC-33、质量分数为1%聚乙酸乙烯酯乳液。根据每种样品的黏稠度加入适量的麻刀(长度为3～7cm)，将上述调配好的样品分别在垒砌好的黄粗泥地仗层上均匀抹平，厚度与欲修复壁画的白灰层地仗相同，一般为1厘米左右。

待样品干燥后，观察各个样品固化干燥和产生裂隙情况。结果表明：(1)石灰所占比例越大，出现的裂隙越多，开裂越严重，纯石灰开裂最为严重；沙子所占的比例越大，出现裂隙越少。(2)沙子比例较大时修补材料颜色深暗，与原地仗差别较大。(3)当沙子与石灰的比例是2∶1时没有出现裂隙；当沙子与石灰的比例是1∶1时，加入质量分数为1%的聚乙酸乙烯酯或质量分数为1%的AC-33时没有出现裂隙。(4)加入质量分数为1%

的聚乙酸乙烯酯的效果好于质量分数为1%的AC-33。

对各个样品膨胀率测定结果表明：(1)样品膨胀率均比较小，其中沙子：石灰＝1：2和加入质量分数为1%的聚乙酸乙烯酯的沙子：石灰＝2：1样品的膨胀率低于0.5%。(2)当沙子所占比例较低时，加入聚乙酸乙烯酯的膨胀系数较大；当沙子所占比例较高时，加入聚乙酸乙烯酯的膨胀系数较小。

对各个样品抗折强度的测定结果表明：(1)石灰所占的比例越大，抗折强度越低；沙子：石灰＝1：1时，样品抗折强度最高；(2)当沙子与石灰的比例相同时，加入质量分数为1%的AC-33样品的抗折强度高于加入质量分数为1%的聚乙酸乙烯酯的样品；(3)沙子：石灰＝1：1时，抗折强度较适宜，适宜于壁画缺失地仗层的修补。

综合分析壁画缺失地仗层修补材料的固化、干燥开裂、膨胀收缩、抗折强度测定结果，用质量分数为1%的AC-33乳液调和沙子：石灰＝1：1的材料可作为山东地区古建筑壁画缺失地仗层的修补材料。鉴于山东地区古建筑壁画的白灰地仗层的材料各不相同，在实际修复过程中，可以根据实验结果结合具体的材料种类、比例来尽量协调统一。

修补地仗层的操作工艺，根据已缺失地仗的病害发展情况确定修复方案和工序。一般情况下，修补地仗层和新壁画地仗层的工序相同，主要包括以下几个操作工序：

1. 在地仗层脱落处，用毛刷、修复刀等将黄泥浮土、地仗碎残块清理干净，露出古建筑的支撑墙体。清洗过程中防止扬起的灰尘污染到完好壁画的表面。

2. 沿地仗层脱落处边缘，用注射器和专门用于壁画修复的大号加长注射针头滴渗质量分数为20%的AC-33乳液，对白灰地仗层加固。

3. 沿地仗层脱落处边缘，用注射器和大号加长针头滴渗质量分数为10%的AC-33乳液，对黄泥地仗层进行加固。

4. 根据原有墙壁处理的情况分别在墙体缝隙处钉麻和压麻，如果原有墙壁没有钉麻处理，在修补过程中也可以钉麻以增强新做地仗层的强度。往墙面上喷水，干净湿润的墙壁会增加与地仗层粗泥之间的附着力，有利于两者之间附着。

5. 先将配制好的黄泥地仗层修补材料涂抹于地仗层缺失处，少量多次进行，修补材料表面应低于壁画颜料层1厘米左右或者与原有的黄泥地仗层平面相平，以给白灰地仗层预留出足够空间。每天收压3～5次，直至修补材料干燥至七成左右。表面不可太光滑，也可用瓦刀划斜纹便于白灰地仗层修补材料着壁牢固。

6. 待黄泥地仗层修补材料完全干燥至七成左右时，就可以涂抹白灰地仗材料了。往黄泥层上抹白灰时要随抹随喷水，以保持泥面的适当湿度。如面积较大不能一次抹完时可分段随抹随轧，白灰层修补材料的表面要稍低于原有的壁画白灰地仗层表面1～2毫米，以区别新做材料和原有材料。白灰地仗干燥时也会产生收缩，因此也要每天收压3～5次，直至修补材料完全干燥。黄泥、白灰地仗层修补材料完全干燥后就可以进行其他步骤的操作了。

二、空鼓地仗层的加固修复

根据山东地区古建筑壁画地仗层空鼓的特点，在国内已有研究成果基础上，试验了多种加固材料在空鼓壁画白灰地仗层与黄泥地仗层之间的连接强度，根据试验的效果以确定最佳的加固与黏结两者之间适宜的加固材料。

选取6种材料配制不同质量分数的加固剂，对不同颗粒直径范围配比的破碎黄泥地仗和白灰地仗进行加固实验。这6种材料分别是AC-33乳液（2%、4%、5%、10%、20%）、PEOVAL（2%、4%、5%、10%）、聚乙酸乙烯酯乳液（2%、4%、5%、10%、20%）、聚乙烯醇（2%、4%、5%、10%、20%）、聚乙烯醇缩丁醛（2%、4%、5%、10%、20%）和硅酸乙酯（2%、4%、5%、10%、20%）。

采用注射器进行滴注加固，加固时间以3～5分钟为宜。开始滴渗时记录时间，以寻求最佳的滴渗时间，一般滴渗完10毫升加固剂需5分钟左右。对于几种粒径范围配比的样品，加固剂沿小颗粒方向渗透较快。对加固后的结果进行分析，从加固剂的固化时间、流动情况和强度测试评估6种材料加固空鼓、酥碱地仗层材料的可行性。

加固剂固化时间直接影响加固效果及加固剂的应用，固化时间太长不利于壁画修复。AC-33、PEOVAL、聚乙酸乙烯酯、聚乙烯醇、聚乙烯醇缩丁醛在低浓度下固化需1～2天。加固剂的流动性较差时，导致壁画地仗层局部加固强度较高，不利于壁画修复。加固剂在低浓度下易流动，有利于破碎地仗的均匀加固。AC-33、PEOVAL、聚乙酸乙烯酯、聚乙烯醇加固效果较好。加固样品的强度是衡量破碎地仗加固效果的最主要指标。通过观察和用不同硬度铅笔测试，选择质量分数为 20％的 AC-33、质量分数为 10％的 PEOVAL、质量分数为 20％的聚乙酸乙烯酯用于壁画空鼓、酥碱地仗层的黏结加固。

空鼓壁画地仗层的加固修复操作工艺可根据壁画空鼓的情况来决定具体实施的必要性、部位和方法。一般情况下，空鼓壁画地仗层的加固修复主要有以下几个程序：

1. 钻注浆孔。用手敲击空鼓部位，检查空鼓程度及范围，确定开孔部位，尽可能选在裂缝、地仗或颜料脱落处，以保证壁画画面的完整。注浆孔径 1～1.5 厘米。在同一壁面上，注浆孔的分布应呈不规则三角形。一方面可实现顺利灌浆，保证灌浆后浆液分布的均匀性；另一方面，保证壁画与墙体黏结牢固，提高壁画整体稳定性。

2. 用内窥镜对注浆孔内部结构进行探视。观察墙体空鼓分布区域及走向特征，为埋设注浆管做准备。若空鼓处有杂物，应用镊子等工具设法取出。

3. 埋设注浆管。选用直径合适的透明塑胶管作注浆管，在每个注浆口尽量多插入几根注浆管，使注浆管呈上、下、左、右各个方面分布，以利于浆液分布均匀。

4. 空鼓内部加固。用注射器通过注浆管注入浓度较高的加固溶液，对空鼓内松散的壁画黄泥地仗和白灰地仗进行加固。待加固溶液完全凝固后，进行空鼓部位的灌浆回贴。

5. 灌浆回贴。灌浆时，用注射器吸取配制好的浆液，由下向上依次注浆，浆液浓度由低到高依次增加。通过手敲以及注射浆液时的手感压力可判断浆液是否填满。灌浆时，必须对壁画的空鼓部位及相邻区域用铺有 2～3 层吸水纸、棉布的壁板进行支顶。灌浆 2～3 天后，每天更换 2 次吸水纸，以加速壁画空鼓回贴地仗的干燥过程。壁板支顶的时间视环境温度而定，一般控制在 15℃以上，支顶时间与灌浆材料的强度有很大关系，一般情况下 2 天后就基本恢复初始的强度了。

6. 锚杆补强。为了使空鼓壁画加固效果更好，结合灌浆，还需进行锚固补强。一般裂隙小于 4 毫米时浆液无法灌入，而在用手敲击时会发出“砰砰”的声音，这就需要借助锚杆加固。在具体操作时，应视壁画空鼓状况而定。一般通过灌浆能够解决的就尽量少用或不用锚杆，以免影响壁画的完整性。锚杆一般选用韧性很强的竹签或不锈钢钉，直径2毫米左右，长度约相当于地仗层的最大总厚度，避开画面的主要内容选择合适的空鼓部位直接钉入壁画地仗层中。

7. 封闭灌浆孔。浆液凝固后，先用3%的丙烯酸乳液渗透加固孔沿，然后使用白灰地仗修补材料进行封孔，待半干燥后，压平表面，使其与壁画地仗处于同一平面。

三、酥碱地仗层病害的加固修复

根据对疏松壁画地仗层加固的研究成果，可以选用质量分数为5%的AC-33乳液作为山东地区古建筑壁画酥碱病害的加固剂。治理古建筑壁画酥碱部位的具体操作程序有以下几个步骤：

1. 首先用宣纸（也可用脱脂棉或吸水纸）和蒸馏水进行酥碱壁画的脱盐处理，使用电导率仪检查脱盐效果。保证酥碱部位加固后不会再发生可溶性盐聚集的现象。

2. 用注射器针头将质量分数为5%的AC-33乳液向酥碱部位注射渗透。

3. 待稍干燥后，用自制竹、木或不锈钢刀将酥碱部位轻轻压平。

4. 用白色纺绸包上脱脂棉对酥碱壁画拍压。

5. 待加固剂快要干燥时，在壁画酥碱部位上铺白色绸缎，用软胶棍轻轻滚压平整即可。

第三节　古建筑壁画画面污染的清理

山东地区古建筑壁画历时久远，表面灰尘、污物遮盖画面，不仅严重影响壁画艺术价值，而且影响其长期保存，因此壁画画面污染的清理是显现壁画画面内容、展示壁画艺术特征的首要任务，也是取得良好保护效果的关键。壁画画面污染物清理是壁画修复的重点和难点，目的在于消除病变造成的后果，延长壁画保存和使用时间，尽可能还原壁画的历史价值、美学价值。对壁画表面不同的污物，应根据污物的特点和形成特征采取不同的处理方法。一般情况下，山东地区古建筑壁画画面污染来源有钙质土垢、灰尘、生物粪便和微生物的斑痕。另外，在保存过程中会受到人为因素的影响，如油漆、涂料、石灰覆盖、墨迹以及人为刻划等污染来源。

壁画画面清理是不可逆过程，是迫不得已的直接干预行为。清理时既要去除污染物，又不能对壁画造成次生伤害。应满足以下要求：(1)清理时必须对画面上存在的污染物类型、影响范围及程度、成因等进行全面分析评估，明确清洗部位、清洗程度及清洗材料、工艺；(2)任何不当操作将造成无法挽回的损失，必须严格遵守文物保护修复原则和操作规范；(3)清洗过程中的每一阶段应是可控的、可预见的、渐进的、选择性的；(4)清洗工作结束时不应在画面上留下有害物质，也不应在画面留下任何磨损和冲蚀痕迹；(5)清理时准确把握“度”，修复人员的审美观、个人知识储备和技能等是重要的影响因素。

一、画面钙质土垢的清理

壁画表面硬质土垢的主要成分为碳酸钙和二氧化硅，碳酸钙虽然不直接危害壁画，但形成坚硬的土垢层后难以去除。土垢中的二氧化硅会随着水分的蒸发缓慢向壁画表面迁移，形成白色二氧化硅或硅酸盐的硬壳层，遮盖壁画颜料层。山东地区古建筑壁画土垢中钙含量较高，是土中的钙、镁离子与空气中的二氧化碳结合生成碳酸盐硬质结壳。钙质土垢清洗剂应满足以下要求：(1)有很好的润湿能力，具有一定的渗透深度；(2)不改变壁画颜料颜色；(3)清除钙质土垢效果较好。

以往的研究成果选择高分子材料、水性环氧树脂作为壁画钙质土垢的清洗剂，效果比较明显。水性环氧树脂分子由亲水的羟基(—OH)极性基团和疏水的烷基基团组成，具有双亲性。同时，分子中具有羟基(—OH)、醚键(—O—)和活性极大的环氧基，它们使环氧树脂的分子和相邻界面产生电磁吸附或化学键。因此，水性环氧树脂具有极好的渗透性，水性环氧树脂分子中的环氧基又能在固化剂作用下发生交联聚合反应生成网状结构的大分子，分子本身有一定的内聚力，因此水性环氧树脂具有良好的柔韧性。

根据清洗剂的去除土垢效果和去除土垢后画面颜料颜色改变情况来筛选清洗剂的浓度。按照山东地区古建筑壁画的制作材料和工艺，选择朱沙、石绿、炭黑三种壁画常用颜料制作壁画模拟试块。各种颜料板均为颜料加明胶，在紫外线、臭氧环境下进行老化实验。在制作好的壁画模拟试块上分别涂刷质量分数为1%、2%、3%的水性环氧树脂，晾干后进行紫外、臭氧老化实验。测量三种不同浓度的水性环氧树脂处理后同一处颜料在紫外、臭氧老化条件下前后的颜色变化情况。

各种老化条件对颜料颜色的影响不同。经过紫外线、臭氧老化后，各颜料的色差均发生了变化。质量分数为1%的钙质土垢清洗剂对样品颜色改变最小，视觉上总体变化不大；质量分数为2%的清洗剂视觉上能感觉到颜色的变化；质量分数为3%的清洗剂对样品颜色改变较大。通过对比空白样品与清洗剂处理壁画样品颜料颜色的变化趋势可知，经质量分数为1%处理的红色颜料样品其颜色变化趋势比空白样品小，说明清洗剂可以减缓颜料褪色。根据以上结果，单从颜料颜色改变的角度来看，水性环氧树脂去除剂在质量分数为1%时比较适合，质量分数为2%时基本满足要求。

水性环氧树脂分子一般由亲水的极性基团和亲油的非极性基团组成，当它与有极性的土垢颗粒接触时，极性基被吸附在土垢颗粒表面，非极性基展露在外与其他有机质亲和，从而使界面张力降低，增加了原有颗粒可润湿性，相应的土垢聚集体失去稳定性，促使有机介质渗入聚集在一起的颗粒中而起到排斥土垢颗粒相互分离，达到分散的效果。由于水性环氧树脂的渗透性强，在钙质土垢和微生物菌落中渗透，使钙化土垢保湿、疏松、强度降低，渗透于霉菌菌落中使霉菌菌落根部和颜料层、地仗层表面松动，再通过适当精细工艺可以去除大部分霉菌。渗透有水性环氧树脂的土垢颗粒度大，去除较为容易、干净。水性环氧树脂有良好的防霉抗菌效果，渗透于壁画颜料层、地仗层中可以抑制霉菌对壁画的侵蚀。

山东地区古建筑壁画钙质土垢的清除工艺主要有几个步骤：

1. 壁画表面土垢的初步清理。用竹签剔除壁画表面较易去除的土垢，保留2毫米左右厚度的土层不清理。然后用吸耳球吹去已剔除的浮土。

2. 渗透加固。壁画颜料层已经非常脆弱，为了避免对壁画颜料层造成损伤以及泥土的二次交叉污染，采用棉签涂擦法。对于表面粉化严重的壁画也可采用喷雾法，选用雾化好的喷枪或喷壶渗透施用水性环氧树脂。

3. 去除钙质土垢。此阶段采用低浓度水性环氧树脂清洗剂和机械剔土配合，要初步显现颜料层，因此要仔细谨慎进行。对于黏结比较牢固的壁画颜料层，用棉签涂擦低浓度水性环氧树脂去除剂浸润渗透干硬泥土，并使其保持潮湿状态，用竹签小心挑动已松动的土垢，然后将土垢用湿棉签滚动擦去。对于黏结较疏松的壁画颜料层，采用上述去除材料和工艺将土垢去除至形成空气—粒子界面，再用低浓度彩绘显现加固剂消除此界面对光的散射作用，可在完全不伤害壁画颜料层的情况下再现壁画原貌。

二、画面霉斑的清理

霉菌遗留下的斑痕污染壁画表面，并对壁画产生侵蚀作用，减弱了壁画的视觉艺术效果。霉菌生长的同时会产生有机酸和色素，加快了地仗层的疏松和颜料层的脱落、变色，使壁画失去原本蕴含的许多历史信息及美学价值。霉菌对胶结材料的侵蚀直接导致了颜料中胶料的分解和流失，造成颜料间原本已残留不多的黏结力彻底消失，从而导致颜料的脱落。壁画上面的斑痕属于必须去除而又难以去除的污染物。

通过壁画霉斑的清洗实验来确定山东地区古建筑壁画霉斑的清洗剂种类、浓度以及清洗工艺。制作模拟壁画的霉变样品，选取有霉斑的样品和制作空白试样来喷洒孢子悬浮液培养霉菌。壁画模拟样品是由涂刷各种颜料以及未涂刷颜料的空白样品组成，每块样品上用石灰模拟制作地仗层，并分为若干个色区，涂刷不同的颜料。颜色鲜艳且较深的国画颜料有藤黄、花青、三绿、三青、翡翠绿、赭石、朱膘、曙红、胭脂、朱沙，颜色较浅用明胶调和过的矿物颜料有大红、赭石、胭脂、朱膘、曙红、石青、朱沙、土黄、石绿、深红。

通过壁画颜料层清洗前后的变化、颜料色度的变化来评估所使用清洗剂的效果。使用的壁画霉斑清洗剂有：质量分数为5%的以清洗剂稀释液为溶剂的胰蛋白酶溶液、质量分数为5%的以清洗剂稀释液为溶剂的中性蛋白酶溶液、氨水、质量分数为70%的乙醇溶液和蒸馏水。

模拟壁画霉斑的清洗过程。用上述配制好的清洗剂分别清洗已发霉的壁画模拟样品表面霉斑，先用毛笔蘸取去离子水冲洗表面霉菌孢子，然后用毛笔分别蘸取少量清洗剂，涂刷在有霉斑的部位，用纸巾紧贴于壁画表面，以吸附霉斑中的污物及色素，静置20分钟后然后用去离子水冲洗每个样块区域，再用纸巾吸附，反复操作3次，观察各种清洗剂的清洗效果。结果表明，各种清洗剂均对霉斑有效，清洗效果依次为：氨水＞质量分数为70%的乙醇溶液＞质量分数为5%的以清洗剂稀释液为溶剂的胰蛋白酶溶液＞蒸馏水＞质量分数为5%的以清洗剂稀释液为溶剂的中性蛋白酶溶液。

清洗操作可以使用两种清洗方法：一种直接用毛笔蘸取清洗剂清洗，静置后用去离子水冲洗，自然晾干；另一种为用毛笔蘸取清洗剂清洗，立即在其上涂敷两层纸巾，将表面的污物和色素吸附在纸中。观察对比两种方法的清洗效果，后一种方法清洗效率更高，吸附得更干净，而且对壁画表面的损害也小，在古建筑壁画霉斑清洗中适宜使用第二种方法。

为了证实霉斑清洗剂对壁画颜料色度的影响，测定了模拟壁画霉变样品霉斑清洗前后颜料色度的变化。色差越小，说明清洗剂对颜料色度的影响越小。清洗剂对矿物颜料色差的影响，从小到大依次为蒸馏水、质量分数为5%的以清洗剂稀释液为溶剂的胰蛋白酶溶液、氨水、质量分数为70%的乙醇溶液、质量分数为5%的以清洗剂稀释液为溶剂的中性蛋白酶溶液。对国画颜料色度的影响，从小到大依次为质量分数为5%的以清洗剂稀释液为溶剂的胰蛋白酶溶液、氨水、质量分数为70%的乙醇溶液、质量分数为5%的以清洗剂稀释液为溶剂的中性蛋白酶溶液、蒸馏水。其中，质量分数为5%的以清洗剂稀释液为溶剂的胰蛋白酶溶液、蒸馏水、氨水、质量分数为70%的乙醇溶液为较理想的壁画霉斑清洗剂。

质量分数为5%的以清洗剂稀释液为溶剂的胰蛋白酶溶液、质量分数为5%的以清洗剂稀释液为溶剂的中性蛋白酶溶液为蛋白酶清洗液，清洗时在一定条件下能水解蛋白质分子中的肽键而使霉斑溶解，同时清洗剂中的活性离子又能与霉斑离子发生离子交换而进一步溶解霉斑，在清洗反应中，蛋白酶几乎不与壁画颜料分子和地仗层中的碳酸钙发生化学反应，对壁画颜料层结构的影响最小。

氨水的清洗效果最好，可能是与霉斑中某种成分发生化学分解反应的结果。质量分数为70%的乙醇溶液与蒸馏水实际效果相差不大，乙醇因挥发较快，造成暂时的清洗外观效果明显。通过上述试验研究，针对不同时期、依附壁画顽固程度不同的霉斑，可以使用不同的清洗材料、方法。对于新生长的霉菌菌丝，用去离子水清洗即可。一般不太顽固的霉斑，先用质量分数为5%的胰蛋白酶清洗剂清洗淡化霉斑，然后用去离子水清洗，再用纸巾吸附。遇到比较顽固的老化霉斑，用氨水、乙醇或质量分数为70%的乙醇清洗、吸附，再用去离子水清洗、吸附。如果特别顽固很难使用上述方法清洗彻底的霉斑，除了清洗过程中由弱到强使用这些清洗剂之外，还要根据霉斑情况，不必力求霉斑的完全去除，只要大致显露了画面的内容或图案，整体外观的艺术效果能够保持基本一致就可以了。

三、画面灰尘的清理

壁画表面灰尘容易吸收空气中水分、微生物，对壁画颜料层保护极为不利。壁画表面灰尘清理常用方法有干法清理和湿法清理两种。

干法清理灰尘是用软毛刷、微型吸尘器、专用灰尘擦洗海绵、面包屑或面团、洗耳球等工具吸附、擦扫。其中专用擦洗海绵由一块底部连有蓝色硬支撑体的浅黄色软质多孔海绵组成，海绵体含有合成橡胶、合成胶乳、矿物油、硫化剂、胶凝剂，不含任何有害物质且为中性，可用以清洁墙壁、壁画、纸张、壁纸、彩绘、纺织品等文物表面的灰尘及污垢。专用灰尘擦洗海绵根据颗粒和硬度分为不同种类，以适用于不同质地文物表面灰尘的清理，硬度最大的用于清理顽固污垢，硬度居中的用于清洁壁画、粗布制品和木制品，硬度最小的用于清洁纸张和细布。利用专用擦洗海绵清理壁画表面污染物时，对修复人员的技术水平要求较高。同时，要求壁画表面强度较高，没有颜料层粉化、脱落病害。表面灰尘干法清除的工艺包括以下工序：(1)选择画面不重要区域进行清理实验，确认对壁画颜料没有危害并且选择合适的用具；(2)用擦洗海绵擦除壁画表面灰尘，海绵体会碎裂解体并吸附大量灰尘污垢；(3)用软毛刷扫除吸附灰尘污垢的海绵碎屑；(4)用吸尘器吸走黏附灰尘的海绵碎屑；(5)用棉团或棉签蘸蒸馏水或质量分数为50%的乙醇溶液，借助手术刀、竹签等清除表面泥土污染及顽固污垢；(6)利用棉签或棉团蘸二次蒸馏水润湿和吸附最后的污垢。

湿法清理灰尘是在颜料层存在起甲、粉化等病害时，先对颜料层加固，再用棉签或棉团蘸二次蒸馏水或50%的乙醇溶液，利用溶剂溶解、软化、贴附作用清除壁画表面灰尘。清理工艺包括以下工序：(1)用洗耳球轻轻吹掉表面浮灰，并检验壁画颜料层的耐溶剂性；(2)表面贴吸水纸，并在吸水纸上刷质量分数为50%的乙醇溶液；(3)刷质量分数为3%～5%的AC-33乳液等加固剂，加固壁画颜料层；(4)揭取吸水纸，此时吸水纸上沾满灰尘；(5)如果没有清洗彻底，可重复(3)和(4)过程；(6)最后用润湿挤干的棉团或棉签滚动清洗壁画表面。

四、画面其他污染物的清理

山东地区古建筑壁画上的污染物，除了钙质土垢、灰尘和霉斑外，还有其他多种多样的污染，比如残留下的胶、泥痕、鸟虫粪便、油漆、油烟等，清理这些污染物所需要的清洗试剂不同，操作过程和工艺有许多相似之处。

1. 画面残留胶的清理

壁画残留胶主要是桃胶、明胶、聚乙酸乙烯酯、聚乙烯醇、丙烯酸树脂，多是水溶性胶，主要来源于历史上壁画地仗层、颜料层加固过程中的过量使用或者是当代修复工作过程中的无意残留。根据胶的性质，利用水对胶的溶解、溶胀作用，借助机械方法去除。

清洗桃胶时用温水润湿带胶的泥土，泥土较厚时，为了增加溶剂的渗透，可以采用50%的乙醇溶液。清洗工艺包括以下工序：(1)清理表面浮土后，用宣纸或皮纸贴于壁画需要清洗的区域，留出小块区域作为欲清洗区域；(2)用棉团或棉签蘸温热(30～50℃)蒸馏水或50%的乙醇溶液润湿清洗区域，溶液量不宜太多以刚刚润湿土层为准，可以少量多次进行，泥土较厚时可以用棉团涂敷；(3)用棉团或棉签滚动擦洗，依靠吸附作用吸取胶质；(4)如果泥土较厚、润湿的泥土较为疏松，利用小竹签、竹刀、手术刀等工具扎或划开泥土并剔除，再利用棉签擦洗残留胶；(5)利用干净润湿棉签滚动擦洗，棉签溶剂量不宜过多；(6)逐块逐区域展开清洗，有利于清理干净并且掌握清洗程度。明胶的溶解性较桃胶差，但在温热水中也较易软化，可通过增加水温、延长热敷时间、覆盖薄膜等措施，逐渐缓慢清洗，工艺与桃胶清洗相同。

聚乙酸乙烯酯和聚乙烯醇均是水溶性胶，在热水作用下可缓慢溶胀软化，清洗工艺包括以下工序：(1)清理表面浮土后，用宣纸或皮纸贴于壁画需要清洗的区域，留出小块区域作为清洗区域；(2)用棉团或棉签蘸温热(30～50℃)蒸馏水或50%的乙醇溶液润湿清洗区域，溶液量不宜太多，以少量多次为宜；(3)在清洗区域敷上润湿的棉纱布3～5层，润湿可用温热二次蒸馏水；(4)利用调热的蒸汽熨斗加热棉纱布使胶质溶胀软化；(5)利用手术刀轻轻刮掉软化胶质，较厚的胶质可随手术刀揭下，反复多次操作；(6)用棉签蘸取50%的乙醇溶液擦洗，擦洗时以不伤害壁画画面为原则，宁可多操作几次也不可过度擦洗；(7)应一块一块区域地逐渐清洗，有利于清理干净，且易掌握清洗的程度保持整体画面的一致性。

如果壁画颜料层存在粉化、空鼓等病害时，画面污染物清洗前均应先加固，再清洗。此时残留胶清洗工艺包括以下工序：(1)确定清洗区域，用洗耳球轻轻清除表面浮灰；(2)用吸液滴管吸取质量分数为50%的乙醇溶液润湿壁画起甲层，使得起甲层回软并展开；(3)用注射器滴渗质量分数为3%的AC-33乳液，待渗入后滴渗质量分数为8%的AC-33乳液。待乳液渗入后，用纺绸拓包轻压起甲颜料层；(4)待颜料层回贴到地仗层时，表面胶层已溶胀软化，用棉签蘸取二次蒸馏水，滚动擦拭壁画表面残留胶，可反复进行，直至溶胀软化的明胶层顺利揭下；(5)残留胶清洗后，用拓包轻压对壁画颜料层加固。

2. 泥痕的清洗

针对壁画表面泥痕，用二次蒸馏水软化后，使用棉球、棉签轻轻擦除。依据现场试验结果，修复工艺包括以下工序：(1)用吸耳球或软毛刷除掉壁画表面的浮尘；(2)用吸耳球将起甲翘起及裂缝之间的尘土吹干净；(3)在泥痕与壁画结合紧密处，滴注质量分数为1%表面活性剂的蒸馏水，局部软化泥痕；(4)待泥痕软化后，用棉签擦除；(5)如果泥痕与壁画颜料层结合较为紧密，用自制木(竹)质小刀刮除，并配合棉签擦除；(6)对于非常坚硬的泥痕，软化时间应足够长，必要时可使用手术刀仔细刮除。

3. 鸟虫粪便的清洗

昆虫、鸟类的粪便如果直接刮削，会使颜料层与粪便一起脱离。因此，采用如下清洗工艺：(1)用 AC-33 乳液加固壁画颜料层；(2)待加固剂干燥后用乙醇/蒸馏水软化粪便；(3)用竹(木)质小刀轻轻刮削，以清除粪便；(4)清洗完成后，用棉签蘸取乙醇/蒸馏水轻轻擦拭壁画表面；(5)如果软化后的粪便仍然无法用竹(木)质小刀清除，可一边用手术刀仔细刮削，一边用毛笔蘸取乙醇/蒸馏水逐层软化粪便，待临近壁画颜料层时，用竹(木)质小刀清除。

4. 画面油漆的清洗

壁画表面的油漆或者涂料用汽油、香蕉水、脱漆剂等有机溶剂去除时，会造成对壁画的二次污染。可以使用凝胶体吸附复合溶剂附着在油漆表面，既能控制溶解和溶胀时间，又不污染画面。根据已有的研究成果，经过试验，筛选德国生产的凝胶型去除剂用于壁画表面油漆、涂料污染物的去除。清洗工艺为：(1)用棉签或棉团蘸质量分数为50%的乙醇溶液清理壁画表面灰尘；(2)用竹签或小型竹刀取少量凝胶型去除剂，涂于油漆表面；(3)用培养皿或保鲜膜覆盖，保持相对密封，控制溶解、溶胀时间；(4)约10分钟后油漆溶胀，油漆厚度和污染量不同时，所用时间会有所差异；(5)油漆溶胀后，用手术刀剔除油漆层；(6)如果油漆污染严重，反复多操作几次，遵守少量多次、循序渐进原则；(7)用润湿的棉签清除表面残留物。

5. 画面油烟的清洗

对壁画油烟污迹的处理，经过现场小面积局部实验，用有机溶剂如酒精、丙酮、短链烷烃进行处理，可减小清洗剂对壁画绘画层胶质的溶解作用并可清除表面油污。由于这类溶剂有良好的挥发性，不会产生残留，只需选择适当的施工时间(气温高于22℃)便可取得良好的清洗效果。具体的清洗工艺流程与清洗油漆相同。

值得注意的是，壁画上的污染物一般不会只有一种，而是多种污染物混合在一起，呈现出复杂的类型。这些污染物顽固地黏附于壁画颜料层的表面，因此画面污染物的清理要细心谨慎地选择清理材料和工艺流程，操作时要特别留意出现的新污染物，严格防止对壁画颜料层造成二次伤害。济南市某处古建筑壁画的表面发现了泥痕、灰尘、钙质土垢、鸟粪、霉斑等多种污染物并存的情况，在清理表面污染物的过程中，施用了机械清除与化学试剂如蒸馏水、乙醇、丙酮、蛋白酶、氨水等清洗试剂软化相结合的方式，使得被覆盖的画面基本上显露出来。虽然部分顽固的霉斑、泥斑、雨水冲刷痕迹仍然不能彻底清除干净，但是画面的艺术效果和画面内容已经比较完整地显示。

第四节　古建筑壁画颜料层的加固封护

山东地区古建筑壁画颜料层的病害主要以起甲、粉化、脱落为主，在治理病害的时候，由于都要涉及颜料层自身，颜料层的厚度一般都非常薄，加固材料能够对颜料层完全渗透，所以在治理这些病害过程中可以使用同一种加固材料，只是加固剂浓度、用量以及施工工艺有所不同。在加固过有病害的部位之后，需要对壁画的整体实施封护以提高壁画抵抗外界环境侵害的能力。

一、颜料层起甲病害的修复

目前壁画颜料层加固材料较多，施工工艺也较为成熟，但是在古建筑壁画保护方法及加固材料选择上缺少统一的规范。依据已有的研究文献以及目前全国各地古建筑壁画保护的常用材料初步确定颜料层加固材料，分别施用于加固模拟壁画样品进行加固效果分析测试，以确定山东地区古建筑壁画颜料层的加固保护修复材料及工艺。

根据已有的文献资料，壁画颜料层加固效果较好的材料有聚乙酸乙烯酯乳液、聚乙烯醇缩丁醛、硅酸乙酯、聚乙烯醇、丙烯酸乳液（AC-33 和 PEOVAL），Paraloid B72、PU 乳液等合成高分子加固材料，以及桃胶、明胶、胶矾水、熟桐油等天然高分子材料。天然材料多用于壁画揭取时画面的临时性加固。壁画颜料层加固工艺有滴注、涂刷、喷雾三种。因此，根据已有的研究成果来配制壁画颜料层加固材料，有质量分数为 2%的桃胶、明胶、聚乙酸乙烯酯乳液、聚乙烯醇的水溶液以及熟桐油的乙醇溶液、Paraloid B72 的丙酮溶液，质量分数为 5%的 AC-33、PEOVAL 溶液和 PU 乳液以及聚乙烯醇缩丁醛的乙醇溶液、硅酸乙酯的丙酮溶液、比例为 4∶1∶72 的胶矾水。

为评估各种加固材料对古建筑壁画颜料的加固效果，制作模拟壁画样品。加固时选用 AC-33、PEOVAL、聚乙酸乙烯酯、聚乙烯醇缩丁醛，分别配成质量分数为 1%、2%、3%三种浓度的溶液。将 12 种不同种类和浓度的加固剂与每组 12 块试样一一对应进行加固，模拟壁画试块加固后在实验室环境中干燥。待模拟壁画试块干燥后，分别进行膜透水蒸气和湿度老化试验。同时将固化成膜的加固材料进行老化试验。对加固材料进行老化后的分子结构、色差、光泽度、膜透水蒸气和黏结强度进行测试，以比较加固材料的加固性能和对壁画产生的影响。

通过对以上 12 种材料加固、老化性能的对比，得出以下结论：(1)当各类加固剂质量分数为 2%时，加固效果较为理想，加固剂质量分数为 1%时，加固强度较低，颜料颗粒易脱落；(2)桃胶、明胶等具有较好的透气透水性，对颜料颜色影响较小，但桃胶、明胶等天然材料黏结强度小，易受微生物侵蚀变质，可作为壁画颜料层临时性加固材料；(3)聚乙酸乙烯酯乳液加固的壁画样品表面较为粗糙，光泽度降低，易吸附灰尘，对颜料层色度改变较大，不宜作为壁画颜料层的加固剂；(4)PEOVAL 对壁画颜料层颜色影响较小，光泽度、防尘效果和透气性符合壁画加固修复要求，质量分数为 3%的 PEOVAL 效果最好；(5)AC-33 对壁画颜料层颜色影响很小，光泽度、透气性和防尘效果很好，质量分数为 3%的乳液较为合适；(6)聚乙烯醇缩丁醛质量分数为 3%时，在壁画表面易形成一层光滑、致密且有一定光泽的薄膜，影响壁画整体的透气性，建议使用质量分数为 2%。

起甲壁画加固剂的基本要求是不能改变壁画颜料的颜色和整体外观，渗透性能优良。根据上述实验结果，可以选用质量分数为 2%的 AC-33 乳液作为古建筑壁画颜料层起甲病害的修复材料。一般操作工艺包括以下工序：(1)用吸水纸和蒸馏水进行酥碱壁画脱盐处理。(2)用注射器将加固剂滴渗起甲、酥碱或粉化部位。(3)待稍干燥后，用自制竹、木或不锈钢刀，将起甲壁画轻轻压平。(4)待加固剂吸收后，用竹、木或不锈钢刀，将起甲壁画贴回地仗层。(5)用白色纺绸包脱脂棉，对起甲壁画拍压。(6)滚压壁画表面，在壁画表面喷雾质量分数为1.5%的AC-33乳液，达到70%的干燥程度后，将白色纺绸铺在壁画上，用软胶棍滚压。滚压时用力均匀，以防壁画上出现滚痕或将颜料粘在白绸上。

山东地区古建筑壁画的起甲情况比较复杂，有些是壁画颜料层从地仗层上起翘，有些是颜料层与地仗层之间的罩底白垩层老化后导致的外层颜料层起翘脱落，有些是整片起甲，而有些是疱疹状起甲。复杂的起甲原因、表现特征加上脆弱的起甲碎片造成了加固修复的极大困难。笔者在济南市某处古建筑壁画加固起甲壁画的过程中使用了上述操作工艺和材料，起甲部位加固回贴效果明显。

二、颜料层粉化病害的修复

对于山东地区古建筑壁画颜料层的粉化病害的治理，使用的加固材料应满足以下要求：(1)颜料加固后色彩不能改变；(2)不能在壁画表面形成反光膜；(3)加固剂必须有较好的渗透性和较强黏结力；(4)加固材料必须具备良好的耐光、耐高温、耐老化性能。

根据以上要求，经多次古建筑壁画的实验室筛选和保护现场实验，可以确定以质量分数为2%的AC-33乳液喷雾加固较为合适。一般操作工艺为：(1)将加固剂移入喷雾器；(2)调节喷雾器喷头使雾滴大小均匀，喷头应距壁画以20～30厘米为宜；(3)将加固剂均匀喷雾到壁画表面；(4)经过20分钟渗透后，使用纺绸包裹医用脱脂棉的拓包轻轻拍打壁画颜料层。

三、颜料层脱落病害的修复

山东地区古建筑壁画颜料层脱落病害的治理，一般和壁画整体的美学修复结合起来。对于脱落部位边缘处的起翘颜料层，使用修复起甲病害的材料和工艺进行修复即可。如果地仗层脱落，可根据修复地仗层的材料和工艺进行适当的修补，修补后的地仗层应低于壁画颜料层。如果颜料层脱落面积较大，可适当补色进行美学修复。

对于地仗层和颜料层均开裂或脱落的狭小裂缝，则用吸耳球将裂缝内的尘土吹净，选用与壁画地仗层相同的材料，用质量分数为2%的AC-33乳液调制成泥，填补裂隙。裂隙填补处平面应低于壁画颜料层，并依据画面内容适当补色。

四、颜料层的整体封护

在对壁画颜料层病害治理的基础上，发生病害的颜料层的强度得到了一定的提高，然而颜料层还有许多宏观上观察不到的病害，在这些部位并没有明显的粉化、脱落、起甲、酥碱病害发生，但是颜料层的内部已经积累了许多致损因素，比如水分、有害气体、可溶性盐等物质，颜料层也与发生病害的部位越来越接近并最终发生相似的病害。颜料层宏观上的稳定性被内部的威胁所掩盖，因此必须在治理颜料层的病害后，对壁画颜料层整体上设法提高其抵抗外界有害物质的能力，这就需要从整体上对壁画实施封护工作，以增强壁画颜料的整体强度，隔绝外界环境中的有害物质对壁画的侵蚀。一般情况下，只有壁画颜料层的其他部位已经发生了粉化、脱落、起甲等病害，才有必要对壁画颜料层实施整体封护工作。如果壁画颜料层整体相对都比较稳定，可以暂时不做整体封护工作。

由于颜料层的厚度一般很小，加固材料可以非常容易地浸透颜料，所以颜料层整体封护使用的材料可以是用于加固起甲、脱落和粉化病害的加固材料，一般情况使用 AC-33 乳液和 Paraloid B72 的丙酮溶液。由于需要提高封护剂对颜料层的渗透深度，所以在封护过程中使用的封护材料的浓度要从小到大，以保证封护材料能够完全将壁画颜料浸渗并深入地仗层，以提高整体封护效果。AC-33 乳液通常使用质量分数为 1.5%、3%，Paraloid B72 的丙酮溶液通常使用质量分数为 1%、2%。

壁画颜料层的整体封护操作工艺为：(1)将低浓度的封护剂移入喷雾器；(2)调节喷雾器喷头使雾滴大小均匀，喷头距离壁画以 20～30 厘米为宜；(3)将加固剂均匀喷雾到壁画表面；(4)经过 30 分钟的渗透，封护剂可以充分渗透入颜料层，甚至可达地仗层；(5)使用低浓度的封护剂重复上述操作；(6)根据渗透情况使用高浓度的封护剂重复上述操作，确定能够渗透入颜料层，并且颜料表面不产生眩光，无流淌现象。

第五节　古建筑壁画画面的美学修复

当壁画的支撑体、地仗层和颜料层的安全性得到保证后便面临着对已残缺的画面应不应该或需不需要进行相应美学处理的问题。壁画美学修复的必要性、可行性的探讨已经远远超过了壁画修复本身所需要的技术问题，可以说,美学修复的原则、理念的把握在这一修复工作中占据了大多数的比重。只要把握了具体壁画的美学修复原则、理念,画面的美学修复就基本上达到了目的。

传统的画面修复方法是在壁画残缺处用白色石灰地仗补全,补全部分留白不上色。白色地仗颜色与整体画面不协调,破坏了壁画内容的整体性和连续性,失去了壁画原有的美感。在观众的第一感觉里,接近于纯白色的地仗就完全占据了观众的第一注意力,而不是首先被画面内容所吸引。如果是画面中残缺的地仗为数量较多的小面积孔洞残缺,那么修补后的白色地仗更是将画面的主体内容破坏得支离破碎。这种修复方法简单粗陋,不仅没有保护和再现壁画原有的历史风貌,而且使壁画遭受二次损害。西方壁画的保护修复主要以保存、利用、展出的目的而进行施工,壁画修复后的不同功能和作用是选择不同修复方法的依据。大多数存有壁画的教堂,由于至今仍在使用,画面基本都进行了精细的补全和补画。

壁画残缺缺损部分的补全和补画,在国际上一直也是争论不休、至今也没有一个确定结论的问题。有的观点认为壁画作为绘画的一种形式,首先是艺术品,而艺术品的价值就体现在完整的作品中,对待壁画应按照艺术品来欣赏,而对艺术品的欣赏是以其完整性为前提的,因此应该恢复到画面的原始创作状态,"天衣无缝"是壁画修复人员高超手艺的体现。有的观点认为残缺的艺术品也是一种存在美,残缺部位有联想的余地,能够表现出历史的沧桑感,因此应保持现状,不必进行任何修补。有学者认为,壁画首先是文物,必须保持其历史存在时期的真实性。只有对其真实性没有质疑的情况下才能发掘其美学价值,进而欣赏其美,因此不应进行任何添加。现代艺术理论则认为艺术创作是在某一特定历史时期完成的历史行为,其全部或部分行为不可能在另一段历史时期重新再现,因此即使是该画的原创者对残缺画面进行补画,也不可能将其完全恢复成原状,其补画后的作品是一个复制品或赝品,甚至是完全不同的另一件作品。

可以说,这些关于残缺壁画补绘的观点和争论都有其历史背景和理论依据,然而,壁画的真实性和美学价值并不是对立或冲突的,两者是可以和谐稳定共存的。文物的真实性是固化在其物质载体上的,是其所蕴藏的自在信息,而其美学价值是真实存在的,是其承载信息中的一部分。美学价值信息通过并超越壁画的物质形态展示出来,启发人们的联想和对情感的冲击而达到人们视觉和精神的契合。如何正确处理这种超越物质形态的美学信息对观众的影响，取决于修复工作者的保护观念、对文物各方面价值的认识、艺术修养和对保护原则的深刻理解。对于壁画来说，颜料局部脱落或画面的不完整性通常会有两种情况：一种是画面已大面积脱落，造成画面内容的解读困难；另一种是画面小面积受损，造成对整体性的破坏和干扰。针对这两种缺失情况应区别对待。

当画面已大面积脱落，残缺不全的画面造成了对画面内容释读困难的情况下，遵照文物保护原则，绝不能主观臆断画面内容而重新绘制，进行再创作。这并不是对残缺部分置之不理，无所作为。任何一块壁画残片都包含在壁画整体的体系中，在一定程度上反映出整体的面貌。虽然画面残缺面积较大，但是在整个壁画体系中，后来的修补部分不应喧宾夺主，掩盖残缺画面的现实存在和重要性，而是对残缺部分要通过对色调的处理将修补部分降低到次要位置，从而突出残存的原始画面。这种做法能够使观众根据自己的知识判断和对画面的理解形成自己的结论，而不是人为地给观众一种误导，认为修补后并不准确的画面就是壁画上的原有画面。目前，国际上经常采用的方法是通过将残缺修补部分的色调处理成灰色、土色或其他中性色调来突出残存画面，或通过降低修补平面的高度突出残存画面。

对于画面大部分完好、残缺部分较小的损伤情况，如果不进行适当的技术处理，坚持保存现状，虽然在一定程度保护了壁画的真实性，但有时在很大程度上却是以牺牲整个画面的艺术美学价值为代价，影响到观众对壁画整体的正确理解和欣赏，甚至会影响建筑物整体的美学价值。在这种情况下，应该按照文物保护原则采取恢复其原状的做法，即在进行充分论证的基础上进行相应的技术处理，进行有根据的复原，恢复其原有的画面内容，展示其应有的艺术神采。这类技术处理应遵循“可识别原则”，使整个画面“远观浑然一体，近察手法各异”。目前，国际上经常采用的做法包括：(1)用很细的平行线条进行补画，使壁画的整体性得到恢复，但仔细观察却可以区分原画和补画部分；(2)将修补部分降低，然后进行十分逼真的补画，使画面完整，但画面表层高度的差别是区分原画和补画的标志；(3)在完整记录原画的前提条件下进行无区别补画，但附以图解说明，使观众了解补画前后的差别；(4)只采用与画面相近的色块进行补画，使整个画面色调协调，避免修补部分突兀出来，干扰对画面的欣赏；(5)采用与原画不同风格的补画手法，如原画为工笔画，则补画采用写意手法；(6)采用较原画色调浅一些的补画手法。对于地仗脱落的情况则通过在修补白灰地仗中掺入颜料和纤维使修补部分与画面色调、质地协调一致;有些则仅通过模拟地仗的色调和质地达到与壁画和谐的效果。应该强调的是,无论采用以上何种方法,都要对过程进行详细的记录,确保壁画修复档案中保留有壁画处理的详细资料。

在进行具体的保护工作时,应综合分析古建筑以及壁画各方面的价值,经过充分的论证具体对待残缺壁画的美学修复。不能片面理解文物保护的实施准则,将"不改变原状"视为必须保存现状,当然也绝不能为了追求新鲜华丽重新绘制壁画;不能将"可识别性"视为必须有显著的区别,但也不能为了证实"修复技艺高超"而使其没有丝毫区别。任何情况必须保存历史的痕迹,在壁画画面处理中,无论是"留白"还是"补画",都必须同时遵守"原状保护"和"可识别性"的原则。

残缺壁画内容的补全补画是依据内容特点和视觉效果进行的,具体方法如下:选择与壁画地仗层相同或相近的材料补全并保持与原始颜色一致,然后在补全部位用极细的毛笔蘸取相应颜料,间隔画出细线,由疏至密,直至与原作色彩相似为止。从远处看,整幅壁画画面完整,色调统一,很难看出补画部位,但近距离观看则很容易分辨出细线补画的部分。这种方法不仅保持了良好的视觉效果,而且也不会使壁画成为真假难辨的复制品。

在补全补画过程有几个注意事项:第一,注意修复原则的一致性,即画面中间着色补绘统一使用竖直影线法,周边部位使用较浅地仗色的方法进行修复,以增加其可识别性、统一性和欣赏性,不能随意改变补绘的颜色。第二,补色时一定注意与其周边颜色的一致、接近,不能浅于原画面周边颜色,浅则视觉效果突出,影响观瞻。第三,每处着色应为多遍,先打底色,由浅至深,逐层上色,哪怕是极细小的地方,也不能图一时之快一次涂成;否则补色处明显有粗糙、不规范的痕迹,整体效果很难达到协调性、一致性,画面的艺术美感也随之降低。

小　结

山东地区古建筑壁画病害的治理修复手段同预防控制措施相对应,是在病害呈现出比较严重的状态下采取的涉及壁画本体材料的补救措施。此时,壁画的病害通过外部环境的调节已经不能抑制病害的发展或改变病害的形态,必须施加修复材料于壁画材料上才能达到治理病害的目的。由于治理措施要在壁画的本体材料上实施,所以病害的治理必须慎之又慎,必须在经过严格的必要性、可行性论证之后，确定通过外部的预防手段不能彻底根除这些病害时才能实施。正是由于壁画病害治理修复工作的严密谨慎，所以在治理修复过程中必须坚持对壁画的最低干预、保持原状和可再处理性的原则，强调使用材料的可逆性、兼容性和可辨识性，综合应用多学科知识来全面治理壁画病害。

山东地区古建筑壁画的地仗层和颜料层是病害发生的重要部位，也是要重点治理病害的对象，依据病害治理的先后顺序包括加固修补地仗层、对画面污染物进行清理、加固封护颜料层，最后要对画面整体实施美学修复来恢复壁画的艺术价值。壁画地仗层的病害类型主要有地仗层的缺失、空鼓、裂缝和酥碱，其中地仗层的裂缝与缺失、空鼓相联系，因此在治理和修复壁画地仗层病害的过程中，针对这些病害类型可以从缺失地仗层的修补和空鼓、酥碱地仗层的加固修复等方面来进行。由于壁画的地仗层是承载壁画颜料层的直接载体，因此治理地仗层的病害要在壁画支撑墙体已经消除病害、保持稳定的基础上进行。

清理壁画画面污染是显现壁画画面内容、表现壁画艺术价值的必要渠道和首要任务，也是山东地区古建筑壁画病害治理取得良好保护效果的关键。壁画画面污染物清理是壁画修复的重点和难点，目的在于消除病变造成的后果，延长壁画保存和使用时间，尽可能还原壁画的历史价值、美学价值。对壁画表面不同的污物，应根据实际情况采取不同处理方法。山东地区古建筑壁画画面污染来源有钙质土垢、灰尘、生物粪便和微生物的斑痕。另外在保存过程中会受到人为因素的影响，如油漆、涂料、石灰覆盖、墨迹，以及人为写画等污染画面。根据不同的形成来源，试验并选择适宜的化学试剂软化结合机械工具综合去除是主要清理手段。

在壁画的地仗层和支撑体已经稳定的基础上，就要对壁画的颜料层载体进行加固了。画面污染物的清理是从外部来显现出颜料层，而加固颜料层是从地仗层与颜料层之间的分界缝隙来加入加固材料以提高两者之间的连接强度。由于颜料层的厚度一般都非常薄，加固材料能够完全渗透颜料层，所以在治理壁画颜料层的病害过程中，可以使用同一种加固材料，只是加固剂浓度、用量和施工工艺有所不同。在加固过有病害的部位之后，需要对壁画整体实施封护以提高壁画抵抗外界环境的能力。

对于壁画画面的美学修复，国内传统的画面修复方法是在壁画残缺处用白色灰膏补全，补全部分不上色。但是现在看来，这些白色地仗颜色与画面整体并不协调，破坏了壁画内容的整体性和连续性，反而失去了壁画的原有美感，使壁画遭受二次损害，是对壁画艺术价值的贬低。西方壁画的保护修复主要为保存、利用和展出，壁画修复后的不同功能和作用是选择不同修复方法的依据。大多数有壁画的建筑，由于至今仍在使用，画面基本都进行了精细的补全和补画。面对这些国内外尚不能完全定论的修复原则、理念问题，探讨这些问题已经远远超过了美学修复所需要的技术问题。针对修复后的壁画功用、壁画整体残缺情况以及画面的具体内容，对古建筑壁画的美学修复提出针对性的修复方法。只要准确把握了古建筑壁画美学修复的原则、理念，画面的美学修复就基本上达到了目的。

第八章 结 论

目前山东地区留存下来的古建筑壁画大部分保存条件很差，大都漫漶不清，斑驳不堪，满面沧桑。这既有壁画本身的原因、自然气候原因以及人为的原因，也有文物保护经费短缺、投入不足、技术力量欠缺的原因，还有对壁画保护重视不够及保护理念偏差的原因，这些都导致了山东地区古建筑壁画保护工作的严重滞后状态。山东地区古建筑壁画在建筑建造、壁画形成过程中使用的建筑材料和绘画材料不同于其他地区，体现了山东地区的建筑特点、自然环境和人文社会发展历程。在历史留存时期，受制于自然环境和建筑的社会使用环境，山东地区的古建筑壁画在制作工艺、病害特征、病害形成机理以及壁画保护修复材料、工艺都与其他地区有较大差异。针对山东地区数量众多的古建筑壁画，以壁画材料和自然环境为出发点，研究古建筑壁画病害的表现特征、形成机理，并且在此基础上探索相应的保护修复技术、工艺就具有现实的迫切要求。

相对于山东地区保存至今数量众多的古建筑，其中存留古建筑壁画的比例并不高，而且除了较为著名的泰安岱庙天贶殿、济南华阳宫古建筑群壁画外多数不为世人所熟知或提及。这些古建筑壁画多分散于偏僻地区，建筑和壁画的级别普遍不高，画面内容以宗教题材为主，制成年代多数为明清时期。壁画的题材以宗教内容、神话传说、历史故事居多，其他还有一些花卉、植物、山水风景等装饰性内容，而宗教题材的内容又以佛教和道教题材为主。壁画的画面内容应是与古建筑的宗教功能和使用性质相联系的。在历史发展过程中，山东地区的古建筑壁画因为社会的变迁和自然环境的影响，或被缓慢的破坏，或年久失修而损毁，或因为战争、自然灾害而被损毁，壁画的保护历程伴随着建筑的历史变迁而命运多舛。

山东地区古建筑壁画的制作结构一般依次为墙壁支撑体、地仗层和画面颜料层。墙壁支撑体多数为青砖，少部分为石块、土坯垒砌。地仗层分为两部分，靠近支撑体一般为黄泥层，表面地仗层为掺杂麻刀混合而制成的白灰层。壁画的制绘程序包括起稿、勾线、着色等三个步骤，使用的绘画材料包括各种金属、矿物、植物颜料。

山东地区的古建筑壁画目前的保存状况令人担忧，基本上没有能够完好保存、无病害发生的壁画，多数壁画的病害非常严重。即使是日常维护条件较好的古建筑损毁现象也非常突出，就像岱庙天贶殿壁画发生的病害也是类型多样，危害性大。一般来看，山东地区古建筑壁画的病害发生在墙体上表现为建筑坍塌、缺失、错位位移、局部功能丧失等病害，壁画地仗层上病害表现出地仗层缺失、空鼓、裂缝、酥碱等特征，壁画颜料层出现龟裂起甲、画面污染、颜料层脱落、颜料层粉化、生物损害和画面颜色变化等病害。尤为严重的是，很多病害贯穿壁画的整体结构，或者是几种病害同时在一个部位发生，或者是一种外因造成了多种病害特征，也就造成了病害表现形式的多样性和难分辨性。

山东地区古建筑壁画之所以存在种类繁多的病害类型，是与壁画本身的结构、材料的内部因素以及壁画所保存的外部自然环境和社会环境密切相连的。壁画的制成材料决定了壁画的可能保存寿命，而外部的环境是壁画能够实现其预期寿命的外部保证。受到建筑自身结构、材料因素的影响，山东地区的古建筑容易发生渗水、漏雨等现象，而且建筑中多种材料混合的结构也会出现墙壁变形等结构失稳的现象，进而连带壁画发生多种病害。壁画材料自身的不稳定性能也是壁画容易发生病害的主要原因，其中尤以土坯、黄泥层和颜料中的黏结剂为相对脆弱、容易老化变质的材料，只要这些材料发生病害，壁画整体就可能发生一系列的病害。

壁画的依存环境是壁画能够完整保存的重要条件，也是导致壁画病害发生发展的外部因素。影响壁画病害发生的自然气候因素主要有大气降水、温度、湿度、光照、太阳辐射等。降水对建筑的影响多发生在屋顶与墙壁结合的部位，所以古建筑顶部漏雨渗水会连带墙壁上部的壁画出现大面积残缺、水渍、霉斑等多种病害。建筑的梁架、木柱和檩条均为木质，容易产生腐朽的情况，因此承重能力下降，诱发裂缝、空鼓等病害的产生，也会连带壁画地仗发生病害。壁画长期处于潮湿的情况下，不仅有机物会分解变质，同时潮湿还将促使许多化学反应发生，容易滋生霉菌产生进一步的化学性、生物性损害。温度升高可以加快壁画表面、内部的腐蚀降解等化学反应的速度。保存环境湿度变化成为影响壁画酥碱病害的主要因素。尤其是曾经发生酥碱病害的壁画，当湿度发生变化时，壁画在“吸湿⇌干燥”过程中，制作材料中残余的可溶盐会重复发生“溶解⇌结晶”的过程，导致酥碱病害进一步发展。相对湿度的大小及其变化可导致壁画化学、物理变化以及微生物生长等，湿度是引起壁画颜料变色的重要因素之一。环境气温长期处于较高、较低或者反复变化的情形下对壁画都会产生危害，尤其是在温差幅度较大时候其危害更加明显。光辐射对壁画的破坏作用主要体现在光化学反应导致壁画材料的老化以及光的热效应加速壁画病害发生物理、化学变化的进程，前者是光辐射破坏作用的主要方面。光辐射能破坏其照射到的物体表面，壁画最重要的表面颜料层就是首先被辐射破坏的部位。由于灾害性天气在短时间内对古建筑壁画的墙壁支撑体产生剧烈的冲击，从保存、使用寿命来看，灾害性天气的频发缩短了古建筑及其内部壁画的寿命。

山东地区古建筑壁画的保存环境中存留着多种多样的有害物质，主要包括堆积在壁画表面的灰尘、大气中各种有害污染物以及在墙壁支撑体及其基础中的可溶性盐分。这些有害物质与壁画的各种制成材料紧密地结合，持续、稳定、长期地侵蚀着壁画的支撑体、地仗层和颜料层，尤其是对暴露于外面的绘画材料危害最大，损坏效果也为明显。

对山东地区古建筑壁画环境中的生物调查结果表明危害古建筑壁画的生物来源于霉菌类微生物、昆虫类、鸟类、鼠类、爬行动物类以及其他类别的生物，每种生物的危害的方式和手段各不相同。这些生物广泛的分布于古建筑壁画的外部自然环境的植被中，因为所在建筑的密封性不强和管理手段的疏忽而对壁画持续的、长期的产生不同程度的损害。

山东地区的古建筑壁画在历史上遭受过许多人为的直接破坏，例如人为地在壁画上刻划、战争期间占用古建筑等极端的破坏措施。即使是保管措施比较严格的壁画也因为人们无意识的正常活动或人类间接的活动给壁画带来缓慢、持续的影响，比如人类的旅游参观活动、在建筑内焚香烧纸祭拜活动以及人们无意识的触碰等。除此之外还有一些保护性活动，比如在日常的清扫除尘工作、建筑的修缮以及对壁画的修复工作中，由于工作人员的保护理念和保护技术的制约，也会给壁画带来伤害。

为了避免由于人为原因产生的调查记录误差，在山东地区古建筑壁画保存现状调查工作中必须坚持客观、规范的指导原则。在调查过程中，文物保护国家标准《古代壁画病害与图示》(GB/T 30237-2013)和文物保护行业标准《古代壁画现状调查规范》(WW/T 0006-2007)可以作为山东地区古建筑壁画保存现状调查的指导性适用标准。山东地区古建筑壁画保存现状调查的内容不仅仅只针对古建筑壁画的病害，还要涉及古建筑壁画的价值评估，古建筑壁画的保护历史、保存环境，壁画的制成材料和工艺。调查古建筑壁画的病害是其中的重点和主要内容，涵盖古建筑壁画病害的发生原因、发展历史和发展趋势，为后期综合性保护古建筑壁画提供现存状态的评估结果。

山东地区古建筑壁画保存现状调查采用的基本方法有文献调查综述法、人员访谈法和实地调查法。在实地调查过程中，需要对壁画的制成材料和病害物质进行分析取样，取样的原则和操作过程按照《古代壁画现状调查规范》的要求来实施。古建筑壁画保存现状信息提取分析的内容包括壁画病害的测绘和摄影、手工绘制壁画病害图、计算机绘制壁画病害图和数据的统计分析。古建筑壁画保存现状调查信息所采用的主要记录形式包括文字记录、图示记录和摄影摄像记录。

山东地区古建筑壁画在预防病害发生的过程中所施行的预防保护手段要遵循不改变原状、尽量少干预、预防为主、安全性、保护材料可操作性的原则。在具体的施工过程中，首先从预防古建筑墙体病害也就是壁画支撑墙体做起，可以对损毁的墙体进行加固修缮，阻隔侵蚀古建筑墙体的水分，对古建筑墙体进行密闭处理。在对古建筑内部环境实施调节控制措施中，从控制环境温湿度、防紫外线、防尘和空气净化等方面进行处理。对于古建筑周围环境的净化防护，可以对环境中壁画害虫使用植物性杀虫剂进行防治，对霉菌和微生物进行防治，多栽种净化空气的植物改善古建筑周围的环境质量。在古建筑壁画的日常管理工作中，做好日常维护、安全维护和开发利用中的管理工作。另外，在一些特殊情况下，需要对古建筑壁画使用一些特殊的保护手段，比如把壁画揭取后异地放置在博物馆库房中集中保护，对山东地区的古建筑壁画实施全面的数字化保护工作等。

山东地区古建筑壁画的治理修复手段同预防控制措施相对应，是在病害呈现出比较严重的状态下采取的涉及壁画本体材料的补救措施。此时，壁画通过外部环境的调节已经不能抑制病害的发展或改变病害的形态，必须施加修复材料于壁画材料上才能达到治理病害的目的。由于治理措施要在壁画的本体材料上实施,所以病害的治理必须慎之又慎,必须在经过严格的必要性、可行性论证之后,确定通过外部的预防手段不能彻底根除这些病害时才能实施。正是由于壁画病害治理修复工作的严密谨慎,所以在治理修复过程中必须坚持对壁画的最低干预、保持原状和可再处理性的原则,强调使用材料的可逆性、兼容性和可辨识性,综合应用多学科知识来全面治理壁画病害。

山东地区古建筑壁画的地仗层和颜料层是病害发生的重要部位,也是要重点治理病害的对象。依据病害治理的先后顺序包括加固修补地仗层、对画面污染物进行清理、加固封护颜料层,最后要对画面整体实施美学修复来恢复壁画的艺术价值。壁画地仗层的病害类型主要有地仗层的缺失、空鼓、裂缝和酥碱,其中地仗层的裂缝与缺失、空鼓相联系,因此在治理和修复壁画地仗层病害的过程中,针对这些病害类型可以从缺失地仗层的修补,空鼓、酥碱地仗层的加固修复等方面进行。由于壁画的地仗层是承载壁画颜料层的直接载体,因此在治理地仗层的病害要在壁画支持墙体已经消除病害、保持稳定的基础上进行。

清理壁画画面污染是显现壁画画面内容、表现壁画艺术价值的必要渠道和首要任务,也是山东地区古建筑壁画病害治理取得良好保护效果的关键。壁画画面污染物清理是壁画修复的重点和难点,目的在于消除病变造成的后果,延长壁画保存和使用时间,尽可能还原壁画的历史价值、美学价值。对壁画表面不同的污物,应根据实际情况采取不同处理方法。山东地区古建筑壁画画面污染来源有钙质土垢、灰尘、生物粪便和微生物的斑痕。另外,在保存过程中会受到人为因素的影响,如油漆、涂料、石灰覆盖,墨迹以及人为写画等污染画面的情况。根据不同的形成来源,试验并选择适宜的化学试剂结合机械工具综合去除是主要清理手段。

在壁画的地仗层和支撑体已经稳定的基础上,就要对壁画的颜料层载体进行加固了。画面污染物的清理是从外部显现出颜料层,而加固颜料层是从地仗层与颜料层之间的分界缝隙渗透加入加固材料以提高两者之间的连接强度。由于颜料层的厚度一般都非常薄,加固材料能够完全渗透颜料层,所以在治理壁画颜料层的病害过程中可以使用同一种加固材料,只是加固剂浓度、用量和施工工艺有所不同。在加固过有病害的部位之后,需要对壁画整体实施封护以提高壁画抵抗外界环境的能力。

对于壁画画面的美学修复，国内传统的画面修复方法是在壁画残缺处用白色灰膏补全，补全部分不上色。但是现在看来，这些白色地仗颜色与画面整体并不协调，破坏了壁画内容的整体性和连续性，反而失去了壁画的原有美感，使壁画遭受二次损害，是对壁画艺术价值的贬低。西方壁画的保护修复主要为保存、利用和展出，壁画修复后的不同功能和作用是选择不同修复方法的依据。大多数有壁画的建筑，由于至今仍在使用，画面基本都进行了精细的补全和补画。面对这些国内外尚无定论的修复原则、理念，探讨这些问题已经远远超出了美学修复所需要的技术问题。针对修复后的壁画功用、壁画整体残缺情况以及画面的具体内容，对古建筑壁画的美学修复提出针对性的修复方法。只要准确把握了古建筑壁画美学修复的原则、理念，画面的美学修复就基本上达到了目的。

附录一 古代壁画病害与图示 (GB/T 30237-2013)

1 范围

本标准规定了古代壁画相关术语和病害的定义以及病害相对应的图示符号。

本标准适用于我国古文化遗址、古墓葬、古建筑、石窟寺、近现代建(构)筑物的壁画以及馆藏壁画的病害调查和壁画保护修复工程。

2 规范性引用文件

下列文件中的条款通过本标准的引用而成为本标准的条款。凡是注日期的引用文件,其随后所有的修改单(不包括勘误的内容)或修订版均不适用于本标准,然而,鼓励根据本标准达成协议的各方研究是否可使用这些文件的最新版本。凡是不注日期的引用文件,其最新版本适用于本标准。

WW/T 0006-2007 古代壁画现状调查规范

3 术语和定义

下列术语和定义适用于本标准。

3.1 古代壁画相关基础术语

3.1.1 支撑体(support)

壁画附着的基础。如岩石(体)、木(竹)板、砖、土壁等其他材质。

3.1.2　地仗层(plaster,rendering)

绘制壁画的泥壁层、灰壁层或其他材质如纸、纺织品等。也称为“地仗”。

3.1.3　粗泥层(coarse plaster)

为与支撑体紧密结合并起找平作用的含较粗纤维(麦草、麻筋等)或较大粒径沙砾的黏土质结构层。

3.1.4　细泥层(fine plaster)

粗泥层表面含有较细纤维(黄麻、亚麻、棉、毛、纸筋等)的平整的黏土质或灰质结构层。

3.1.5　底色层(grounding)

壁画制作过程中,为了衬托壁画主体色彩而在地仗表面所涂的材料,常用的有熟石灰、石膏、高岭土、土红、石绿等。俗称“粉底层”。

3.1.6　颜料层;画层(paint layer)

由各种颜料绘制而成的壁画画面层。

3.1.7　表面涂层(surface coat)

为渲染、增强画面效果或起保护作用而在画层表面涂刷的透明胶料层。

3.1.8　壁画结构(mural configuration layers)

从里向外通常由支撑体、地仗层、底色层、颜料层等组成。

3.1.9　地仗胶结材料(reinforcement material)

添加于地仗中用于增强地仗强度或改善地仗的物化性能的材料。常用材料有蛋清、糯米水、胶矾水等。

3.1.10　地仗加筋材料(strengthen material)

壁画地仗中加入的、用以增强地仗强度的材料。通常采用麦草、麻、棉、纸等。

3.1.11　重层壁画(multi-layered mural)

在同一位置上不同时期分别绘制的两层及两层以上的壁画。包括颜料层重层和带地仗壁画的重层。

3.2　古代壁画病害术语

3.2.1　起甲(flaking)

壁画的底色层或颜料层发生龟裂,进而呈鳞片状卷翘。

3.2.2　泡状起甲(herpes flaking)

壁画颜料层、底色层呈气泡状鼓起、破裂和卷曲起翘。

3.2.3　粉化(powdering)

壁画颜料层由于胶结力丧失,呈颗粒状脱落的现象。

3.2.4　颜料层脱落(paint loss)

颜料层脱离底色层(依附层)或地仗层。

3.2.5　点状脱落(punctate loss)

底色层脱离地仗层或颜料层脱离底色层呈点状(直径不大于2mm)脱落的现象。

3.2.6　疱疹(blister)

可溶盐在地仗层和颜料层间富集,并推顶颜料层呈疱状突起。

3.2.7　疱疹状脱落(blistering eruption)

疱疹病害发生后,将颜料层或底色层顶起形成的疱状突起而产生脱落的现象。

3.2.8　龟裂(net cracks)

壁画表面微小的网状开裂现象,通常由于壁画颜料层、底色层或地仗表面泥层内所含胶质材料过多,或因为地仗层的收缩变化等原因而引起。

3.2.9　裂隙(cracks)

因地震、卸荷、不均匀沉降等因素的影响,使支撑体失稳,致使壁画地仗开裂或错位、相互叠压;或因为壁画地仗层自身的变化而产生缝隙、错位、相互叠压的现象。

3.2.10　划痕(scratch)

外力刻划使壁画画面受到损害。

3.2.11　覆盖(extra-covering)

壁画表面被其他材料(如石灰等)所涂刷、遮盖。

3.2.12　涂写(graffito)

壁画表面上人为书写或刻画。

3.2.13　烟熏(sootiness)

壁画被烟火或香火熏污的痕迹。

3.2.14　盐霜(salt efflorescence)

盐分在壁画表面富集形成的结晶,俗称“白霜”。

3.2.15　酥碱(disruption)

壁画地仗中的可溶盐,随环境湿度变化而溶解、结晶,所产生的膨胀、收缩反复作用使壁画地仗结构破坏而产生的疏松状态。

3.2.16　空鼓(detachment)

壁画地仗层局部脱离支撑体,但脱离部分的周边仍与支撑体连接的现象。

3.2.17　地仗脱落(deep loss)

壁画地仗层脱离支撑体而掉落。

3.2.18　褪色(fading)

壁画颜料的色度降低,由鲜明变暗淡,由深变浅。

3.2.19　变色(colour changing)

壁画颜料色相的改变。

3.2.20　水渍(water besmirch)

因水侵蚀在壁画表面留下的沉积物或痕迹。

3.2.21　泥渍(mud besmirch)

泥浆在壁画上留下的痕迹。

3.2.22　动物损害(damage by animals)

虫、鸟、鼠等动物活动对壁画造成的各种破坏。

3.2.23　植物损害(damage by plant)

植物的根系、枝条进入壁画结构体内而对壁画造成的破坏。

3.2.24　微生物损害(damage by microorganism)

微生物的滋生对壁画表面产生的伤害。包括“霉害”、“霉变”等。

4　古代壁画病害图示符号

4.1　进行壁画病害现状调查时,应按照要求,按照 WW/T 0006-2007 的 4.6 中的规定对古代壁画的病害或现状做记录。

4.2　符号为黑色图形,白色衬底。

4.3　符号清晰,线条宽度以 0.3mm 为宜。

4.4　符号的疏密程度可以反映壁画病害存在的状况,符号或线条之间的距离间隔应适度。

几种壁画病害图示符号

编号	图示符号	名　称	符号说明
01	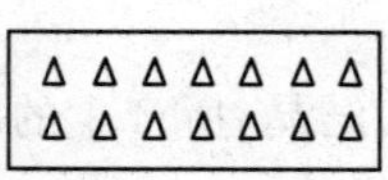	起　甲	单个符号大小以 $4mm^2$ 为宜,间隔不小于 1mm。

续表

编号	图示符号	名　称	符号说明
02	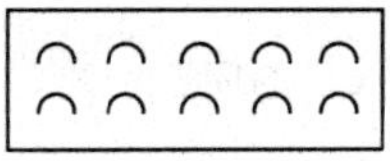	泡状起甲	单个符号大小以 4mm² 为宜，间隔不小于 1mm。
03	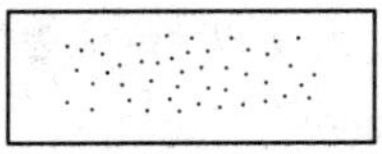	粉　化	黑点直径以 0.5mm 为宜。
04	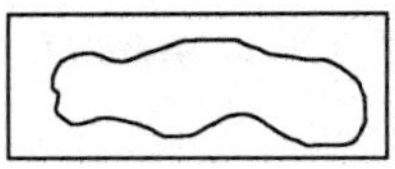	颜料层脱落	闭合曲线。
05	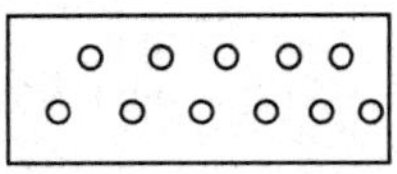	点状脱落	圆圈直径以 2mm 为宜，间隔不小于 1mm。
06	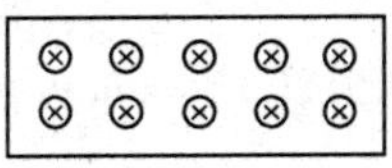	疱疹状脱落	单个符号大小以 4mm² 为宜，间隔不小于 1mm。
07	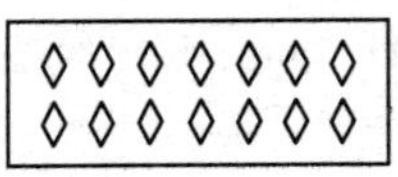	龟　裂	4mm² 为宜，间隔不小于 1mm。
08	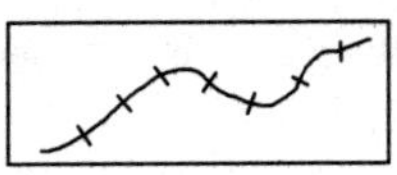	裂　隙	长线随裂隙走向表示。短线以长 2mm、相隔 5mm 为宜
09	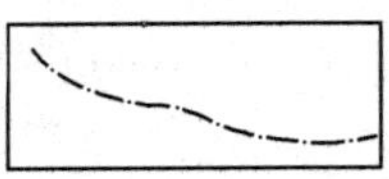	划　痕	线段长 5mm，黑点直径与线段宽度一致。随划痕走向表示。
10	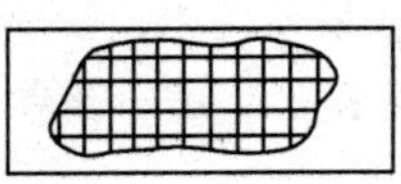	覆　盖	平行线间隔以 3～5mm 为宜。
11	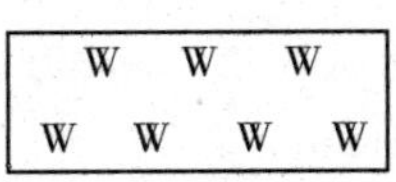	涂　写	单个符号大小以 10mm² 为宜，间隔不小于 1mm。

续表

编号	图示符号	名　称	符号说明
12	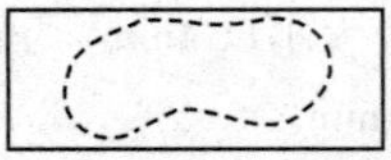	烟　熏	为 2mm 线段的闭合虚线。
13		盐　霜	单个符号大小以 $4mm^2$ 为宜，间隔不小于 1mm。
14	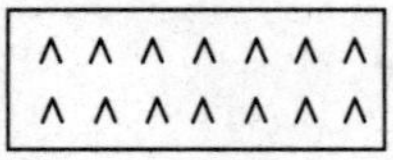	酥　碱	单个符号大小以 $4mm^2$ 为宜，间隔不小于 1mm。
15	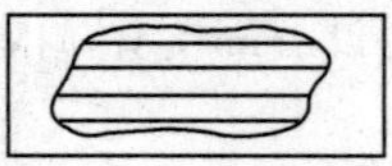	空　鼓	平行线间隔以 3～5mm 为宜。
16	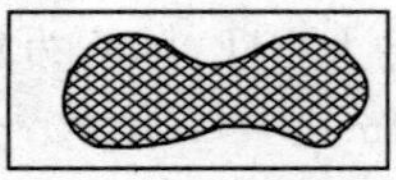	地仗脱落	平行线间隔以 3～5mm 为宜。
17	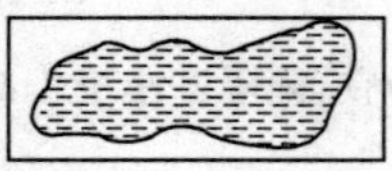	水　渍	线段长以 2mm、平行间隔以 3～5mm 为宜
18	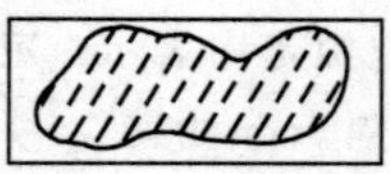	泥　渍	线段长以 2mm、平行间隔以 3～5mm 为宜
19	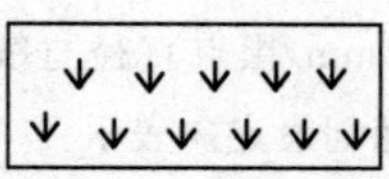	动物损害	单个符号大小以 $4mm^2$ 为宜，间隔不小于 1mm。
20	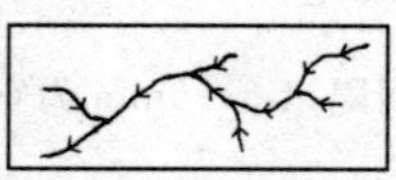	植物损害	随枝条或根系的走向、分布表示。对称短线长度以 1mm 为宜，分布均匀。
21	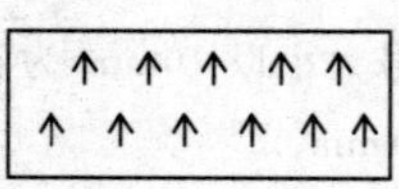	微生物损害	单个符号大小以 $4mm^2$ 为宜，间隔不小于 1mm。

附录二 古代壁画现状调查规范(WW/T 0006-2007)

1 范围

本标准规定了古代壁画现状调查的工作内容、工作程序、工作方法和现状调查报告的相关格式。

本标准适用于我国古文化遗址、古墓葬、古建筑、石窟寺、近现代建(构)筑物的壁画以及馆藏壁画的病害调查和壁画保护修复工程。

2 规范性引用文件

下列文件中的条款通过本标准的引用而成为本标准的条款。凡是注日期的引用文件,其随后所有的修改单(不包括勘误的内容)或修订版均不适用于本标准,然而,鼓励根据本标准达成协议的各方研究是否可使用这些文件的最新版本。凡是不注日期的引用文件,其最新版本适用于本标准。

WW/T 0001-2007(注:现为 GB/T 30237-2013)古代壁画病害与图示

3 术语和定义

WW/T 0001-2007(注:现为 GB/T 30237-2013)所规定的术语和下列术语、定义适用于本标准。

3.1 现状调查(condition survey)

对壁画保存现状的记录以及对壁画保存产生影响的各种因素,如壁画赋存环境条件、壁画结构与制作材料、人为干预历史等的考察和分析。内容包括：前期调查、环境调查、测绘、摄影、壁画病害调查、壁画制作材料及工艺分析。

3.2 价值评估(value assessment)

对古代壁画所具有的历史价值、艺术价值和科学价值所进行的评估。

4 现状调查

4.1 壁画价值评估调查

4.1.1 价值评估调查方法

通过文献调研、现场调查、考古研究等方法了解并逐渐认识保护对象的价值所在。

4.1.2 壁画历史价值包括：

(a)因某种重要历史原因而绘制，并真实地反映了这种历史实际；

(b)真实反映某重要事件或重要人物活动的壁画；

(c)反映了某一历史时期的物质生产、生活方式、思想观念、风俗习惯等；

(d)可以证实、订正、补充文献的史实；

(e)年代和类型独特珍稀，或在同一类型中具有代表性；

(f)能够反映出壁画历史的发展变化。

4.1.3 壁画艺术价值包括：

(a)绘画风格独特，具有鲜明的地域性、阶段性、民族性等个性特征，或在同一类型中具有代表性；

(b)具有被当前或以往，或是部分区域内民众的审美要求和审美倾向所认可的审美效果；

(c)在年代、类型、题材、形式、工艺等方面具有创意的构思和表现手法。

4.1.4 壁画科学价值专指在科学史和技术史方面的价值，体现在：

(a)壁画中表现或记录了重要的科学技术资料；

(b)壁画结构、材料、工艺，以及它们所代表的当时科学技术水平，或科学技术发展过程中的重要环节。

4.2 前期调查

4.2.1 调查壁画及其支撑体的材质与结构。

4.2.2 调查、了解壁画病害种类及其分布。

4.2.3 调查壁画的自然和人为影响情况，壁画保存状况，壁画所在单位的开放、管理状况。

4.2.4　调查、收集与壁画有关的历史文献,并对其价值做出评估。

4.3　环境调查

4.3.1　采取收集文献资料、现场调查或监测的方式,采集与被保护对象密切相关的气候、水文、地质环境等信息或数据。

4.3.2　壁画依托的建(构)筑物所处大环境气象数据采集。

采集项目内容包括:温湿度,降水量,风速、风向,光照度。

4.3.3　地质环境调查。

调查项目包括:地层,地层岩性,地质结构构造,不良地质现象,地下水环境。

4.3.4　壁画依存的(室内)小环境气象数据采集。

4.3.4.1　采集项目内容包括:温湿度,壁画支撑体水汽状况,光照度。

4.3.4.2　数据采集探头布置。以水平和垂直方向布点,布点方法和数量以能够反映出壁画所处环境状况为原则。

4.3.5　气象监测时段。对壁画依托的建(构)筑物所处大环境和壁画依存的气象小环境应进行不少于一年的连续监测,风速、风向、温湿度数据采集时间间隔不应长于30分钟。

4.3.6　气象环境监测应采用规范的记录格式。

4.3.7　对环境监测取得的数据进行处理,应得出各气象数据日、月、年的极值、均值,得出地质调查结论,提交环境调查报告。

4.3.8　有特殊需要还可进行空气质量指数或其他有害气体的监测,如悬浮颗粒物、二氧化硫、氮氧化物、二氧化碳等项目。

4.4　测绘

4.4.1　测绘图种类。对被保护对象所依托的建(构)筑物进行平、剖(纵、横)面图测绘以及壁画所依托的各壁面展开图测绘。条件允许也可进行平面投影图测绘。

4.4.2　测绘图比例。根据被保护对象所依托的建筑体量的大小,平、剖(纵、横)面图和各壁面展开图比例尺一般选择1∶5至1∶200范围。平、剖(纵、横)面测绘图幅面的大小不应小于A4纸(297mm×210mm)幅面,各壁面展开图不宜小于A4纸幅面。

4.4.3　测量精度。不同比例尺的测绘图,其测量精度应满足下表:

比例	1∶5	1∶10	1∶20	1∶50	1∶50	1∶100	1∶200
精度%	≤0.1	≤0.2	≤0.25	≤0.3	≤0.4	≤0.5	≤0.6

4.4.4　测绘设备。根据条件和现场状况,可以选择小平板仪、全站仪、三维扫描仪、近景数字摄影等方式进行单独或组合测量,应尽量选择精度好、自动化程度高的工具。

4.4.5　其他要求。各测绘图应采用字号合适的宋体字标明该图的名称,有方向指示(平面图)、线段比例尺。图注框中应有测量单位、图名、项目名称、测绘人、校核人、审定人、图纸编号、测绘时间、数字比例尺等内容。字号、字体、字的编排以清晰明了为原则。

4.5　摄影

4.5.1　相机选择与摄影方式。使用数码照相机全景摄影方式记录壁画的原始状况。

4.5.2　相机镜头选择。宜采用35mm或50mm标准镜头。

4.5.3　拍摄精度。拍摄对象实际分辨率不应低于75dpi。

4.5.4　光源要求。光拍摄应使用恒定色温光源,色温值宜在5500K左右。拍摄区域布光应均匀。

4.5.5　拍摄时应保持相机的水平或与拍照壁面垂直。

4.5.6　对于壁画壁面较大,一幅照片拍摄不能满足精度要求时,应对壁面分区域并编号,按照一定的顺序依次拍照。拍照按照4.5.1至4.5.5的步骤进行。

4.5.7　摄影过程应采用规范的记录格式。

4.5.8　应建立调查对象摄影记录档案。记录档案中还应有按照4.5.1至4.5.5的步骤进行的、配置色标卡和标尺的壁画照片。

4.6　壁画病害调查

4.6.1　目的。调查壁画病害种类和分布状况等现状,以图示和文字的形式进行说明。

4.6.2　调查方式。可根据条件选择计算机绘制或手工绘制壁画病害。

4.6.3　用计算机绘制壁画病害图。

4.6.3.1　宜采用AutoCAD、CorelDRAW等适用的软件作为病害标识数字化的工具,以壁画整幅数码相机拍照的、无变形的图片作为底图,嵌入相应的壁面测绘展开图中。

4.6.3.2　对壁面测绘展开图建立平面直角坐标系,原点位置的确定取决于是否较易测量和计算，一般以壁面左下角为原点，与地面交界线为X轴。

4.6.3.3　通过现场调查，按照 WW/T 0001-2007(注：现为 GB/T 30237-2013)中规定的图例辅以计算机绘制的方式完成不同病害标注。

4.6.3.4　每一种病害单独作为一个图层。

4.6.3.5　若壁画面积较大，可以对壁面进行等距离网格划分并编号，分区域进行计算机绘制壁画病害。步骤按 4.6.3.1 至 4.6.3.4 进行。

4.6.4　手工绘制壁画病害图。

4.6.4.1　打印出需要进行壁画病害现状调查的整幅壁画图片(不宜小于 A4 规格纸张的大小)。

4.6.4.2　将透明的薄膜纸覆盖于已划分好网格的壁画图片上，在薄膜纸上框画出所要调查的壁画的四周以固定薄膜纸的位置。

4.6.4.3　按照 WW/T0001-2007(注：现为 GB/T 30237-2013)中规定的图例在薄膜纸上标出壁画病害。

4.6.4.4　如果壁画的壁面面积较大，可以将 4.4 形成的壁面测绘展开图按适合拍照的区域进行划分、编号，对各区域拍照后打印出来(不宜小于 A4 规格纸张的大小)，再将透明的薄膜纸覆盖于打印出的照片上，按照 4.6.4.3 的要求进行壁画病害详细调查。

4.6.4.5　手工绘制壁画病害时可以根据壁画病害情况，以清晰明了为原则，有选择地绘制几种病害于一张图上。

4.6.5　壁画病害详细调查图中要标注调查单位、项目名称、图名、图例、线段比例尺、调查、制图、校核、审定、图纸编号、调查日期等项目。字号、字体、字的编排以清晰明了为原则。

4.6.6　壁画详细调查应根据情况附有能反映出壁画病害特征的、清晰的图片。图片应配有比例尺、色标卡。

4.7　壁画制作材料及工艺分析

4.7.1　分析取样

4.7.1.1　取样原则。根据保护修复工作的需要确定取样的位置，再根据可能采用的分析方法来确定取样量。取样应选择壁画的破损或不重要的画面部位。宜采用无损分析方法。

4.7.1.2　取样方法。针对不同的研究目标决定取样的方法，可取块状、粉末状样品。对壁画支撑体和地仗层可以采用钻孔取样的方法。取样前根据壁画的保存现状，可采用适当的方法对壁画表面进行清理。

4.7.1.3　样品的编号。编号可以英文、拼音字母加序号来反映保护对象、样品种类等信息。

4.7.1.4　样品记录。记录内容包括项目名称、取样目的、取样者、取样时间、样品编号、取样位置、样品描述、取样方法、分析方法等，应配有必要的取样位置照片(照片应附有比例尺和色标卡)。取样位置和编号应在数字或打印出的壁面图中标示。

4.7.2　样品分析

4.7.2.1　壁画底色层和颜料层的分析。应解析壁画底色层、颜料层的结构和组成。

4.7.2.2　壁画地仗层的分析。应解析地仗层结构，并根据地仗层存在状况的不同，有选择地进行地仗层物理力学性质测试(密度，颗粒密度，粒径，加筋材料含量，孔隙率，含水量，界限含水量，收缩性，膨胀性，力学强度等)和化学分析(化学全分析，可溶盐的种类、含量及分布等)。

4.7.2.3　壁画支撑体的分析。根据支撑体的不同，有选择地进行支撑体的物理力学性质测试(密度，颗粒密度，粒径，孔隙率，含水量，界限含水量，收缩性，膨胀性，力学强度等)及化学分析(化学全分析、岩相分析，可溶盐的种类、含量及分布)。应分析馆藏壁画支撑体的物理化学特性。

4.7.3　壁画色度监测

宜对壁画画面中主要颜色的色度进行测定。

4.8　现状调查报告编写格式

4.8.1　现状调查报告内容：

(a)应有委托单位、承担单位、技术负责人、项目负责人、报告编写人、报告审核人、主要参加人员等内容；

(b)用于保护修复工程的现状调查报告应附有现状调查承担单位的文物保护工程勘察设计资质证书；

(c)调查内容。包括：基本状况(自然和人为影响情况，开放、管理状况，历史保护记录调查等)、调查对象价值评估、环境调查结果、调查对象测绘图、壁画病害调查结果(图)、壁画制作材料与工艺研究结果等；

(d)现状调查报告应有评估、结论及建议。

4.8.2　现状调查报告封面格式，幅面尺寸为210mm×297mm，即A4规格的纸张尺寸。封面格式根据字数的多少选择字号、字体，并进行适宜编排。现状调查报告正文以宋体、小四号字进行适宜的编排。

参考文献

一、论文

[1]周郢:《嘉宁殿、仁安殿与岱庙壁画——考证岱庙历史的新资料》,载《泰安师专学报》2001 年第 1 期。

[2]栗淑萍:《中国古代壁画制作技术初步分析》,载《中国文物科学研究》2009 年第 2 期。

[3]张乐珍、苑胜龙:《泰山岱庙天贶殿壁画现状调查与保护》,载《中国文物科学研究》2009 年第 3 期。

[4]仝艳锋、罗茂斌:《济南华阳宫壁画生物损害防治研究》,载《齐鲁艺苑》2011 年第 2 期。

[5]仝艳锋、王晶:《济南华阳宫古建筑群壁画保护修复理念研究》,载《中国名城》2011 年第 10 期。

[6]尚立滨:《中国传统寺观壁画制绘工艺》,载《建筑创作》2009 年第 2 期。

[7]编辑部:《中国泰山壁画保护研讨班在山东泰安举行》,载《文物保护与考古科学》1990 年第 2 期。

[8]赵伟:《岱庙壁画绘制年代及主要神祇身份考》,载《泰山学院学报》2010 年第 5 期。

[9]林宏、张鹏:《天贶殿壁画破损原因及保护措施初探——谈温湿度变化对天贶殿壁画的影响》,载《泰山乡镇企业职工大学学报》2000 年第 1 期。

[10]山东省文物考古研究所:《济南市东八里洼北朝壁画墓》,载《文物》1989 年第 4 期。

[11]仝艳锋:《古建筑墙壁民国时期铅笔字迹保护与研究》,载《档案学研究》2013 年第 1 期。

[12]仝艳锋、李新华:《基于植物源杀虫剂的古建筑壁画生物防治研究》,载《文物保护研究新论(三)》,科学出版社 2012 年版。

[13]汪万福、李最雄、马赞峰等:《西藏布达拉宫东大殿空鼓病害壁画保护修复研究》,载《中国藏学》2005 年第 3 期。

[14]汪万福、马赞峰、蔺创业等:《昆虫对石窟壁画的危害与防治研究》,载《敦煌研究》2002 年第 4 期。

[15]赵林毅等:《丝绸之路石窟壁画地仗制作材料及工艺分析》,载《敦煌研究》2005 年第 4 期。

[16]苏伯民、陈港泉:《不同含盐量壁画地仗泥层的吸湿和脱湿速度的比较》,载《敦煌研究》2005 年第 5 期。

[17]成倩、宋燕、孙延忠:《馆藏壁画的历史信息与现状调查》,载《文博》2009 年第 6 期。

[18]赵林毅等:《西藏罗布林卡壁画病害成因及其防治对策》,载《中国藏学》2009 年第 3 期。

[19]蒲章绪、张旭东、孙骞等:《对济南市龟山酸雨观测站资料的分析》,载《山东气象》2010 年第 4 期。

[20]段修业:《青海省瞿坛寺西斜廊壁画的加固修复》,载《敦煌研究》2000 年第 1 期。

[21]王小伟、柴勃隆、孙胜利:《莫高窟壁画现状调查记录方法的思考》,载《敦煌研究》2007 年第 5 期。

[22]铁付德:《西汉早期柿园墓四神云气图壁画保护研究(一)——历史与现状调查》,载《文物保护与考古科学》2004 年第 1 期。

[23]方明珠、王晏民、侯妙乐:《基于 ArcGIS Engine 的馆藏壁画病害调查》,载《北京建筑工程学院学报》2010 年第 1 期。

[24]潘云鹤、鲁东明:《古代敦煌壁画的数字化保护与修复》,载《系统仿真学报》2003 年第 3 期。

[25]汪万福等:《甘肃境内石窟寺中壁画有害生物调查及防治对策》,载《敦煌研究》2009 年第 6 期。

[26]王小芳:《植物源杀虫剂的研究进展》,载《广州化工》2009 年第 8 期。

[27]徐河山、马雅军:《植物源杀虫剂作用方式和机理的研究进展》,载《热带医学杂志》2006 年第 6 期。

[28]郝乃斌、戈巧英:《中国植物源杀虫剂的研制与应用》,载《植物学通报》1999 年第 5 期。

[29]田永清、徐汉虹:《84 种植物光化学杀虫活性的筛选》,载《华中农业大学学报》2006 年第 6 期。

[30]徐汉虹、赵善欢:《猪毛蒿精油的杀虫作用研究》,载《华南农业大学学报》1993 年第 1 期。

[31]查友贵、徐汉虹:《印楝及印楝生物农药》,载《世界农药》2003 年第 4 期。

[32]王岩松:《山西古代壁画损毁成因及其保护》,载《文物世界》2003 年第 2 期。

[33]孙洪才:《新疆库车库木吐拉石窟壁画揭取保护技术》,载《敦煌研究》2000 年第 1 期。

[34]段萍:《唐墓壁画保存现状及保护修复方法》,载《中国文物科学研究》2007 年第 4 期。

[35]曾中懋:《武侯祠文武廊彩塑后背壁画的维修保护》,载《四川文物》2002 年第 6 期。

[36]郝建文:《鸡鸣驿财神庙清代壁画》,载《当代人》2010 年第 8 期。

[37]徐军平等:《东平汉墓壁画制作工艺初探》,载《文博》2009 年第 6 期。

[38]王金霞、张晓平:《济南市酸雨变化特征》,载《科技信息》2009 年第 31 期。

[39]李最雄:《布达拉宫壁画的保护研究》,载《文博》2009 年第 6 期。

[40]刘凌沧:《传统壁画的制作和技法》,载《美术研究》1984 年第 1 期。

[41]吴炜:《传统壁画的制作技法和临摹》,载《民族艺术研究》1998 年第 3 期。

[42]王丽琴、马珍珍、赵西晨:《关于壁画保护理念的探讨》,载《江汉考古》2012 年第 2 期。

[43]柴勃隆等:《多光谱摄影在莫高窟壁画现状调查及绘画技法研究中

的初步应用》,载《敦煌研究》2008 年第 6 期。

[44]王旭东:《基于中国文物古迹保护准则的壁画保护方法论探索与实践》,载《敦煌研究》2011 年第 6 期。

[45]侯鲜婷、李立、刘成:《山东济南华阳宫三皇殿壁画病害调查及修复研究》,载《重庆交通大学学报(社会科学版)》2014 年第 4 期。

[46]仝艳锋:《山东地区古建筑壁画病害形成机理》,载《齐鲁艺苑》2014 年第 1 期。

[47]仝艳锋:《山东地区古建筑壁画保存分布特点调查报告》,载山东大学东方考古研究中心编《东方考古》,科学出版社 2016 年版。

二、著作

[1]郭宏编著:《文物保存环境概论》,科学出版社 2001 年版。

[2]郭宏、马清林编:《馆藏壁画保护技术》,科学出版社 2011 年版。

[3]李最雄编著:《丝绸之路石窟壁画彩塑保护》,科学出版社 2005 年版。

[4]王晶、张幼辉编著:《济南巨观——华阳宫》,济南出版社 2008 年版。

[5]《泰安年鉴》编辑部编:《泰安年鉴》,中国书籍出版社 1993 年版。

[6]刘慧编著:《泰山岱庙考》,齐鲁书社 2003 年版。

[7]刘治贵:《中国绘画源流》,湖南美术出版社 2003 年版。

[8]祝重寿:《中国壁画史纲》,文物出版社 1995 年版。

[9]蒋玄佁:《中国绘画材料史》,上海书画出版社 1986 年版。

[10]马瑞田:《中国古建彩画》,文物出版社 1996 年版。

[11]楚启恩编著:《中国壁画史》,北京工艺美术出版社 2000 年版。

[12]祁英涛:《中国古代建筑的保护与维修》,文物出版社 1986 年版。

[13]王旭东等编著:《中国古代壁画保护规范研究》,科学出版社 2013 年版。

[14]中国新疆文物考古研究所、日本佛教大学尼雅遗址学术研究机构编著:《丹丹乌里克遗址——中日共同考察研究报告》,文物出版社 2009 年版。

[15]李文治编:《中国近代农业史资料:第一辑(1840～1911)》,三联书店 1957 年版。

三、其他

[1]中国中华人民共和国国家质量监督检验检疫总局、中国国家标准化管理委员会发布:《古代壁画保护修复档案规范(GB/T 30235-2013)》,中国标准出版社2014年版。

[2]中国中华人民共和国国家质量监督检验检疫总局、中国国家标准化管理委员会发布:《古代壁画保护修复方案编制规范(GB/T 30236-2013)》,中国标准出版社2014年版。

[3]中国中华人民共和国国家质量监督检验检疫总局、中国国家标准化管理委员会发布:《古代壁画病害与图示(GB/T 30237-2013)》,中国标准出版社2014年版。

[4]中华人民共和国国家文物局发布:《古代壁画脱盐技术规范(WW/T 0031-2010)》,文物出版社2010年版。

[5]中华人民共和国国家文物局发布:《古代壁画地仗层可溶盐分析的取样与测定(WW/T 0032-2010)》,文物出版社2010年版。

[6]中华人民共和国国家文物局发布:《古代壁画现状调查规范(WW/T 0006-2007)》,文物出版社2008年版。

[7]仝艳锋:《云南少数民族档案文献遗产保护研究》,云南大学公共管理学院博士学位论文,2011年。

[8]雷桐:《韩城明清建筑壁画研究》,西安美术学院国画系硕士学位论文,2010年。

[9]崔虎杰:《建筑环境壁画构图研究》,延边大学美术学院硕士学位论文,2007年。

[10]王璞:《壁画修补用灰膏材料加工工艺与使用性能研究》,西北大学文化遗产学院硕士学位论文,2009年。

[11]蔡广杰:《三维激光扫描技术在西藏壁画保护中的应用》,首都师范大学资源环境与旅游学院硕士学位论文,2009年。

[12]李立:《山东济南华阳宫古建筑壁画病害及其治理对策研究》,西北大学文化遗产学院硕士学位论文,2013年。

[13]张万昆:《明清时期北方建筑彩画艺术研究》,河北师范大学美术学院硕士学位论文,2008年。

[14]孙玉伟:《济南市冬季大气污染特征和污染物来源分析》,山东大学

环境研究院硕士学位论文,2012 年。

[15]赵林毅:《布达拉宫壁画的保护修复》,兰州大学土木工程与力学学院硕士学位论文,2007 年。

[16]吴鹏:《山东宗教建筑区域分布及地域化进程研究》,青岛理工大学建筑学院硕士学位论文,2011 年。

[17]赵晓林:《华阳宫新发现一批精美壁画》,载 2011 年 8 月 16 日《济南日报》。

[18]黄鹏:《济南民间古建筑壁画寻踪》,载 2011 年 8 月 18 日《齐鲁晚报》。

[19]周郢:《泰山岱庙壁画绘制于乾隆三十六年》,载 2012 年 12 月 18 日《大众日报》。

[20]侯志龙、郭帅、马恪:《官桥古庙三圣阁惊现古代彩绘》,载 2013 年 5 月 28 日《枣庄晚报》。

[21]张建丽、孔祥铭:《巨野又现三幅古代壁画》,载 2014 年 5 月 6 日《齐鲁晚报》。

[22]西安文物保护修复工程有限公司、西北大学文化遗产学院编:《济南华阳宫古建筑群壁画保护修复一期工程报告》,西北大学文化遗产学院,2011 年。

[23]山东省地方志办公室:《山东省情资料库》,http://www.sdsqw.cn/ftr/。

[24]泰山岱庙:《岱庙》,http://www.daimiao.cn/。

[25]山东省文物局:《山东文博》,http://www.sdwenbo.com/。

后 记

本书是在山东大学历史文化学院中国史博士后流动站考古学与博物馆学专业与合作导师崔大庸教授从事文化遗产研究期间的工作成果。虽然在山东大学两年多的博士后研究工作已经完成将近一年，但是2012年初博士后进站过程中的艰辛、困难和曲折以及进站时的彷徨、困惑仍然历历在目。彼时，刚刚成家，又调动到了一个新的工作单位，又要从事繁重的博士后研究工作，许多新的事物刚刚接触，心中多有迷茫。此时，家庭、事业都已稳定下来，新的教学工作已逐渐熟悉；博士后研究工作也已完成科研任务，并顺利出站，科研能力得到更加严格的磨砺，以后的研究目标也更加明朗。

感谢我的博士后合作导师崔大庸教授！自从2002年跟随崔大庸教授从事田野考古和文物保护工作以来，先生严谨的工作原则、积极的工作态度、扎实的学术研究作风深深地感染着我，为我的个人成长和工作能力的提高提供了诸多珍贵的机遇。笔者求学机遇的获得、科研能力的提升都得益于先生的大力提携。本研究的选题以及整体写作方向的把握均得益于先生的指导。从事博士后研究工作两年多来，总有各种学术问题想向先生请教，有各种工作、生活困惑想向先生寻求帮助，但每每念及先生各种事务繁忙而时刻为了文化遗产保护事业不停奔波，心内总有不忍。

在从事博士后研究工作及报告写作过程中，山东大学历史文化学院的各位领导和老师给予了多方面的支持。扈玉萍、杨杰老师在日常的博士后管理过程中提供了诸多便利。山东大学博士后管理办公室的朱文增、李新、毕于沛老师在博士后进站、项目申请、出站等日常管理过程中给予了细致的指导和极大的帮助。山东大学博物馆、考古系的各位老师对我的博士后研究工作给予了无私的帮助和指导。山东大学历史文化学院的晁中辰教授、刘凤君教授、顾銮斋教授、张熙惟教授、赵兴胜教授给予博士后出站报告诸多恳切的意见。在此,谨向上述领导和老师表示衷心的谢意!

感谢我的工作单位山东艺术学院各级领导和同事对我从事博士后研究工作的支持,艺术管理学院、科研处、人事处等部门各位领导和老师的鼎力支持使我在从事博士后研究工作的同时安心完成了教学、科研工作。西北大学文化遗产学院的各位老师、同学在山东省先期从事的古建筑壁画保护工作为本研究提供了研究基础、研究资料、工作经验和创新的工作方法、学术思想。

在济南市考古研究所从事古建筑壁画保护的工作经历为我的研究工作提供了难得的研究成果理论验证和技术运用的机会,曾经的各位文物界同事为我的研究工作提供了各种帮助和支持。感谢文物保护工作者黄鹏、聂禄民,济南市府学文庙管理处高继习,《生活日报》记者郭学军等朋友,以及在网络中积极提供山东地区古建筑、壁画资料的各位未曾谋面的网易、新浪博主朋友们,他们积极的文物调查行动以及共同分享成果的举动为我提供了全面认识山东地区古建筑壁画保存现状的线索。

本研究在调研工作和写作过程中,得到了山东博物馆、山东省文物考古研究所、山东省文物保护科技中心、陕西省考古研究院、西北大学、云南大学、长清区博物馆、章丘市博物馆、烟台市博物馆、青岛市博物馆等单位各位文物保护同行的支持,在此致以诚挚的谢意。

感谢妻子的默默陪伴和不断的鼓励,感谢父母和岳父母对我学业、生活倾尽心血的坚定支持,感谢所有曾经给予我关心和帮助的亲人和朋友。伴随着我的博士后研究工作,进站后一个月降生的女儿如今已经活蹦乱跳了,三年多家庭事业和学术科研工作都取得了进展。

感谢山东艺术学院科研成果出版基金、山东省博士后创新项目专项资金、中国博士后科学基金第53批面上资助对本研究工作的支持和资助。

感谢山东大学出版社谭学秋编辑及其他各位编辑的辛勤工作，才使本书得以顺利面世。

感谢本书参考文献中已经具名和尚未署名的各位专家、学者以及热心于民间古建筑、文物研究、保护的各位文物爱好者，得益于前辈们、朋友们的研究成果和努力，才有了我能够更进一步、更深一层的研究成果。为了这诸多感谢，我将继续在科研的道路上努力探索，以自身的所学回报国家和社会，为文化遗产保护事业继续努力奋斗。

由于笔者水平有限，书中浅陋疏忽之处敬请专家学者指正。

仝艳锋

2015 年 9 月

图书在版编目(CIP)数据

山东地区古建筑壁画保护研究/仝艳锋著. —济南：山东大学出版社,2016.3

ISBN 978-7-5607-5528-1

Ⅰ.①山… Ⅱ.①仝… Ⅲ.①古建筑－壁画－文物保护－研究－山东省 Ⅳ.①K879.414

中国版本图书馆 CIP 数据核字(2016)第 075748 号

责任编辑:谭学秋
封面设计:李庆功
美术编辑:张　荔

出版发行:山东大学出版社
社　址　山东省济南市山大南路 20 号
邮　编　250100
电　话　市场部(0531)88364466
经　　销:山东省新华书店
印　　刷:济南新科印务有限公司
规　　格:720 毫米×1000 毫米　1/16
15 印张　244 千字
版　　次:2016 年 3 月第 1 版
印　　次:2016 年 3 月第 1 次印刷
定　　价:32.00 元